SCHAUM'S OUTLINE

of

FRENCH GRAMMAR

SCHAUM'S OUTLINE OF

FRENCH GRAMMAR

Second Edition

•

by

MARY E. COFFMAN

French Editor and Consultant
Toronto, Ontario

SCHAUM'S OUTLINE SERIES

McGRAW-HILL BOOK COMPANY

New York St. Louis San Francisco Auckland Bogotá Guatemala Hamburg Johannesburg
Lisbon London Madrid Mexico Montreal New Delhi Panama Paris
San Juan São Paulo Singapore Sydney Tokyo Toronto

Acknowledgments

The author would like to express her appreciation to Mrs. Rose-Marie Grubišić for her valuable suggestions and for giving the manuscript a final thorough reading.

Mary E. Coffman is presently a French editor and consultant in Toronto, Ontario. She was previously Directrice des éditions, Langues secondes, Centre Educatif et Culturel, Montréal, Québec, and Sponsoring Editor, Foreign Language Department, McGraw-Hill Book Company, New York, New York. In addition to the *Schaum's Outline of French Grammar*, she is coauthor of *French: Language and Life Styles*. She is a biographee in *Who's Who of American Women*.

Schaum's Outline of
FRENCH GRAMMAR

8 9 10 11 12 13 14 15 16 17 18 19 20   SH   SH   8 6 5

Sponsoring Editors, John Aliano and Paul Farrell
Editing Supervisors, John F. Fitzpatrick and Denise Schanck
Production Manager, Nick Monti

Library of Congress Cataloging in Publication Data

Coffman, Mary E
    Schaum's outline of French grammar.

    (Schaum's outline series)
    Includes index.
    1. French language—Grammar—1950-   I. Title.
PC2112.C56   1981   448.2′421   80-15162
ISBN 0-07-011553-2 (pbk.)

Preface

Like the first edition, the second edition of this review book has been designed and developed with you in mind in order to make the study of French grammar easier. The book is divided into eight chapters. Each chapter concentrates on the basic problem areas of the language: nouns and articles; adjectives and adverbs; numbers, dates, and time; verbs; interrogatives; negatives; pronouns; and special meanings of certain verbs. The chapter on adjectives and adverbs has been expanded in this edition.

Each grammatical or structural point is introduced by a simple explanation in English. The explanation is further clarified by many concrete examples. It is recommended that you first read the explanation and then study the illustrative examples. Once you have done this, go on to the exercises that follow. You should write out the answers to these exercises. The answers to each exercise appear at the end of the book. It is recommended that you correct yourself immediately before proceeding to the next exercise. In the second edition, the exercises have been reworked and additional exercises have been added to provide further practice.

One of the most difficult and tedious tasks in acquiring a second language is learning the many forms that exist in the language, whether they are noun, adjective, or verb forms. In *Schaum's Outline of French Grammar* all forms have been logically grouped in order to make their acquisition as simple as possible and also to minimize what at first appear to be irregularities. In many texts, the verbs *courir*, *rire*, *rompre*, and *conclure* are treated as separate irregular verbs in the present tense. You will note, however, that these verbs have a lot in common. The same endings as those for regular *-re* verbs are added to the infinitive stem except in the third person singular:

> *courir—il court* je cours, tu cours, nous courons, vous courez,
>   ils courent
>
> *rire—il rit* je ris, tu ris, nous rions, vous riez, ils rient
>
> *rompre—il rompt* je romps, tu romps, nous rompons, vous rompez,
>   ils rompent
>
> *conclure—il conclut* je conclus, tu conclus, nous concluons,
>   vous concluez, ils concluent

This can be done with many verbs in all tenses. Making such groupings will greatly facilitate your task of mastering the many forms.

Schaum's Outline of French Grammar can be used as a review text, as a companion to any basic text, or as a reference book. In order to reinforce each point you are learning in your basic text, you may wish to get additional practice by doing the clear, logically organized exercises provided throughout this book.

MARY E. COFFMAN

CONTENTS

CONTENTS

Chapter *3*   NUMBERS, DATES, TIME

Chapter *4*   VERBS

CONTENTS

CONTENTS

CONTENTS

Chapter 7 PRONOUNS

Chapter 8 SPECIAL MEANINGS OF CERTAIN VERBS

CONTENTS

Chapter 1

Nouns and Articles

GENDER AND THE DEFINITE ARTICLE

Singular Forms

French nouns, unlike English nouns, have a gender. Every noun is either masculine or feminine. Nouns that refer specifically to males (people or animals) such as *father*, *son*, etc., are masculine. Those that refer to females (people or animals) such as *mother*, *daughter*, etc., are feminine. For most other nouns, gender is usually arbitrary and must be memorized.

The definite article (*the*) that accompanies masculine nouns is **le**. **La** accompanies feminine nouns. **L'** is used before masculine or feminine nouns beginning with a vowel or mute *h*.

Masculine		*Feminine*	
le garçon	*boy*	**la fille**	*girl*
le frère	*brother*	**la sœur**	*sister*
le père	*father*	**la mère**	*mother*
le chien	*dog*	**la chienne**	*dog*
le chat	*cat*	**la chatte**	*cat*
le musée	*museum*	**la plage**	*beach*
le marché	*market*	**la boutique**	*shop*
le salon	*living room*	**la chambre**	*bedroom*
l'ami	*(male) friend*	**l'amie**	*(female)* friend
l'homme	*man*	**l'épée**	*sword*

But:

le héros	*hero*
le haricot	*bean*
le hors-d'œuvre	*hors d'œuvre*

1. Complete the following with the correct form of the definite article **le, la,** or **l'**.

    1. _____ garçon joue avec _____ chatte dans _____ salon.
    2. _____ père prépare _____ dîner à _____ maison.

3. _____ professeur enseigne _____histoire, _____anglais, _____ géographie et _____ philosophie.
4. _____arbre est plus grand que _____ fleur.
5. _____ chienne joue avec _____ chat sur _____ plage.
6. _____artiste dessine _____ portrait.
7. _____ami de Pierre joue avec _____ sœur de Marie.
8. _____ sœur regarde _____ statue dans _____ musée.
9. _____enfant aime _____ bifteck et _____ fromage.
10. _____ mère laisse _____ lettre sur _____ bureau.

GENDER IDENTIFICATION BY WORD ENDINGS

Nouns ending in **-sion, -tion, -aison, -ance, -ence, -té, -ude, -ale, -ole**, and **-ure** are usually feminine.

la version	*translation*
la nation	*nation*
la terminaison	*ending*
la connaissance	*knowledge*
la patience	*patience*
la beauté	*beauty*
la certitude	*certainty*
la plénitude	*plenitude*
la cathédrale	*cathedral*
la parole	*word*
la culture	*culture*
la facture	*bill*

Nouns ending in **-asme, -isme, -eau, -ment,** and **-acle** are usually masculine.

l'enthousiasme	*enthusiasm*
le sarcasme	*sarcasm*
le classicisme	*classicism*
le couteau	*knife*
l'enseignement	*teaching, education*
le gouvernement	*government*
le spectacle	*show, performance*

2. Complete the following sentences with the definite article **le, la,** or **l'**. For each word beginning with a vowel, indicate whether it is masculine or feminine by writing **l'(f.)** or **l'(m.)**.

1. _____ prononciation et _____intonation sont importantes dans _____étude des langues.
2. Elle étudie _____ classicisme, _____ romantisme, _____ symbolisme et _____ civilisation française.
3. Ils admirent _____ beauté de _____ peinture.
4. Elle étudie _____impressionisme et _____ culture française.
5. Dès _____ naissance, il faut surveiller _____ nourriture du bébé.
6. _____ sarcasme sera évident dans _____ spectacle de ce soir.
7. _____ multitude exprime _____ certitude.
8. _____ parlement est dans _____ bâtiment en face.

WORDS WITH DIFFERENT MEANINGS IN MASCULINE AND FEMININE FORMS

The following pairs of words have different meanings for masculine and feminine forms.

Masculine		*Feminine*	
l'aide	*helper*	l'aide	*help*
le critique	*critic*	la critique	*criticism*
le guide	*guide*	la guide	*reins (of a horse)*
le livre	*book*	la livre	*pound*
le manche	*handle*	la manche	*sleeve*
le mode	*method, mode*	la mode	*fashion*
l'office	*office, duty*	l'office	*pantry*
le pendule	*pendulum*	la pendule	*clock*
le poêle	*stove*	la poêle	*frying pan*
le poste	*job*	la poste	*post office*
le somme	*nap*	la somme	*sum*
le tour	*turn, walk around*	la tour	*tower*
le vase	*vase*	la vase	*mud*
le voile	*veil*	la voile	*sail*

3. Complete the following sentences with the correct form of the definite article, **le** or **la**.

1. _____ critique fait _____ critique du roman.
2. On a offert _____ poste à _____ poste à M. Dupont.
3. On a fait _____ tour de _____ tour Eiffel.
4. _____ voile que la veuve porte est noir. _____ voile du bateau est jaune.
5. _____ guide explique comment tenir _____ guide du cheval.
6. Les pommes coûtent 2F _____ livre.
7. _____ mode détermine l'habit de l'homme.
8. L'homme se chauffe devant _____ poêle. Il met le bacon dans _____ poêle.
9. _____ manche de cette robe est déchirée. _____ manche de cette poêle est cassé.
10. Ne cassez pas _____ vase!

PLURAL FORMS OF NOUNS

Regular Plurals

Most nouns are made plural by adding **s** to the singular forms. **Les** is the definite article accompanying all plural nouns. Note the liaison between **les** and a word beginning with a vowel.

Masculine		*Feminine*	
Singular	*Plural*	*Singular*	*Plural*
le garçon	les garçons	la fille	les filles
le livre	les livres	la table	les tables
l'ami	les amis	l'amie	les amies

Nouns Ending in -s, -x, or -z

Nouns ending in -s, -x, or -z are alike in both the singular and plural forms.

Singular		Plural
le bras	*arm*	les bras
la fois	*time*	les fois
le vers	*verse*	les vers
le prix	*price*	les prix
le nez	*nose*	les nez
la voix	*voice*	les voix

Nouns Ending in *-au*, *-eau*, *-eu*, or *-œu*

Nouns ending in -au, -eau, -eu, or -œu add **x** to form the plural.

Singular		Plural
le noyau	*pit (of a fruit)*	les noyaux
le bateau	*boat*	les bateaux
le château	*castle*	les châteaux
la peau	*skin*	les peaux
le feu	*fire*	les feux
le jeu	*game*	les jeux
le vœu	*wish*	les vœux

Exceptions:

le landau	*carriage*	les landaus
le pneu	*tire*	les pneus

Nouns Ending in *-ou*

Nouns ending in -ou add **s** to form the plural.

Singular		Plural
le clou	*nail*	les clous
le trou	*hole*	les trous
le sou	*penny*	les sous

Some nouns ending in -ou add **x** to form the plural.

Singular		Plural
le bijou	*jewel*	les bijoux
le caillou	*stone*	les cailloux
le chou	*cabbage*	les choux
le genou	*knee*	les genoux
le hibou	*owl*	les hiboux
le joujou	*toy*	les joujoux
le pou	*flea, louse*	les poux

Nouns Ending in *-al*

Many nouns ending in -al in the singular change -al to -aux to form the plural.

Singular		Plural
l'animal	*animal*	les animaux
le cheval	*horse*	les chevaux
l'hôpital	*hospital*	les hôpitaux
le journal	*newspaper*	les journaux

Exceptions:

le bal	*ball, dance*	les bals
le carnaval	*carnival*	les carnavals
le festival	*festival*	les festivals

Nouns Ending in *-ail*

Many nouns ending in **-ail** add **s** to form the plural.

le chandail	*sweater*	les chandails
le détail	*detail*	les détails
l'éventail	*fan*	les éventails

Exceptions:

le bail	*lease*	les baux
le travail	*work*	les travaux

Irregular Plurals

l'aïeul	*ancestor*	les aïeux
le bonhomme	*old fellow*	les bonshommes
le ciel	*sky*	les cieux
le gentilhomme	*gentleman*	les gentilshommes
l'œil	*eye*	les yeux
le monsieur	*gentleman*	les messieurs
madame	*Mrs.*	mesdames
mademoiselle	*Miss*	mesdemoiselles

Family names do not add **s** to form the plural.

les Dupont	*the Duponts*

4. Complete the following with the correct form of the indicated noun.

1. Les _____ sont petites. *table*
2. J'aime beaucoup les _____ de Baudelaire. *vers*
3. Ne mange pas les _____, ma petite. *noyau*
4. As-tu des _____? *sou*
5. Le chien est couvert de _____. *pou*
6. J'adore les _____. *festival*
7. _____ et _____, écoutez bien. *madame, mademoiselle*
8. Asseyez-vous sur les _____. *genou*
9. Les _____ de forêt sont destructifs. *feu*
10. Les _____ sont gentils. *ami*
11. Le Martien a deux _____. *nez*
12. Faites des _____ pour le retour du beau ciel bleu. *vœu*
13. Les éléphants sont de grands _____. *animal*
14. Regarde les jolis _____ de l'église. *vitrail*
15. J'aime beaucoup manger les _____. *chou*
16. Il fait très chaud. Voici des _____. *éventail*

5. Rewrite the following, changing all nouns to the plural. Make any other necessary changes.

1. La société est primitive.
2. La voix est jolie.
3. Regardez le feu!
4. Le trou est grand.
5. Le repas est bon.
6. Le journal explique le travail.
7. L'école est moderne.
8. Le château est joli.
9. Le détail du dessin sur le chandail est magnifique.
10. Le prix est élevé.
11. Le jeu est amusant.
12. Voilà le clou.
13. Le bijou est joli.
14. Le caillou est petit.
15. Le bateau est grand.
16. Le musée est grand.
17. L'œil est grand.
18. Le cheval est l'animal que vous aimez.
19. Le monsieur est grand.
20. Le bal a lieu samedi.
21. Le gentilhomme est grand.
22. Voici un bonhomme de neige.

6. Rewrite the following, changing the nouns to the singular. Make all necessary changes.

1. Les rois habitent dans les châteaux.
2. Les nez sont grands.
3. Les joujoux sont intéressants.
4. Les carnavals sont amusants.
5. Les cieux sont bleus.
6. Les amis sont aimables.
7. Les peaux de vison sont chères.
8. Les journaux sont intéressants.
9. Les aïeux sont célèbres.
10. Les yeux sont bruns.
11. Les bras sont forts.
12. Les clous sont longs.
13. Les vitraux sont jolis.
14. Les vœux sont compréhensibles.
15. Les chandails sont chauds.
16. Les hiboux sont noirs.
17. Les voix des chanteurs sont jolies.
18. Les jeux de cartes sont intéressants.

COMPOUND NOUNS

The plural of compound nouns is irregular.

1. If formed with two nouns in apposition, with a noun and an adjective, or with two adjectives, an **s** or **x** is added to both parts to form the plural.

Singular		*Plural*
le chou-fleur	*cauliflower*	**les choux-fleurs**
le wagon-restaurant	*dining car*	**les wagons-restaurants**
le beau-frère	*brother-in-law*	**les beaux-frères**
la belle-sœur	*sister-in-law*	**les belles-sœurs**
le coffre-fort	*safe*	**les coffres-forts**
la grand-mère	*grandmother*	**les grands-mères**
le grand-père	*grandfather*	**les grands-pères**
le sourd-muet	*deaf-mute*	**les sourds-muets**

2. If the compound noun is formed by a noun and its complement, only the first part is plural.

Singular		*Plural*
l'arc-en-ciel	*rainbow*	**les arcs-en-ciel**
le chef-d'œuvre	*masterpiece*	**les chefs-d'œuvre**
le timbre-poste	*stamp*	**les timbres-poste**

3. In rare cases, **s** is added only to the last part.

Singular		*Plural*
le pique-nique	*picnic*	**les pique-niques**

4. If the compound noun is formed by an invariable word plus a noun, only the noun is made plural.

Singular		*Plural*
l'avant-coureur	*forerunner, precursor*	**les avant-coureurs**
le bien-pensant	*right-thinking, orthodox person*	**les bien-pensants**

5. If the compound noun is formed by a verb and its complement, both parts are invariable.

Singular		*Plural*
l'abat-jour	*lampshade*	**les abat-jour**
le gratte-ciel	*skyscraper*	**les gratte-ciel**
le passe-partout	*passkey*	**les passe-partout**
le porte-plume	*pen-holder*	**les porte-plume**
le réveille-matin	*alarm clock*	**les réveille-matin**

But:

le cure-dent	*toothpick*	**les cure-dents**
le tire-bouchon	*corkscrew*	**les tire-bouchons**
le couvre-lit	*bedspread*	**les couvre-lits**

6. Other compound nouns that are the same in the singular and in the plural are as follows.

Singular		Plural
l'après-midi	afternoon	les après-midi
le hors-d'œuvre	canapé	les hors-d'œuvre
le tête-à-tête	private talk	les tête-à-tête

7. Rewrite the following sentences, putting the nouns in the plural.

1. L'après-midi le grand-père dort.
2. Le réveille-matin sonne à huit heures du matin.
3. La grand-mère met le chou-fleur dans le panier pour le pique-nique.
4. Il lit le chef-d'œuvre de Racine.
5. Il y a un gratte-ciel à New York.
6. Le timbre-poste est dans le coffre-fort.
7. Mets ta plume dans le porte-plume.
8. Pour ouvrir la bouteille de vin, prenez un tire-bouchon.
9. Le beau-frère mange le hors-d'œuvre.
10. La belle-sœur aime l'arc-en-ciel.

SPECIAL USES OF THE DEFINITE ARTICLE

With General or Abstract Nouns

Unlike English usage, in French the definite article must be used with all abstract nouns or nouns used in a general sense. Compare the French and English in the following examples.

L'homme est mortel.
Man is mortal.
Il aime les bananes.
He likes bananas.
La biologie est une science.
Biology is a science.
L'amour est divin.
Love is divine.
Les cigarettes ne sont pas bonnes pour la santé.
Cigarettes are not good for the health.

8. Complete the following with the appropriate definite article.

1. _____ Français sont fiers.
2. _____ vie est dure.
3. _____ patience est une vertu.
4. _____ chiens sont des animaux domestiques.
5. _____ diamants sont des bijoux.
6. _____ bananes sont des fruits.
7. _____ automne est une saison.
8. _____ charbon est noir.
9. Il aime _____ pommes frites.
10. Il n'aime pas _____ épinards.
11. _____ biologie est une science.
12. _____ femmes d'aujourd'hui sont conscientes de leurs droits.

With Titles

When talking about someone, the definite article must be used with titles. The article is omitted, however, in direct address.

Le docteur Martin est dentiste.
Doctor Martin is a dentist.

But:

Bonjour, docteur Martin.
Hello, Doctor Martin.

Le général Pierron est arrivé.
General Pierron has arrived.

But:

Comment allez-vous, général Pierron?
How are you, General Pierron?

With **monsieur, madame,** and **mademoiselle,** the article is never used.

Monsieur Le Blanc vient.
Mister Le Blanc is coming.
Comment allez-vous, Madame Le Blanc?
How are you, Mrs. Le Blanc?

In formal address, the article is used before the title.

Bonjour, madame la présidente.

9. Complete the following with the appropriate definite article, when it is necessary.

1. _____ docteur Merlier est un grand homme.
2. _____ comte de Deauville est ici.
3. Bonjour, _____ professeur Le Blanc.
4. _____ Mademoiselle Pierron habite à Roanne.
5. Où allez-vous, _____ Monsieur Péneau?
6. Savez-vous qui est _____ Madame Leclerc?
7. Comment allez-vous, _____ Madame Mercier?
8. Bonjour, monsieur _____ président.
9. _____ capitaine Andrieu va faire un discours.
10. _____ présidente préside l'assemblée.

With Languages and Academic Subjects

The definite article is used with languages unless the name of the language immediately follows the verb **parler** or the prepositions **de** or **en.**

Le français est une belle langue.
French is a beautiful language.
J'étudie le français et l'anglais.
I study French and English.
Je parle très bien (le) français.
I speak French very well.

But:

Je parle français.
I speak French.
J'ai un livre de français.
I have a French book.
Ce livre est écrit en français.
This book is written in French.

The definite article is also used with academic subjects.

J'étudie l'histoire et les mathématiques.
I study history and mathematics.

10. Complete the following with the definite article, when it is necessary.

1. Parlez-vous _____ français?
2. Il parle très couramment _____ français.
3. J'apprends _____ biologie.
4. _____ russe est une langue difficile.
5. Est-ce que c'est un livre de _____ russe?
6. Elle lui écrit en _____ allemand.
7. Dites-vous cela en _____ anglais?

With Days of the Week, Seasons, and Dates

The definite article is used with days of the weeks to indicate habitual occurrence. The definite article has the meaning of *every* or *on*. The definite article accompanying the days of the week is masculine.

J'ai ma classe de français le lundi.
I have my French class on Mondays (every Monday).
Le dimanche, je ne travaille pas.
On Sunday(s) I don't work.

The definite article is omitted when talking about a particular day.

Je suis allé au cinéma lundi.
I went to the movies (on) Monday.
Je viendrai vous voir samedi.
I will come to see you (on) Saturday.
Dimanche est le dernier jour de la semaine.
Sunday is the last day of the week.

The definite article is used with seasons when discussing the season is a general sense.

L'été est une saison agréable.
Summer is a nice season.
L'hiver est une saison froide.
Winter is a cold season.

But:

Je vais à la plage en été.
I go to the beach in summer.
Je fais du ski en hiver.
I ski in winter.
les robes d'hiver
winter dresses

The definite article is used with dates.

Le 15 septembre, les classes recommencent.
On the 15th of September (September 15) classes resume.
Il sera ici le 10 août.
He will be here on the 10th of August (August 10).

11. Complete the following with the definite article, when it is necessary.

1. _____ Mercredi est le troisième jour de la semaine.
2. Je vais toujours au cinéma _____ samedi.
3. _____ automne est ma saison favorite.
4. Il n'y a pas de classes _____ dimanche.
5. Il fait beau en _____ automne.
6. Mes vacances commencent _____ vendredi.
7. J'ai mon cours de philosophie _____ lundi.
8. Je suis allé au musée _____ samedi dernier.
9. Il vous verra _____ mercredi prochain.
10. _____ 2 juin je vais en vacances.
11. Il viendra _____ 15 octobre.
12. Je pourrais vous voir _____ matin ou _____ après-midi.

With Names of Continents, Countries, Provinces, Regions, Islands, Mountains, and Rivers

The definite article is used with names of continents, countries, provinces, regions, islands, mountains, and rivers.

La France n'est pas un grand pays.
France is not a large country.
La Bretagne est pittoresque.
Brittany is picturesque.
L'Amérique du Nord est un vaste continent.
North America is a vast continent.
La Corse est une île méditerranéenne.
Corsica is a Mediterranean island.
Les Pyrénées sont entre la France et l'Espagne.
The Pyrenees are between France and Spain.

But:

Je vais en France.
I am going to France.
l'histoire de France
the history of France

12. Complete the following with the appropriate definite article, when necessary.

1. _____ Seine divise Paris.
2. _____ Europe est très diverse.
3. _____ Laurentides sont des montagnes du Québec.
4. _____ Midi est le sud de la France.
5. Je vais en _____ France en été.
6. _____ Corse est une île française.
7. Il traverse _____ lac Ontario.
8. _____ Amérique du Sud est un vaste continent.

With Weights and Measures

The definite article is used with expressions of quantity when used in conjunction with a price to indicate **per**.

Les tomates coûtent deux francs le kilo.
Tomatoes cost two francs a (per) kilogram.
Les œufs coûtent quatre francs la douzaine.
Eggs cost four francs a dozen.

But:

Les bananes pèsent deux kilos.
The bananas weigh two kilograms.

13. Complete the following with the correct form of the definite article.

1. _____ pommes coûtent deux francs _____ livre.
2. J'ai payé cinq francs _____ kilo.
3. _____ oranges coûtent six francs _____ douzaine.
4. _____ lait coûte deux francs _____ litre.

With Parts of the Body or Clothing

The definite article is used instead of the possessive adjective with parts of the body or clothing, in order to avoid ambiguity.

Il se lave les mains.
He washes his hands.
Il s'en va les mains dans les poches.
He goes away with his hands in his pockets.

14. Complete the following sentences with the appropriate definite article.

1. Il se brosse _____ dents.
2. Il est rentré, _____ chemise déchirée.
3. Il s'est cassé _____ jambe.
4. Il a mal à _____ tête.
5. Elle se lave _____ cheveux.

CONTRACTIONS OF THE DEFINITE ARTICLE

The definite article contracts with **à** (*to*) and **de** (*from, about, of*) in the following way:

à + le = au
à + les = aux
à + la do not contract
à + l' do not contract

Je vais **au musée.**	*I am going to the museum.*
Je parle **aux garçons.**	*I am speaking to the boys.*
Je parle **aux élèves.**	*I am speaking to the students.*
Je vais **à la pharmacie.**	*I am going to the pharmacy.*
Je parle **à l'étudiant.**	*I am speaking to the student.*

de + le = du
de + les = des
de + la do not contract
de + l' do not contract

Je parle **du garçon.**	*I am speaking about the boy.*
Je parle **des garçons.**	*I am speaking about the boys.*
Je parle **des étudiants.**	*I am speaking about the students.*
Je parle **de la fille.**	*I am speaking about the girl.*
Je parle **de l'élève.**	*I am speaking about the student.*

Note the liaison between **aux** and **des** and a noun that begins with a vowel.

Je parle **aux_élèves.**
Je parle **des_étudiants.**

15. Complete the following sentences with the appropriate contractions of the definite article.

1. Je veux aller _____ plage.
2. C'est le bureau _____ mère.
3. Le professeur donne les livres _____ étudiants.
4. Il va _____ école.
5. Il revient _____ musée.
6. C'est le frère _____ homme.
7. Il va _____ parc.
8. C'est la bibliothèque _____ école.
9. Ce sont les livres _____ étudiants.

THE INDEFINITE ARTICLE

The indefinite articles (**a, an**) in French are **un** for masculine nouns and **une** for feminine nouns. The plural is **des** (*some, any*). Note the liaison between **des** and a word beginning with a vowel.

	Masculine		Feminine
Singular	*Plural*	*Singular*	*Plural*
un livre	**des livres**	**une peinture**	**des peintures**
un garçon	**des garçons**	**une fille**	**des filles**
un élève	**des_élèves**	**une élève**	**des_élèves**
un ami	**des_amis**	**une amie**	**des_amies**

Some nouns have two genders.

Masculine		Feminine	
un élève	*a student (male)*	**une élève**	*a student (female)*
un artiste	*an artist*	**une artiste**	*an artist*
un enfant	*a child*	**une enfant**	*a child*

16. Rewrite the following, replacing the definite article with the indefinite article.

1. Elle veut lire le roman.
2. L'ami reçoit la lettre.
3. L'élève est intelligente.
4. Il lutte contre l'établissement.
5. L'artiste travaille dans la rue.
6. L'homme envoie le cadeau.
7. L'auteur écrit la pièce.
8. Nous allons passer les après-midi ici.
9. La fille a les valises.
10. L'auto est en panne.
11. Il lit le livre.
12. L'enfant est bonne.

OMISSION OF THE INDEFINITE ARTICLE

After the Verb *Être*

Unlike English, the indefinite article is omitted after the verb **être** (*to be*) when the verb is followed by an unmodified noun, indicating nationality, religion, or profession.

Elle est médecin.
She is a doctor.
Il est catholique.
He is a Catholic.
Elle est canadienne.
She is a Canadian.

When **c'est** is used instead of **il est**, the indefinite article is used.

C'est un Français.
He is a Frenchman.
C'est un avocat.
He's a lawyer.

The indefinite article is also used when the noun that follows the verb **être** is modified.

Victor Hugo est un auteur célèbre.
Victor Hugo is a famous author.
Victor Hugo est un auteur que tous les Français connaissent.
Victor Hugo is an author whom all Frenchmen know.

17. Complete the following sentences with the appropriate indefinite article, when it is necessary.

1. Pasteur était _____ chimiste célèbre.
2. Madame Dupont est _____ avocate.
3. C'est _____ biologiste.
4. Il est _____ chimiste.
5. Pierre est _____ rédacteur qui travaille dans notre bureau.
6. Il veut être _____ ingénieur.
7. Pierre est _____ élève qui travaille beaucoup.
8. Cette femme est _____ journaliste.
9. Monsieur Leclerc est _____ professeur exigeant.
10. Il est _____ avocat célèbre.

Other Omissions of the Indefinite Article

The indefinite article is not used:

1. after **quel** (*what a*).

   Quelle belle vue!
   What a beautiful view!

2. before nouns in apposition.

   Paris, capitale de la France, est une grande ville.
   Paris, the capital of France, is a big city.

3. after a noun that is a complement of another noun.

   une robe de soie
   a silk dress
   un professeur d'histoire
   a history professor

4. after the preposition **sans**.

> **Il travaille sans argent.**
> *He works without money.*

5. after **avec** when used with abstract nouns.

> **Travaillez avec soin.**
> *Work with care.*
>
> *But:*
>
> **Travaillez avec des amis.**
> *Work with some friends.*

6. after **ni . . . ni**.

> **Il n'a ni argent ni pain.**
> *He has neither money nor bread.*

18. Complete the following with the indefinite article, when it is necessary.

1. Quel _____ garçon!
2. *Le Cid*, _____ pièce de Corneille, est très célèbre.
3. *Les Misérables* est _____ roman de Victor Hugo.
4. Il achète une bague en _____ or.
5. Ecoutez avec _____ enthousiasme.
6. Il travaille avec _____ copains.
7. Il reste sans _____ argent.
8. Il n'a ni _____ père ni _____ mère.

THE PARTITIVE

In French, the partitive (*some, any*) is expressed by **de** plus the definite article. Note that **de** plus **le** = **du** and **de** plus **les** = **des.** The partitive articles are:

	Singular	Plural
Feminine	**de la**	**des**
Masculine	**du**	**des**
Masculine or feminine *before a vowel*	**de l'**	**des**

Study the following:

J'ai **de la soupe.**	*I have some soup.*
Elle veut **du sucre.**	*She wants some sugar.*
Il boit **de l'eau.**	*He is drinking some water.*
Voulez-vous **des oranges?**	*Do you want any oranges?*
Nous avons **des livres.**	*We have some books.*

19. Complete the following sentences with the appropriate form of the partitive.

1. Il mange _____ soupe.
2. Nous achetons _____ livres.
3. Elle gagne _____ argent.
4. Il boit _____ lait.
5. Nous mangeons _____ haricots verts.
6. Elle veut _____ viande.

7. Il achète _____ sucre.
8. Elle boit _____ eau.
9. Elle a _____ talent et _____ imagination.
10. Il a _____ parents et _____ amis.

THE PARTITIVE VERSUS THE DEFINITE ARTICLE

The word *partitive* expresses the idea of part. The partitive is used to indicate a part of something. The definite article is used with nouns in a general sense.

Il aime **le café.** (*all coffee*)
He likes coffee.
Il boit **du café.** (*some coffee*)
He drinks (some) coffee.

20. Follow the model.

Bois-tu du café?
Oui, j'aime le café et je vais boire du café.

1. Buvez-vous du lait?
2. Mangez-vous de la soupe?
3. Buvez-vous de l'eau minérale?
4. Mangez-vous des haricots verts?
5. Achetez-vous des cerises?

EXCEPTIONS TO THE RULE FOR USING THE PARTITIVE

When the Sentence Is Negative

Normally, in negative sentences, the partitive article is replaced by **de.** Study the following. Note that **de** becomes **d'** before a word beginning with a vowel.

Affirmative	*Negative*
J'ai du pain.	**Je n'ai pas de pain.**
I have some bread.	*I don't have any bread.*
J'ai une robe.	**Je n'ai pas de robe.**
I have a dress.	*I don't have a dress.*
J'ai des livres.	**Je n'ai pas de livres.**
I have some books.	*I don't have any books.*
J'ai des amies.	**Je n'ai pas d'amies.**
I have some friends.	*I have no friends.*

If the sentence implies an affirmative idea or if you want to emphasize the noun, you may use the partitive forms in negative sentences.

N'avez-vous pas de la famille ici?
Don't you have any family here?
Je n'ai pas du respect pour lui, mais du mépris.
I don't have any respect for him, rather scorn.

21. Rewrite the following sentences in the negative.

    1. Il a du courage.
    2. Il y a de la soupe.
    3. J'ai des bonbons.
    4. Je bois de l'eau.
    5. Elle fume des cigarettes.

When an Adjective Precedes a Noun in the Plural

When an adjective precedes a noun in the plural, the partitive becomes **de.**

Singular   *Plural*

J'ai un bon livre.   **J'ai de bons livres.**

But:

J'ai un livre intéressant.   **J'ai des livres intéressants.**

When an adjective is an integral part of the idea, the partitive is used.

des jeunes filles	*girls*
des jeunes gens	*young people*
des petits pains	*rolls*
des petits pois	*peas*

22. Rewrite the following sentences, putting the nouns in the plural.

    1. Il y a une belle peinture ici.
    2. Nous lisons un livre intéressant.
    3. C'est une grande ville.
    4. Elle mange un petit pain et un petit pois.
    5. C'est une jeune fille.
    6. J'ai une grande armoire.

After Expressions of Quantity and Expressions with *de*

The partitive becomes **de** after expressions of quantity such as the following:

assez	*enough*	**une bouteille**	*a bottle*
beaucoup	*a lot*	**un verre**	*a glass*
peu	*a little*	**une tasse**	*a cup*
trop	*too much*	**un litre**	*a liter*
tant	*so many*	**une livre**	*a pound*
autant	*as much*	**une douzaine**	*a dozen*
moins	*less*	**une tranche**	*a slice*

Elle veut **de** l'eau.	*But:*	Elle veut **un peu d'**eau.
She wants some water.		*She wants a little water.*
Il a **des** livres.	*But:*	Il a **beaucoup de** livres.
He has some books.		*He has many books.*
Je bois **du** vin.	*But:*	Je bois **un verre de** vin.
I am drinking some wine.		*I am drinking a glass of wine.*

La plupart (*most*) and **bien** (*many*) are exceptions to this rule.

La plupart du temps, je travaille.   **Bien des** fois, il fait des fautes.
Most of the time, I work.   *Many times, he makes mistakes.*

After expressions, using **de**, such as **avoir besoin de** (*to need*), **se passer de** (*to get along without*), there is no partitive.

J'ai **de l'argent.**   *But:*   J'ai **besoin d'**argent.
I have some money.   *I need some money.*

Plusieurs (*several*) and **quelques** (*a few*) do not require the partitive. Study the following.

J'ai **beaucoup de** livres.   *But:*   J'ai **plusieurs** livres.
I have many books.   *I have several books.*
J'ai **assez de** livres.   *But:*   J'ai **quelques** livres.
I have enough books.   *I have some books.*

In expressions of quantity **de** cannot be used before a pronoun. **D'entre** is usually used.

Plusieurs **d'entre eux**   *Several of them*
Quelques-uns **d'entre nous**   *Some of us*

23. Complete the following sentences with the correct form of the partitive, when necessary.

1. Je voudrais un verre _____ eau.
2. Elle a beaucoup _____ amis.
3. Elle ne peut pas se passer _____ nourriture.
4. Il y a plusieurs _____ églises ici.
5. Elle achète une douzaine _____ pommes.
6. Il a quelques _____ amis.
7. Bien _____ gens aiment le cinéma.
8. Donne-moi une tranche _____ pain.
9. Il mange trop _____ bonbons.
10. Nous avons besoin _____ argent.
11. Elle achète une livre _____ beurre.

PREPOSITIONS WITH GEOGRAPHICAL NAMES

à

The preposition **à** is used before names of cities.

Il va **à Paris.**
Elle est **à Genève.**

en

The preposition **en** is used with names of feminine countries or continents or all countries in Europe. Almost all names of countries ending in a mute **e** are feminine. (Exception: **le Mexique**)

Je vais **en France.**
Nous irons **en Afrique.**

au

The preposition **au** is used with masculine countries.

Elle va **au Portugal.**
Nous sommes **au Canada.**

The preposition **aux** is used with **Etats-Unis** since it is plural.

New York est **aux Etats-Unis.**

dans

The preposition **dans** is used before names of continents qualified by another expression.

Nous irons **dans l'Amérique du Sud.**

In spoken language, **en** may be used.

Nous allons **en Amérique du Sud.**

When the name of a city or country is accompanied by a complement or an adjective, **dans le (l', la, les)** is used.

J'aimerais vivre **dans la France du XIXe siècle.**

The prepositions used before islands varies.

en Sardaigne
en Haïti
en Nouvelle-Guinée

à la Réunion
à la Martinique

à Malte
à Chypre
à Madagascar
à Cuba

With names of American states and Canadian provinces, **en** is used if the French form of the noun ends in **e** or **ie**.

en Californie
en Pennsylvanie
en Floride
en Nouvelle-Écosse
en Colombie Britannique

Otherwise **dans le** or **dans l'état de** is used.

dans le Vermont
dans le Colorado
dans l'Ontario
dans l'état de Vermont

But:

au Nouveau-Mexique
au Nouveau-Brunswick
à Terre-Neuve *(Newfoundland)*

24. Complete the following sentences with the correct preposition or preposition plus the definite article.

1. Nous allons _____ France.
2. Elle est allée _____ Haïti et _____ Martinique.
3. Nous irons _____ Afrique et _____ Afrique du Nord.
4. Il demeure _____ Paris.

5. Il a voyagé _____ Mexique et _____ Amérique du Sud.
6. L'action a lieu _____ Angleterre et _____ Italie.
7. J'ai demeuré _____ Californie, _____ Vermont et _____ Nouveau-Mexique.
8. San Francisco se trouve _____ Etats-Unis.
9. Elle habite _____ Canada _____ Terre-Neuve.
10. Il va _____ San Francisco _____ Californie.

REVIEW

25. Complete the following sentences with the appropriate definite article or contraction.

1. _____ père travaille _____ bureau.
2. C'est _____ ami de Pierre.
3. _____ qualité vaut mieux que _____ quantité.
4. _____ romans sont dans _____ bibliothèque.
5. _____ patience est une vertu.
6. _____ connaissance de la grammaire est utile.
7. _____ femme achète des timbres _____ poste.
8. _____ homme se chauffe devant _____ poêle.
9. C'est _____ livre _____ professeur.
10. _____ enfants vont _____ école.
11. Ne donnez pas _____ bonbons _____ enfants.
12. _____ héros _____ histoire se lave _____ mains.

26. Rewrite the following sentences, changing the nouns to the plural. Make all other necessary changes.

1. Le repas est bon.
2. Le cheval est un animal.
3. J'aime le carnaval.
4. Ouvrez l'œil.
5. Le bateau est petit.
6. Le prix du clou n'est pas cher.
7. Le chou est dans le trou.
8. L'eau entoure le château.
9. Le jeu est intéressant.
10. L'après-midi, il prépare le hors-d'œuvre et le chou-fleur pour le pique-nique.
11. Monsieur, ne prenez pas ce bijou.
12. Le grand-père va acheter un abat-jour.

27. Complete the following with the correct definite or indefinite article, when necessary.

1. _____ chimie est _____ science.
2. _____ docteur Dupont est _____ homme célèbre.
3. Elles ont visité le musée _____ lundi.
4. Il me parle en _____ français.
5. Comment allez-vous, _____ Monsieur Leclerc?
6. _____ émeraudes sont _____ bijoux.
7. _____ président de Gaulle était _____ écrivain.
8. Elle parle _____ anglais et elle comprend _____ français.

9. Elle a son cours _____ lundi et _____ mercredi.
10. J'aime _____ hiver.
11. Les asperges coûtent trois francs _____ kilo.
12. Il se lave _____ mains.
13. Quelles _____ statues!
14. Venez avec _____ livres.
15. Ecoutez avec _____ soin.

28. Complete the following with the correct form of the partitive or the definite article, when necessary.

1. J'aime _____ lait et je vais boire _____ lait.
2. Voulez-vous _____ eau, _____ pommes de terre, _____ viande, _____ haricots verts et _____ pain?
3. Elle n'achète pas _____ oranges.
4. Elle a beaucoup _____ livres.
5. Il y a plusieurs _____ musées dans cette ville.
6. Bien _____ hommes travaillent ici.
7. Combien est un kilo _____ tomates?
8. Je ne mange plus _____ bananes. Je préfère _____ oranges.
9. J'ai un peu _____ beurre, mais pas assez _____ pain.
10. La plupart _____ temps, j'ai raison.
11. Elle met _____ sel mais pas _____ poivre dans _____ ragoût.

29. Complete the following with the correct preposition or preposition plus the definite article.

1. Je vais _____ Martinique et _____ Cuba.
2. Elle va _____ Philadelphie _____ Pennsylvanie _____ Etats-Unis.
3. Tu es allé _____ Amérique du Sud.
4. Nous irons _____ Canada et _____ Afrique.
5. Denver est _____ Colorado.

30. Answer the following questions, using **le, la, l', les,** a contraction of the article with **à** or **de,** a partitive, or a preposition.

Qu'est-ce qu'il regarde? *livre/professeur*
Il regarde le livre du professeur.

1. Où va-t-il? *France*
2. Qu'est-ce qu'il attend? *arrivée/professeur*
3. Qu'est-ce qu'il entend? *cris/enfant*
4. A qui parle-t-il? *ami/Jean*
5. Qu'est-ce qu'elle aime? *voix/chanteur*
6. Qu'est-ce qu'il cherche? *jouets/enfant*
7. Où va-t-il? *supermarché/village*
8. Qu'est-ce qu'il aime? *vitrail/église*
9. Qu'est-ce qu'il regarde? *peintures/musée*
10. Où veut-elle aller? *bibliothèque/ville*
11. Qu'est-ce qu'il achète? *sucre/gâteaux/glace*
12. Où va-t-il? *Montréal/Québec*

Chapter 2

Adjectives and Adverbs

FORMATION OF THE FEMININE OF ADJECTIVES

Regular Forms

Every adjective must agree in number and gender with the noun it modifies. Most adjectives add -e to the masculine form to form the feminine. The final consonant sound is heard in the feminine form but not in the masculine form.

Masculine	Feminine
Il est **grand**.	Elle est **grande**.

Below is a list of common regular adjectives. (The adjectives with an asterisk end in an **n** sound in the feminine in spoken French but have a nasalized ending in the masculine.)

Masculine	Feminine	
*américain	américaine	*American*
amusant	amusante	*amusing*
anglais	anglaise	*English*
chaud	chaude	*warm*
content	contente	*happy, contented*
court	courte	*short*
droit	droite	*right, straight*
étonnant	étonnante	*astonishing*
fort	forte	*strong*
français	française	*French*
froid	froide	*cold*
grand	grande	*tall, big*
gris	grise	*gray*
haut	haute	*high, tall*
*humain	humaine	*human*
intelligent	intelligente	*intelligent*
intéressant	intéressante	*interesting*
laid	laide	*ugly*

lent	lente	*slow*
lourd	lourde	*heavy*
mauvais	mauvaise	*bad*
méchant	méchante	*bad*
parfait	parfaite	*perfect*
petit	petite	*small, little*
*plein	pleine	*full*
*prochain	prochaine	*next*
puissant	puissante	*powerful*
sourd	sourde	*deaf*

Adjectives Ending in a Vowel, Pronounced Consonant, or Mute *e*

Some adjectives sound the same in the masculine and feminine forms. If an adjective ends in a vowel or pronounced consonant (**r** or **l**), the feminine is formed by adding **-e**. Below is a list of the most common of these adjectives.

Masculine	*Feminine*	
bleu	bleue	*blue*
compliqué	compliquée	*complicated*
désolé	désolée	*sorry*
fatigué	fatiguée	*tired*
gai	gaie	*gay*
joli	jolie	*pretty*
poli	polie	*polite*
clair	claire	*clear*
dur	dure	*hard*
égal	égale	*equal*
noir	noire	*black*
sûr	sûre	*sure*

Il est **fatigué.**
Elle est **fatiguée.**

If the adjective ends in a mute **-e**, the oral and written forms are the same for both the masculine and the feminine forms. Below is a list of some of the most common of these adjectives.

Masculine	*Feminine*	
agréable	agréable	*nice, pleasant*
calme	calme	*calm*
célèbre	célèbre	*famous*
désagréable	désagréable	*disagreeable, unpleasant*
difficile	difficile	*difficult*
facile	facile	*easy*
fantastique	fantastique	*fantastic*
formidable	formidable	*fantastic*
gauche	gauche	*left*
honnête	honnête	*honest*
jaune	jaune	*yellow*

jeune	jeune	*young*
large	large	*wide*
libre	libre	*free*
magnifique	magnifique	*magnificent*
malade	malade	*sick*
mince	mince	*thin*
moderne	moderne	*modern*
nécessaire	nécessaire	*necessary*
pauvre	pauvre	*poor*
populaire	populaire	*popular*
rapide	rapide	*rapid*
riche	riche	*rich*
sale	sale	*dirty*

1. Follow the model.

> **Comment est la fille?** *petit*
> **La fille est petite.**

1. Comment est l'idée? *mauvais*
2. Comment est la cathédrale? *grand*
3. Comment est la tour? *haut*
4. Comment est la cuisine? *parfait*
5. Comment est la sorcière? *laid*
6. Comment est la peinture? *joli*
7. Comment est la femme? *honnête*
8. Comment est la chemise? *rouge*
9. Comment est la pierre? *dur*
10. Comment est la réponse? *clair*

2. Complete the following with the appropriate form of the indicated adjective.

1. Le jour est _____. *mauvais*
2. Cette fille est _____ . *français*
3. L'écrivain est _____ . *grand*
4. L'homme est _____ . *poli*
5. Le charbon est _____ . *noir*
6. Le vieillard est _____ . *faible*
7. La robe est _____ . *noir*
8. La pièce est _____ . *fantastique*
9. Le film est _____ . *formidable*
10. La situation est _____ . *compliqué*

Adjectives Ending in *-el, -eil, -il, -en, -on, -et,* and *-s*

Adjectives ending in **-el, -eil, -il, -en, -on, -et,** and some ending in **-s** double the final consonant before adding **-e.**

Masculine	*Feminine*	
cruel	cruelle	*cruel*
pareil	pareille	*similar*
gentil	gentille	*nice*

ancien	ancienne	*ancient, old*
parisien	parisienne	*Parisian*
bon	bonne	*good*
breton	bretonne	*Breton*
muet	muette	*silent*
net	nette	*clean*
bas	basse	*low*
épais	épaisse	*thick*
gras	grasse	*greasy*
las	lasse	*tired*
gros	grosse	*big, fat*

Some other adjectives that double the final consonant to form the feminine are:

Masculine	*Feminine*	
nul	nulle	*no*
paysan	paysanne	*peasant*
sot	sotte	*stupid*
tel	telle	*such a*

Some adjectives ending in -**et** change -**et** to -**ète** to form the feminine.

Masculine	*Feminine*	
complet	complète	*complete*
concret	concrète	*concrete*
discret	discrète	*discreet*
indiscret	indiscrète	*indiscreet*
inquiet	inquiète	*worried*
secret	secrète	*secret*

Exception:

prêt	prête	*ready*

Adjectives Ending in -*er*

Adjectives ending in -**er** change -**er** to -**ère** to form the feminine.

Masculine	*Feminine*	
amer	amère	*bitter*
cher	chère	*expensive, dear*
dernier	dernière	*last*
entier	entière	*entire*
étranger	étrangère	*foreign*
fier	fière	*proud*
léger	légère	*light*
premier	première	*first*

3. Complete the following with the appropriate form of the indicated adjective.

    1. La sorcière est _____ .   *cruel*
    2. La femme est _____ .   *parisien*
    3. La pièce est _____ .   *bon*
    4. Cette dame est _____ de naissance.   *muet*
    5. La sauce est _____ .   *épais*

6. Sa réponse était _____ . *discret*
7. La jeune fille est _____ à partir. *prêt*
8. La fille est _____ . *sot*
9. La peinture est _____ . *cher*
10. Cette dame est _____ de sa langue. *fier*

4. Follow the model.

> **La fille est cruelle.** *le garçon*
> **Le garçon est cruel.**

1. La pièce est sensationnelle. *le film*
2. Le monument est ancien. *la peinture*
3. Cette boîte est grosse. *ce paquet*
4. Cet étudiant est las. *cette étudiante*
5. Ce mot est secret. *cette histoire*
6. La femme est inquiète. *l'homme*
7. Monsieur Le Blanc est étranger. *Madame Leclerc*
8. Marie est première en math. *Pierre*
9. Ce mot est pareil. *Cette phrase*

Adjectives Ending in -*x*

Adjectives ending in -**x** change -**x** to -**se** to form the feminine.

Masculine	*Feminine*	
amoureux	amoureuse	*in love*
courageux	courageuse	*courageous*
curieux	curieuse	*curious*
ennuyeux	ennuyeuse	*boring*
furieux	furieuse	*furious*
heureux	heureuse	*happy*
jaloux	jalouse	*jealous*
merveilleux	merveilleuse	*marvelous*
peureux	peureuse	*fearful*
sérieux	sérieuse	*serious*

Exceptions:

Masculine	*Feminine*	
doux	douce	*sweet*
roux	rousse	*reddish brown*
faux	fausse	*false*

Adjectives Ending in -*eur*

Adjectives ending in -**eur** form the feminine by changing -**eur** to -**euse** if the adjective is derived from a verb. Otherwise the feminine ends in -**rice.**

Masculine	*Feminine*	
flatteur	flatteuse	*flattering*
menteur	menteuse	*lying*
moqueur	moqueuse	*mocking*
trompeur	trompeuse	*tricking*

acteur	actrice	*acting*
conservateur	conservatrice	*conservative*
créateur	créatrice	*creative*
protecteur	protectrice	*protecting*

Exceptions:

Masculine	*Feminine*	
antérieur	antérieure	*anterior*
extérieur	extérieure	*exterior*
inférieur	inférieure	*inferior*
intérieur	intérieure	*interior*
meilleur	meilleure	*best*
majeur	majeure	*major*
mineur	mineure	*minor*
postérieur	postérieure	*posterior*
supérieur	supérieure	*superior*

5. Complete the following with the correct form of the indicated adjective.

1. La fille est _____. *heureux*
2. Son attitude est _____. *sérieux*
3. L'homme est _____. *furieux*
4. Le miel est _____. *doux*
5. La chanson est _____. *doux*
6. La chevelure est _____. *roux*
7. La réponse est _____. *faux*
8. La fille est _____. *menteur*
9. La loi est _____. *protecteur*
10. C'est la _____ chose. *meilleur*
11. C'est une femme _____. *créateur*
12. C'est la cause _____. *majeur*

Adjectives Ending in *-f*

Adjectives ending in **-f** in the masculine change **-f** to **-ve** to form the feminine.

Masculine	*Feminine*	
attentif	attentive	*attentive*
actif	active	*active*
bref	brève	*brief*
destructif	destructive	*destructive*
neuf	neuve	*new*
vif	vive	*alive, lively*

Note the grave accent on **brève**.

Adjectives Ending in *-c*

Adjectives ending in **-c** change **-c** to **-che** to form the feminine.

Masculine	*Feminine*	
blanc	blanche	*white*
franc	franche	*frank*
sec	sèche	*dry*

Note the grave accent on **sèche.**

Exceptions:

Masculine	Feminine	
grec	**grecque**	*Greek*
public	**publique**	*public*

6. Complete the following with the appropriate form of the indicated adjective.

1. Le garçon est _____ . *actif*
2. La fille est _____ . *attentif*
3. Ce livre est _____ . *neuf*
4. Cette robe est _____ . *neuf*
5. La réponse était _____ . *bref*

6. La nappe est _____ . *blanc*
7. L'homme est _____ . *franc*
8. La robe est _____ . *sec*
9. L'actrice est _____ . *grec*
10. C'est une place _____ . *public*

Irregular Adjectives

Some adjectives are completely irregular in the feminine.

Masculine	Feminine	
aigu	**aiguë**	*sharp*
long	**longue**	*long*
favori	**favorite**	*favorite*
malin	**maligne**	*sly*
frais	**fraîche**	*fresh*

7. Complete the following with the appropriate form of the indicated adjective.

1. L'aiguille est _____ . *aigu*
2. La robe est _____ . *long*
3. C'est ma chemise _____ . *favori*
4. C'est une enfant _____ . *malin*
5. C'est un enfant _____ . *malin*
6. La viande est _____ . *frais*

The Adjectives *beau, nouveau, vieux*

The adjectives **beau, nouveau** and **vieux** have three forms. They have a special masculine singular form before words beginning with a vowel or silent **h.**

Masculine before a consonant	Masculine before a vowel	Feminine	
beau	**bel**	**belle**	*beautiful, handsome*
nouveau	**nouvel**	**nouvelle**	*new*
vieux	**vieil**	**vieille**	*old*

Two other adjectives that have special masculine singular forms are:

fou	**fol**	**folle**	*crazy*
mou	**mol**	**molle**	*soft*

Note that the masculine form before a vowel and the feminine form sound alike. When the masculine adjective follows a word beginning with a vowel, the regular masculine form is used.

C'est un **beau** garçon.
C'est un **bel** homme. *But:* Cet homme est **beau.**
C'est une **belle** femme.

C'est un **nouveau** livre.
C'est un **nouvel** appartement. *But:* Cet appartement est **nouveau.**
C'est une **nouvelle** maison.

C'est un **vieux** livre.
C'est un **vieil** écrivain. *But:* Cet écrivain est **vieux.**
C'est une **vieille** statue.

8. Complete the following with the correct form of the indicated adjective.

1. C'est un _____ livre. *nouveau*
2. C'est une _____ histoire. *beau*
3. C'est un _____ homme. *vieux*
4. C'est une _____ peinture. *nouveau*
5. C'est un _____ ami. *nouveau*
6. C'est un _____ tableau. *vieux*
7. C'est une _____ robe. *beau*
8. C'est une _____ dame. *vieux*
9. C'est un _____ artiste. *beau*
10. C'est un _____ garçon. *beau*
11. Cet artiste est _____. *beau*
12. Cet arbre est _____. *vieux*
13. Cet ami est _____. *nouveau*

PLURAL OF ADJECTIVES

Regular Forms

Most adjectives form the plural by adding **-s** to the singular form.

Masculine		*Feminine*	
Singular	*Plural*	*Singular*	*Plural*
petit	petits	petite	petites
grand	grands	grande	grandes

Le garçon est **grand.**
The boy is tall.
Les garçons sont **grands.**
The boys are tall.

La fille est **petite.**
The girl is small.
Les filles sont **petites.**
The girls are small.

Adjectives Ending in -s or -x

Adjectives ending is **-s** or **-x** are the same in the masculine singular and plural forms.

Singular	*Plural*
frais	frais
gros	gros
heureux	heureux

un garçon **heureux**	des garçons **heureux**
a happy boy	*some happy boys*
un fruit **frais**	des fruits **frais**
a fresh fruit	*some fresh fruit*

The feminine plural is regular.

Singular	Plural
fraîche	fraîches
grosse	grosses
heureuse	heureuses

une pièce **merveilleuse**	des pièces **merveilleuses**
a marvelous play	*some marvelous plays*

Adjectives Ending in *-eu* or *-eau*

Adjectives ending in **-eu** or **-eau** add **-x** to form the plural.

Singular	Plural
hébreu	hébreux
beau	beaux
nouveau	nouveaux

Le livre est **beau**.	Les livres sont **beaux**.
The book is beautiful.	*The books are beautiful.*

Exception:

bleu	bleus

The feminine plural is regular.

Singular	Plural
belle	belles
nouvelle	nouvelles
bleue	bleues

La peinture est **belle**.	Les peintures sont **belles**.
The painting is beautiful.	*The paintings are beautiful.*

Adjectives Ending in *-al*

Adjectives ending in **-al** change **-al** to **-aux** to form the masculine plural.

Singular	Plural
légal	légaux
loyal	loyaux
médiéval	médiévaux
royal	royaux

L'ami est **loyal**.	Les amis sont **loyaux**.
The friend is loyal.	*The friends are loyal.*

Exceptions:

banal	banals
fatal	fatals
final	finals
natal	natals
naval	navals

The feminine plural is regular.

Singular	Plural
loyale	**loyales**
fatale	**fatales**

La loi est **légale**.	Les lois sont **légales**.
The law is legal.	*The laws are legal.*

9. Rewrite the following sentences in the plural.

   1. Le film est incroyable.
   2. Le film est merveilleux.
   3. La robe est bleue.
   4. La note est mauvaise.
   5. La loi est légale.
   6. Le château est beau.
   7. Le chandail est bleu.
   8. L'homme est gros.
   9. Le coup est fatal.
   10. La maison est nouvelle.
   11. La tomate est parfaite.
   12. Le mot est final.

10. Complete the following with the correct form of the indicated adjective.

   1. Les romans sont _____.
      intéressant
   2. Les pièces sont _____ .
      merveilleux
   3. Les châteaux sont _____.
      médiéval
   4. Les livres sont _____ .
      nouveau
   5. Il passe les examens _____.
      final
   6. Les hommes sont _____.
      grand
   7. Les chandails sont _____.
      bleu
   8. Les poissons sont _____. *frais*
   9. Ce sont des accidents _____.
      fatal
   10. Les murs sont _____. *épais*
   11. Ce sont des décrets _____.
      royal
   12. Les peintures sont _____. *beau*
   13. Ces lois sont _____. *légal*
   14. Les questions sont _____.
      intelligent
   15. Les robes sont _____. *bleu*
   16. Les garçons sont _____.
      heureux
   17. Ces tableaux sont _____. *beau*

AGREEMENT PROBLEMS OF CERTAIN ADJECTIVES

1. Certain adjectives placed before a noun are invariable and are attached to the noun with a hyphen.

une **demi**-heure	*a half hour*
des **demi**-frères	*half brothers*
la **mi**-septembre	*in mid-September*
les yeux **mi**-clos	*half-closed eyes*

But:

une heure et **demie**   *one and one-half hours*

2. The adjective **nu** is invariable when it precedes a noun without an article.

nu-pieds   *barefoot*

But:

les pieds **nus**   *bare feet*

3. **Ci-joint** and **ci-inclus** are invariable when placed before the noun.

Vous trouverez **ci-joint** les documents que vous m'avez demandés.
You will find attached the documents you requested.

But:

Vous trouverez deux documents **ci-joints**.
You will find two documents attached.

4. **Haut** and **bas** are invariable before an article and a noun.

Haut les mains.   *Hands high.*

5. When the adjective precedes the noun **gens**, it is feminine. When it follows, it is masculine.

les **bonnes** gens   *good people*
les gens **âgés**   *old people*

Adjectives of Color

1. Normally, the adjective of color agrees with the noun it modifies.

une robe **blanche**   *a white dress*
des yeux **bruns**   *brown eyes*

2. When the adjective of color is a compound adjective, it is invariable.

des yeux **bleu clair**   *light blue eyes*
des chaussures **noir et blanc**   *black and white shoes*

3. If the adjective can also be a noun used as an adjective, it is invariable.

des robes **orange**   *orange dresses*
des joues **ivoire**   *ivory cheeks*

4. The adjective **marron** is invariable.

une robe **marron**   *a maroon dress*

5. The adjective **châtain** agrees with a masculine plural noun.

des cheveux **châtains**   *chestnut brown hair*

11. Complete the following sentences with the correct form of the indicated adjective.

1. Il est sorti _____–pieds. *nu*
2. Il y a beaucoup de _____ gens ici. *vieux*
3. Elle va partir à onze heures et _____. *demi*
4. Ce sont mes _____–sœurs. *demi*
5. Il est sorti la tête _____. *nu*
6. Les yeux _____–clos, elle rêvait. *mi*

7. Vous trouverez deux pièces _____. *ci-joint*
8. Restez une _____–heure ici. *demi*
9. _____ les mains! *haut*
10. Ce sont des gens _____. *âgé*
11. Donne-moi mes souliers _____. *marron*
12. Elle a les yeux _____. *brun foncé*

COMPOUND ADJECTIVES

1. When each of the two parts of the compound adjective modifies the noun, both adjectives agree with the noun.

    une fille **sourde-muette**   *a deaf-mute girl*

2. When the first part of the compound adjective ends in **-o** or **-i**, this part of the adjective is invariable.

    une pièce **tragi-comique**   *a tragic-comic play*
    des lois **anglo-saxonnes**   *Anglo-Saxon laws*

3. If the compound adjective is formed with an invariable word plus an adjective, only the adjective agrees with the noun.

    des pays **nord-africains**   *North African countries*
    l'**avant-dernière** fois   *the next-to-the-last time*
    des pays **sous-développés**   *underdeveloped countries*

4. If the first term of the compound adjective has an adverbial quality, it is invariable.

    des enfants **nouveau-nés**   *new-born children*

    But:

    les fenêtres **grandes ouvertes**   *wide-open windows*
    des fraises **fraîches cueillies**   *freshly-picked strawberries*

12. Complete the following sentences with the correct form of the indicated compound adjective.

    1. C'est une histoire _____. *tragi-comique*
    2. C'est une fille _____. *sourd-muet*
    3. Ce sont des lapins _____. *nouveau-né*
    4. Les gens _____ parlent espagnol. *sud-américain*
    5. Ce sont des pays _____. *sous-développé*
    6. Gardez les fenêtres _____. *grand ouvert*

POSITION OF ADJECTIVES

Normally, most adjectives follow the noun in French, particularly:

1. those indicating color or shape

    une robe bleue   *a blue dress*
    une maison carrée   *a square house*

2. adjectives of nationality, origin, religion, profession, or classification, or those that refer to the arts

une fille française	*a French girl*
une peinture parisienne	*a Parisian painting*
une église catholique	*a Catholic church*
une ville municipale	*a municipal city*
une école secondaire	*a secondary school*
le parti libéral	*the Liberal party*
l'art classique	*classical art*
le style roman	*Roman style*

3. those formed from a past or present participle

la porte ouverte	*the open door*
une vie animée	*a lively life*
la semaine passée	*last week*

4. those modified by an adverb

une conversation complètement bête
a completely stupid conversation

The following adjectives normally precede the noun.

autre	*other*	vilain	*villanous*
jeune	*young*	bon	*good*
même	*same*	grand	*big, great*
court*	*short*	gros	*fat*
haut	*high, tall*	long	*long*
joli	*pretty*	gentil*	*nice*
mauvais	*bad*	beau	*beautiful, handsome*
méchant**	*bad, naughty*	nouveau	*new*
meilleur*	*best*	vieux	*old*
petit	*small*		

*These adjectives can be placed before or after the noun.
**Méchant usually follows the noun, but it precedes sometimes.

When these adjectives are modified by short adverbs, they can either precede or follow the noun.

un homme très beau
un très bel homme

When the adjective precedes the noun, the **s** or **x** is pronounced **z** before a word beginning with a vowel.

       z
de nouveaux_étudiants

      z
les autres_amis

Grand is linked to a word beginning with a vowel with a **t** sound.

      t
un grand_ami

Long is linked to a word beginning with a vowel with a **k** sound.

      k
un long_entretien

In the plural, **des** becomes **de** or **d'** before an adjective that precedes a noun.

un nouveau roman	**de nouveaux romans**
a new novel	*some new novels*

When an adjective is an integral part of the noun, the article is **des**.

des jeunes filles	*some young girls*
des petits pois	*some peas*
des jeunes gens	*young people*

When two adjectives are used together, they retain their usual position.

une jolie robe bleue   *a pretty blue dress*

When two adjectives have the same position, they are generally joined by the conjunction **et**.

une femme intéressante et intelligente

Two adjectives which singly must precede the noun can, when combined, be placed before or after the noun they modify.

une grande et belle femme
une femme grande et belle

If an adjective is an integral part of the noun, another adjective can precede without using the conjunction **et**.

un petit jeune homme
un parfait honnête homme

When an adjective that is pronounced differently in the feminine and in the masculine forms modifies one or more nouns of different genders, place the masculine nouns closest to the adjective.

des questions et des problèmes sociaux
social questions and problems

13. Answer the following questions, using the indicated adjective, according to the model.

Avez-vous une boîte? *petit*
Oui, j'ai une petite boîte.
Avez-vous une robe? *bleu*
Oui, j'ai une robe bleue.

1. Avez-vous un livre? *intéressant*
2. C'est une fille? *heureux*
3. C'est une maison? *rouge*
4. Y a-t-il un restaurant ici? *français*
5. As-tu une auto? *noir*
6. C'est un artiste? *beau*
7. Racontez-vous une histoire? *bon*
8. Avez-vous une auto? *petit*
9. C'est un paysan? *vieux*
10. Avez-vous un tableau? *joli*
11. Aimez-vous la fille? *jeune*
12. Regardez-vous un homme? *grand*

14. Rewrite the following sentences in the plural.

1. C'est un livre intéressant.
2. C'est un film formidable.
3. C'est une conférence importante.
4. C'est un bon ami.
5. C'est une autre histoire.
6. C'est une bonne école.
7. C'est un vieil ami.
8. C'est un bel écrivain.
9. C'est une vieille amie.
10. C'est une grande maison.
11. C'est un nouvel hôtel.
12. C'est une jeune fille.
13. C'est un petit pois.

15. Follow the model.

> Comment est l'homme?   *jeune/intéressant*
> C'est un jeune homme intéressant.

1. Comment est la peinture?   *vieux/parisien*
2. Comment est la robe?   *long/bleu*
3. Comment est la chatte?   *petit/noir*
4. Comment est l'artiste?   *beau/impressionnant*
5. Comment est le chat?   *méchant/blanc*
6. Comment est l'auto?   *petit/rouge*
7. Comment est le tableau?   *beau/blanc*
8. Comment est l'homme?   *beau/habile*
9. Comment est la fille?   *petit/intelligent*
10. Comment est le monument?   *grand/vieux*
11. Comment sont les filles?   *petit/brun*
12. Comment sont les peintures?   *beau/impressionnant*
13. Comment sont les enfants?   *joli/amusant*

ADJECTIVES THAT CHANGE MEANING ACCORDING TO POSITION

Some adjectives have a different meaning depending on whether they precede or follow the noun.

ancien	un **ancien** professeur	*a former teacher*
	un professeur **ancien**	*an old (ancient) teacher*
bon	un homme **bon**	*a kind man*
	un **bon** homme	*a good man*
brave	un **brave** homme	*a good fellow, a kind man*
	un homme **brave**	*a courageous man*
certain	un **certain** risque	*a certain risk, some risk*
	un risque **certain**	*an unquestionable risk*
	une **certaine** élégance	*a particular elegance*
	une élégance **certaine**	*an indisputable elegance*
	un **certain** jour	*one day*

cher	un **cher** ami	*a dear friend*
	une robe **chère**	*an expensive dress*
dernier	la **dernière** semaine de l'année	*the last week of the year*
	la semaine **dernière**	*last week*
différent	**différentes** personnes	*various persons*
	des personnes **différentes**	*different persons*
divers	**diverses** circonstances	*several circumstances*
	des circonstances **diverses**	*various circumstances*
faux	une **fausse** note	*a note out of tune*
	une note **fausse**	*a wrong note*
grand	un **grand** écrivain	*a great writer*
	un écrivain **grand**	*a tall writer*
jeune	un **jeune** homme	*a young man*
	un homme **jeune**	*a man still young*
honnête	une **honnête** femme	*a virtuous woman*
	une femme **honnête**	*an honest woman*
malhonnête	un **malhonnête** homme	*a dishonest man*
	un homme **malhonnête**	*a rude man*
même	la **même** chose	*the same thing*
	la chose **même**	*the thing itself*
	le jour **même**	*that very day*
	même le professeur	*even the teacher*
moyen	le **Moyen** Age	*The Middle Ages*
	l'âge **moyen**	*middle age*
nouveau	une **nouvelle** robe	*a new (different) dress*
	une robe **nouvelle**	*a new (style) dress*
pauvre	un **pauvre** garçon	*a poor (unfortunate) boy*
	un garçon **pauvre**	*a poor (penniless) boy*
prochain	la **prochaine** fois	*the next time*
	la semaine **prochaine**	*next week*
propre	sa **propre** chambre	*his (her) own room*
	une chambre **propre**	*a clean room*
	les **propres** termes	*the very, actual words*
	les termes **propres**	*the right terms*
sage	une **sage** femme	*a midwife*
	une femme **sage**	*a wise woman*
sale	un **sale** homme	*a bad man*
	un homme **sale**	*a dirty (physically) man*
seul	une **seule** personne	*only one person*
	une personne **seule**	*a single person*
triste	un **triste** livre	*a poor, worthless book*
	un livre **triste**	*a sad book*
vilain	un **vilain** personnage	*a disagreeable character*
	un personnage **vilain**	*an ugly character*

16. Follow the model.

> *pauvre* Ce garçon n'a pas d'argent.
> C'est un garçon pauvre.

1. *ancien* Ce monument est vieux.
    Monsieur Dupont est mon professeur.
2. *brave* Cet homme est courageux.
    Cet homme est bon.
3. *cher* Ce chandail coûte beaucoup.
    C'est un ami fidèle.
4. *dernier* La semaine passée il est allé au cinéma.
    C'est la semaine finale du trimestre.
5. *différent* Diverses personnes sont venues.
    De nouvelles personnes sont venues.
6. *grand* C'est un écrivain célèbre.
    C'est un écrivain de grande taille.
7. *pauvre* Ce garçon est pitoyable.
    Ce garçon n'a pas d'argent.
8. *propre* Cette chambre est nette.
    C'est ma chambre à moi.

17. Rewrite each sentence, inserting the correct form of the indicated adjective in the correct position.

> *ancien* Ce monument qui est vieux est un _____ monument _____.
> Ce monument qui est vieux est un monument ancien.

1. *sage* Cette femme qui assiste à l'accouchement est une _____ femme _____.
    Une femme qui sait tout est une _____ femme _____.
2. *certain* Tu vas sûrement tout perdre. C'est un _____ risque _____.
    Si tu joues à la Bourse, tu vas courir un _____ risque _____.
3. *même* Elle est arrivée le _____ jour _____ comme prévu.
    _____ le professeur _____ va être d'accord avec vous.
    Marcher et *aller à pied* sont presque la _____ chose _____.
4. *nouveau* Je viens d'acheter cette robe; c'est une _____ robe _____.
    Au printemps, les maisons de haute couture vont présenter une collection
    de _____ robes _____.
5. *seul* Une _____ personne _____ ne peut pas tout faire.
    Mon _____ souci _____ c'est ma famille.
6. *vilain* Ce garçon est désagréable. C'est un _____ garçon _____.
    Ce garçon n'est pas beau. C'est un _____ garçon _____.
7. *faux* Le piano ne marche pas bien. J'entends une _____ note _____.
    Il faut chanter la note *b*, pas la note *c*. C'est une _____ note _____.
8. *sale* C'est un _____ manteau _____.
    Cet homme n'est pas gentil. C'est un _____ homme _____.
9. *triste* Cette histoire ne vaut rien. C'est une _____ histoire _____.
    Cette histoire me fait pleurer. C'est une _____ histoire _____.
10. *malhonnête* Un homme qui extorque de l'argent aux autres est un _____ homme
    _____.
    Un homme qui dit des grossièretés est un _____ homme _____.

11. *prochain*   Je vous verrai la _____ semaine _____.

                La _____ fois _____, dites la vérité.

12. *divers*   _____ personnes _____ discutent des _____ circonstances _____.

FORMATION OF ADVERBS

Most adverbs are formed by adding **-ment** to the feminine form of the adjective. Adverbs modify a verb, an adjective, or another adverb, and they are invariable.

Regular Forms

Adjective		Adverb	
Masculine	*Feminine*		
final	finale	**finalement**	*finally*
fort	forte	**fortement**	*strongly*
parfait	parfaite	**parfaitement**	*perfectly*
extrême	extrême	**extrêmement**	*extremely*
facile	facile	**facilement**	*easily*
rapide	rapide	**rapidement**	*rapidly*
naturel	naturelle	**naturellement**	*naturally*
complet	complète	**complètement**	*completely*
amer	amère	**amèrement**	*bitterly*
heureux	heureuse	**heureusement**	*happily*
sérieux	sérieuse	**sérieusement**	*seriously*
doux	douce	**doucement**	*sweetly*
attentif	attentive	**attentivement**	*attentively*
franc	franche	**franchement**	*frankly*
long	longue	**longuement**	*at length*
frais	fraîche	**fraîchement**	*freshly*

18. Follow the model.

> **Comment travaille-t-il?**   *facile*
> **Il travaille facilement.**

1. Comment chante-t-elle?   *doux*
2. Comment a-t-il prononcé?   *parfait*
3. Comment étudie-t-elle?   *sérieux*
4. Comment danse-t-elle?   *naturel*
5. Quand a-t-il compris?   *final*
6. Comment est-il parti?   *soudain*
7. Comment agit-il?   *dangereux*
8. Comment parle-t-il?   *rapide*
9. Comment répond-elle?   *franc*
10. Comment écoute-t-il?   *attentif*

Adverbs Formed from Adjectives Ending in a Vowel

If the masculine adjective ends in a vowel other than a mute **e**, the ending **-ment** is added to the masculine form of the adjective to form the adverb.

Adjective	Adverb	
Masculine		
hardi	**hardiment**	*boldly*
poli	**poliment**	*politely*
vrai	**vraiment**	*truly*
absolu	**absolument**	*absolutely*
résolu	**résolument**	*resolutely*

Exception:

gai	**gaîment** or **gaiement**	*gaily*

Some adjectives ending in **-u** in the masculine add a circumflex to the **u** when forming the adverb.

Adjective	Adverb	
Masculine		
assidu	**assidûment**	*attentively*
continu	**continûment**	*continually*
cru	**crûment**	*coarsely*
dû	**dûment**	*duly*

19. Follow the model.

> **Comment parle-t-il?** *poli*
> **Il parle poliment.**

1. Comment agit-il?   *hardi*
2. Comment agit-elle?   *résolu*
3. Comment chantent-elles?   *gai*
4. Comment parle-t-il?   *continu*
5. Comment parle-t-il?   *cru*

Adverbs Ending in -*ément*

Some adjectives ending in a mute **e** change the **e** to **é** before adding -**ment** to form the adverb.

Adjective		Adverb	
Masculine	*Feminine*		
aveugle	aveugle	**aveuglément**	*blindly*
commode	commode	**commodément**	*conveniently*
commun	commune	**communément**	*commonly*
confus	confuse	**confusément**	*confusingly*
énorme	énorme	**énormément**	*enormously*
exquis	exquise	**exquisément**	*exquisitely*
importun	importune	**importunément**	*importunely*
opportun	opportune	**opportunément**	*opportunely*
obscur	obscure	**obscurément**	*obscurely*
précis	précise	**précisément**	*precisely*
profond	profonde	**profondément**	*profoundly*
uniforme	uniforme	**uniformément**	*uniformly*

20. Complete the following with the appropriate form of the adverb formed from the indicated adjective.

    1. Pierre explique _____ la situation. *confus*
    2. Le philosophe parle _____. *profond*
    3. L'homme est _____ habillé. *exquis*
    4. L'homme entre _____ dans l'affaire. *aveugle*
    5. C'est _____ cela. *précis*
    6. Elle a fait cela _____. *opportun*

Adverbs Ending in *-amment* and *-emment*

Adjectives ending in **-ant** and **-ent** in the masculine singular change **-ant** to **-amment** and **-ent** to **-emment** to form adverbs.

Adjective	*Adverb*	
Masculine		
abondant	**abondamment**	*abundantly*
brillant	**brillamment**	*brilliantly*
constant	**constamment**	*constantly*
courant	**couramment**	*fluently*
puissant	**puissamment**	*powerfully*
décent	**décemment**	*decently*
évident	**évidemment**	*evidently*
fréquent	**fréquemment**	*frequently*
patient	**patiemment**	*patiently*
prudent	**prudemment**	*wisely*
Exceptions:		
lent	**lentement**	*slowly*
présent	**présentement**	*presently*
véhément	**véhémentement**	*vehemently*

21. Complete the following with the correct form of the adverb formed from the indicated adjective.

    1. Il parle _____ le français. *courant*
    2. Elle va à ce restaurant _____. *fréquent*
    3. Le chimiste travaille _____. *patient*
    4. Le conférencier parle _____. *brillant*
    5. L'homme agit _____. *décent*
    6. _____, il est parti. *évident*
    7. La fille agit _____. *prudent*
    8. Le professeur écoute _____. *patient*
    9. Elle travaille _____. *constant*
    10. Le garçon marche _____. *lent*
    11. Le criminel agit _____. *véhément*
    12. Ce livre est _____ illustré. *abondant*

Irregular Adverbs

Some adverbs have irregular stems.

Adjective		Adverb	
Masculine	*Feminine*		
bref	brève	**brièvement**	*briefly*
gentil	gentille	**gentiment**	*nicely*
impuni	impunie	**impunément**	*with impunity*

Some adverbs differ altogether from the corresponding adjective.

Adjective		Adverb	
Masculine	*Feminine*		
bon	bonne	**bien**	*well*
mauvais	mauvaise	**mal**	*badly*
meilleur	meilleure	**mieux**	*better*
petit	petite	**peu**	*little*
moindre	moindre	**moins**	*less*

Elle chante **bien.**	*She sings well.*
Il écrit **mal.**	*He writes badly.*
Il va **mieux.**	*He is better.*
Il travaille **peu.**	*He works a little.*

You can distinguish between **bon/mauvais** and **bien/mal** by remembering that the adjectives **bon** and **mauvais** modify nouns whereas the adverbs **bien** and **mal** modify verbs.

Elle est **bonne (mauvaise)** en mathématiques.
She is good (bad) in mathematics.

Elle parle **bien (mal)** le français.
She speaks French well (badly).

Some adjectives are identical to the masculine singular adjective.

Adjective and Adverb

bas *low*
    Il parle **bas.**   *He speaks low.*
bon *good*
    Ça sent **bon.**   *That smells good.*
chaud *warm*
    Il fait **chaud.**   *It is warm (weather).*
cher *expensive*
    Les robes coûtent **cher.**   *The dresses are expensive.*
clair *clearly*
    Elle voit **clair.**   *She understands.*
court *short*
    Il s'arrête **court.**   *He stops short.*
dur *hard*
    Elle travaille **dur.**   *She works hard.*
faux *false*
    Il chante **faux.**   *He sings out of tune.*
fort *loudly, strongly*
    Il crie **fort.**   *He shouts loudly.*
haut *loudly*
    Il parle **haut.**   *He speaks loudly.*

juste *straight*
    Elle tire **juste.** *She shoots straight.*
mauvais *bad*
    Ça sent **mauvais.** *That smells bad.*
net *clean, short*
    Elle s'arrête **net.** *She stops short.*

22. Complete the following with the correct form of the adverb formed from the indicated adjective.

    1. Le conférencier parle _____. *bref*
    2. Il a agi _____. *gentil*
    3. Elle parle _____ le français. *bon*
    4. L'élève écrit _____. *mauvais*
    5. Cette fille parle _____. *petit*
    6. Elle voit _____. *clair*
    7. Le garçon parle _____. *bas*
    8. Ces chandails coûtent _____. *cher*
    9. Il travaille _____. *dur*
    10. Elle chante _____. *bon*
    11. Elle s'arrête _____. *court*
    12. Il crie _____. *fort*

POSITION OF ADVERBS

In simple tenses, adverbs follow the verb.

    Il parle **rapidement.**   *He speaks rapidly.*
    Elle chante **bien.**   *She sings well.*

In compound tenses, short, common adverbs and some adverbs of manner are placed between the auxiliary verb and the past participle. Some of these are: **assez, bien, beaucoup, bientôt, déjà, encore, enfin, jamais, mal, mieux, moins, souvent, toujours, trop,** and **vite.**

    Elle veut voyager **partout.**   *She wants to travel everywhere.*
    Elle a **beaucoup** parlé.   *She spoke a lot.*
    Nous avons **bien** dormi.   *We slept well.*
    Elle est **vite** descendue.   *She came down quickly.*
    Elle a **trop** bu.   *She drank too much.*

Adverbs of place and certain adverbs of time such as **hier, aujourd'hui, demain, avant-hier, après demain, autrefois, tard,** and adverbs ending in **-ment** usually follow the past participle.

    Elle est arrivée **hier.**   *She arrived yesterday.*
    Il est parti **tard.**   *He left late.*
    On l'a rencontré **là-bas.**   *He was met there.*
    Elle a compris **facilement.**   *She understood easily.*

The adverb that modifies an infinitive can be placed before or after it.

    Je voudrais **toujours** garder mon sang-froid.
    Je voudrais garder **toujours** mon sang-froid.
    I always want to keep my cool.

Some adverbs may appear at the beginning of the sentence.

Finalement, elle est arrivée.   *Finally, she arrived.*
Elle est arrivée **finalement.**   *She arrived finally.*

Heureusement, il l'a bien fait.   *Happily, he did it well.*
Il l'a bien fait, **heureusement.**   *He did it well, happily.*

Many adverbs of time may also appear at the beginning of a sentence.

Enfin, il a fini.   *Finally, he finished.*
Aujourd'hui nous irons au cinéma.   *Today we will go to the movies.*
Demain nous partirons.   *Tomorrow we will leave.*

23. Follow the model.

> Vous avez parlé. *bien*
> Vous avez bien parlé.

1. Il court. *rapidement*
2. La situation est impossible. *absolument*
3. Elle a voyagé. *beaucoup*
4. Il a étudié. *bien*
5. Nous avons mangé. *déjà*
6. Nous y sommes allés. *souvent*
7. Elle est arrivée. *hier*
8. Elle a travaillé. *patiemment*
9. Elle va travailler. *trop*
10. J'ai mangé. *assez*

24. Follow the model.

> A-t-elle fini? *heureusement*
> Heureusement, elle a fini.

1. Etes-vous content? *naturellement*
2. Va-t-il être à l'heure? *certainement*
3. Est-il triste? *évidemment*
4. Est-elle arrivée? *finalement*
5. Est-elle arrivée à l'heure? *heureusement*

COMPARISON OF ADJECTIVES AND ADVERBS

Regular Comparisons

The comparative is formed by placing **plus, moins,** or **aussi** before and **que** after the adjective or adverb.

Comparison of superiority

plus ... que   · *more ... than*

Cette robe est **plus** belle **que** l'autre.
This dress is prettier than the other.
Il parle **plus** vite **que** moi.
He speaks more rapidly than I.

Comparison of equality

aussi ... que   *as ... as*

Elle est **aussi** intelligente **que** moi.
She is as intelligent as I am.
Il parle **aussi** couramment **que** Pierre.
He speaks as fluently as Peter.

Comparison of inferiority

moins ... que   *less ... than*

Ce tailleur est **moins** cher **que** l'autre.
This suit is less expensive than the other.
Ce garçon agit **moins** poliment **que** l'autre.
This boy acts less politely than the other.

Note that the disjunctive pronoun follows **que.**

Je suis **plus** intelligent **que lui.**
I am more intelligent than he.

In negative sentences, **aussi** can become **si.**

Affirmative

Elle parle **aussi** vite **que** son frère.
She speaks as quickly as her brother.

Negative

Elle ne parle pas **si** vite **que** son frère.
She does not speak as quickly as her brother.

Plus and **moins** do not change in negative sentences.

Elle ne parle pas **plus** vite **que** son frère.
She does not speak more quickly than her brother.
Elle ne parle pas **moins** vite **que** son frère.
She does not speak less quickly than her brother.

Plus and **moins** used as adverbs of quantity require **de** before a numeral.

Je travaille **plus de** soixante heures par semaine.
I work more than sixty hours per week.
Il y a **moins de** vingt personnes inscrites au cours.
There are less than twenty people enrolled in the course.

But:

Il peut porter **plus que** deux kilos.
He can carry more than two kilos.

When there is a clause depending on the comparative, **ne** must be used before the subordinate verb.

Il est **plus** intelligent **que** vous **ne** le pensez.
He is more intelligent than you think.
Elle est **plus** intelligente **qu**'elle **n**'en a l'air.
She is more intelligent than she appears.

25. Follow the model.

> Marie est grande. *less ... than*
> Marie est moins grande que sa sœur.

1. Anne est intelligente. *more ... than*
2. Cet enfant est poli. *as ... as*
3. Elle est patiente. *less ... than*
4. Annette est sérieuse. *more ... than*
5. Il est gentil. *as ... as*
6. Hélène parle intelligemment. *more ... than*
7. Cet homme conduit dangereusement. *as ... as*
8. Vous chantez doucement. *less ... than*
9. Judith attend patiemment. *more ... than*
10. Vous agissez poliment. *as ... as*
11. Il a mangé des tartes. *more ... than*
12. Elle a pris des livres. *less ... than*

26. Follow the model.

> Elle est petite. Hélène est plus petite.
> Hélène est plus petite qu'elle.

1. Il est grand. Georges est plus grand.
2. Je suis intelligent. Pierre est plus intelligent.
3. Nous travaillons patiemment. Les autres travaillent plus patiemment.
4. Elle danse gaiement. Hélène danse aussi gaiement.
5. Ils écoutent attentivement. Pierre écoute aussi attentivement.
6. Elles sont intelligentes. Marc est moins intelligent.

27. Rewrite the following sentences in the negative.

1. Il parle plus vite que moi.
2. Il répond aussi intelligemment que Georges.
3. Il chante moins doucement que Pierre.
4. Elle est plus belle que Babeth.
5. Elle est aussi gentille que sa sœur.

28. Combine the two sentences according to the model.

> Vous croyez qu'elle est douée. Elle est plus douée.
> Elle est plus douée que vous ne le croyez.

1. Vous croyez qu'il est bête. Il est moins bête.
2. Vous trouvez qu'elle est intelligente. Elle est plus intelligente.
3. Vous pensez qu'il est drôle. Il est moins drôle.
4. Il a l'air méchant. Il est plus méchant.
5. Cette chanson a l'air compliquée. Elle est moins compliquée.

Comparative Followed by a Noun

Followed by a noun, **plus ... que** becomes **plus de ... que**, **aussi ... que** becomes **autant de ... que** and **moins ... que** becomes **moins de ... que**.

J'ai **plus de** livres **que** lui.
I have more books than he does.
Elle a **autant d'**argent **que** moi.
She has as much money as I.
Elle a **moins de** livres **que** moi.
She has fewer books than I.

29. Follow the model.

> Pierre a des livres. *more*
> Pierre a plus de livres que moi.

1. Anne a de l'argent. *as much*
2. Elle a des robes. *fewer*
3. Il a des autos. *more*
4. Elle a des gâteaux. *as many*
5. Vous avez des peintures. *more*
6. Vous avez des disques. *as many*

SUPERLATIVE OF ADJECTIVES AND ADVERBS

The superlative of adjectives is formed by adding the definite articles **le, la,** or **les** to the comparative form.

Marc est l'étudiant **le plus intelligent** de la classe.
Marc is the most intelligent boy in the class.
Cette peinture est **la plus belle** de toutes.
This painting is the most beautiful of all.
Ces peintures sont **les moins intéressantes** du musée.
These paintings are the least interesting in the museum.

If an adjective normally precedes the noun, the superlative will also precede the noun. If the adjective normally follows the noun, the superlative will normally follow.

Pierre est **un gentil garçon.**
Peter is a nice boy.
Pierre est **le plus gentil garçon** de la classe.
Peter is the nicest boy in the class.
Marie est **une fille intelligente.**
Mary is an intelligent girl.
Marie est **la fille la plus intelligente** de la classe.
Mary is the most intelligent girl in the class.

Note that the preposition **de** follows the superlative even when it means *in.*
When a verb follows the superlative, it is usually in the subjunctive.

C'est le film le plus intéressant que j'aie vu.
C'est la plus gentille fille que je connaisse.

The superlative of adverbs is formed by adding **le** to the comparative.

Ce garçon parle **le plus couramment.**
This boy speaks the most fluently.
Cette fille chante **le plus fort.**
This girl sings the loudest.

30. Follow the models.

> Ce garçon est beau?
> Oui, c'est le plus beau garçon du village.
>
> Cette fille est intelligente?
> Oui, c'est la fille la plus intelligente du village.

1. Cette fille est intéressante?
2. Cette rue est petite?
3. Ces enfants sont amusants?
4. Ce jardin est joli?
5. Ce garçon est honnête?
6. Ce professeur est exigeant?
7. Cette église est vieille?
8. Ces filles sont intelligentes?
9. Ce musée est grand?
10. Cette peinture est belle?

31. Follow the model.

> Pierre parle vite?
> Oui, il parle le plus vite de tous.

1. Georges chante fort?
2. Marie travaille sérieusement?
3. Hélène danse exquisément?
4. Le professeur parle profondément?
5. Anne chante brillamment?

IRREGULAR COMPARATIVES AND SUPERLATIVES

The adjective **bon** and the adverb **bien** are irregular in comparisons of superiority.

	Comparative	*Superlative*
bon(s), bonne(s)	meilleur(s), meilleure(s) *better*	le, la, les meilleur(e)(s)(es) *the best*
bien	mieux *better*	le mieux *the best*

Ce livre est **meilleur** que l'autre.
This book is better than the other.
Cette pomme est **meilleure** que l'autre.
This apple is better than the other.
Ces peintures sont **les meilleures** de toutes.
These paintings are the best of all.
Elle parle **mieux** que lui.
She speaks better than he.
Elle chante **le mieux** de toutes.
She sings the best of all.

Comparative and superlative forms of **bon** can be placed before or after the noun.

Il n'y a pas de **meilleures** méthodes.
Il est parmi les peintres **les meilleurs**.

Moins and **aussi** are used with **bon** and **bien**.

Ce livre est **moins (aussi) bon que** l'autre.
Elle parle **moins (aussi) bien que** lui.

Mauvais and **mal** have irregular as well as regular forms.

	Comparative	*Superlative*
mauvais(e)(es)	plus mauvais(e)(es)	le, la, les plus mauvais(e)(es)
	pire	le, la, les pire(s)
	worse	*the worst*
mal	plus mal	le, la, les plus mal
	pis	le pis
	worse	*the worst*

Cette note est **plus mauvaise que** l'autre.
Cette note est **pire que** l'autre.
This grade is worse than the other.
Cette note est **la plus mauvaise** de toutes.
Cette note est **la pire** de toutes.
This grade is the worst of all.
Il chante **plus mal que** Marie.
Il chante **pis que** Marie.
He sings worse than Mary.
Il chante **le plus mal** de tous.
He sings the worst of all.
Le pis de l'affaire c'est que vous avez échoué.
The worst of the matter is that you failed.

Note: **le pis** can only be used as a noun.

Plus mauvais and **le plus mauvais** are generally used in a concrete sense.

Cette automobile est **plus mauvaise que** l'autre.
This automobile is worse than the other.

Pire and **le pire** are generally used in a moral sense.

Il est **pire que** Pierre.
He is worse than Peter.

Petit has regular and irregular forms.

	Comparative	*Superlative*
petit(e)(s)(es)	plus petit(e)(s)(es)	le, la, les plus petit(e)(s)(es)
	moindre	le, la, les moindre(s)
	smaller	*the smallest*

Plus petit and **le plus petit** are used with things you can measure.

Mon auto est **plus petite que** la sienne.
My car is smaller than his (hers).

Moindre and **le moindre** are used in an abstract sense.

Je n'ai pas **la moindre** idée.
I don't have the slightest (least) idea.

The comparative of **beaucoup** is **plus** or **davantage**.

Pierre a **beaucoup de** livres.
Peter has many books.
Georges a **plus de** livres.
George has more books.
Georges en a **plus**.
George has more.

Davantage is used to indicate comparison of superiority and is generally placed at the end of the sentence. It cannot modify a verb.

Cette femme est très intelligente mais sa fille l'est **davantage**.
This woman is very intelligent but her daughter is even more so.

The comparative of **peu** is **moins**.

André travaille **peu**.
Andrew works (a) little.
Pierre travaille **moins**.
Peter works less.

32. Complete the following with an appropriate comparison of superiority.

1. Ce livre est bon mais celui-là est _____.
2. Ce garçon chante bien mais Pierre chante _____.
3. Cette peinture est bonne mais celle-là est _____.
4. Il parle bien mais Pierre parle _____.
5. Ce tableau est mauvais mais celui-là est _____.
6. Il chante mal mais Pierre chante _____.
7. André a beaucoup de disques. Georges en a _____.
8. Marie dessine un peu. Lisette dessine _____.
9. Ces écoles sont bonnes, mais celles-ci sont _____ de toutes.
10. Pierre travaille mal, mais André travaille _____ de tous.
11. Cette maison est petite. C'est _____ de toutes.
12. Je ne sais pas la réponse. Je n'ai pas _____ idée.

33. Follow the models.

Ce livre-ci est bon.
Ce livre-ci est aussi bon que ce livre-là.
Ce livre-ci est moins bon que ce livre-là.
Ce livre-ci est meilleur que ce livre-là.
Ce livre-ci est le meilleur de tous.

1. Ce gâteau-ci est bon.
2. Ces fromages-ci sont bons.
3. Cette orange-ci est bonne.
4. Ces tomates-ci sont bonnes.
5. Ce beurre-ci est mauvais.
6. Cette tarte-ci est mauvaise.

Il chante bien.
Il chante aussi bien que vous.
Il chante moins bien que vous.
Il chante mieux que vous.
Il chante le mieux de tous.

7. Elle chante bien.
8. Il écrit bien.
9. Il travaille mal.

Adjectives without Comparative and Superlative Forms

Some adjectives introducing their complement by the preposition **à** have no comparative or superlative forms.

inférieur à	*inferior to*
supérieur à	*superior to*
antérieur à	*anterior to*
postérieur à	*posterior to*
intérieur à	*interior to*
extérieur à	*exterior to*

Les œufs bruns sont-ils **supérieurs** aux œufs blancs?
Are brown eggs superior to white eggs?

Some adjectives that already express comparisons of inferiority or superiority do not have special comparative forms.

aîné	*older, oldest*
cadet	*younger, youngest*
premier, première	*first*
dernier, dernière	*last*
principal, -e	*principal*

C'est mon frère **cadet**.
He's my younger brother.

Useful Phrases with Comparatives and Superlatives

plus ... plus	*the more ... the more*
moins ... moins	*the less ... the less*
plus ... moins	*the more ... the less*

Plus je lis ce livre, **plus** je l'aime.
The more I read this book, the more I like it.
Moins je lis, **moins** j'apprends.
The less I read, the less I learn.
Plus je fais le ménage, **moins** j'en ai envie.
The more I do housework, the less I want to.

de plus en plus	*more and more*
de moins en moins	*less and less*
de mieux en mieux	*better and better*

Ce travail devient **de plus en plus** difficile.
This work is becoming more and more difficult.
Le climat est **de moins en moins** agréable.
The climate is less and less agreeable.
Elle chante **de mieux en mieux**.
She sings better and better.

d'autant plus que	*all the more ... as, because*

Il est **d'autant plus** heureux ici **qu'**il a un jardin.
He is all the more happy here because he has a garden.

tant mieux	so much the better
tant pis	so much the worse
de mal en pis	from bad to worse

Les choses vont **de mal en pis**.
Things go from bad to worse.

34. Write the following sentences in French.

1. The child talks more and more each day.
2. The more he works, the more he understands.
3. So much the better!
4. The economy goes from bad to worse.
5. He is all the more happy because he lives in the country.
6. The sick person eats better and better.
7. Mary is my older sister.

POSSESSIVE ADJECTIVES

In French **de** and the name of the person show possession.

le livre de Paul	*Paul's book*
la mère de Marie et de Georges	*Mary and George's mother*
les livres des garçons	*the boys' books*

Following are the forms for the possessive adjectives.

	Masculine singular	Masculine or feminine singular before a vowel	Feminine singular	Plural
my	mon	mon	ma	mes
your (fam.)	ton	ton	ta	tes
his, her, its	son	son	sa	ses
our	notre	notre	notre	nos
your	votre	votre	votre	vos
their	leur	leur	leur	leurs

The possessive adjective agrees in number and in gender with the noun modified, not with the possessor.

mon frère	*my brother*
ma sœur	*my sister*
mes frères	*my brothers*
Elle a **son livre.**	*She has her book.*
Il a **son livre.**	*He has his book.*

Note that **mon, ton,** and **son** are used before feminine nouns or adjectives beginning with a vowel or silent **h**.

| mon amie Hélène | *my friend Helen* |
| mon histoire préférée | *my favorite story* |

The possessive adjective must be repeated before each noun.

Je dois écrire à **ma sœur**, à **mes parents** et à **mon oncle**.

Use of the Definite Article as a Possessive

Possessive adjectives are not used when referring to parts of the body, clothing, etc., when the possessor is clearly indicated. They are also not used with mental faculties.

Il a les mains dans les poches.
He has his hands in his pockets.
Elle lui a fait mal au bras.
She hurt his arm.
Lève la main.
Raise your hand.
Il a baissé la tête.
He lowered his head.
Il a perdu la mémoire.
He lost his memory.

When the possessor has not been mentioned, the possessive adjective can be used.

Ses yeux étaient d'un noir profond.
Elle avait **les yeux** d'un noir profond.

In the last sentence, the possessor **elle** is indicated and, therefore, the definite article is used.

However, after **regarder, montrer,** or **voir** and when you want to emphasize the part of the body, the possessive adjectives are used with parts of the body.

Montre-moi tes mains.
Show me your hands.
Donne-moi ta main gauche.
Give me your left hand.
Elle regarde ses cheveux.
She looks at his hair.

With *on, personne, tout le monde*

When the object possessed is in the same clause as **on, personne,** and **tout le monde,** the third person singular possessive adjectives **son, sa, ses** are used.

On aime son père et sa mère.
Tout le monde veut faire de son mieux.

However, if the object possessed is in a different clause from the one where **on** is used, the possessive adjectives **notre** and **votre** are used.

On n'est pas méchant par nature. Ce sont les circonstances qui nous forcent à l'être malgré notre désir.

With *chacun*

If **chacun** is a subject or object, **son, sa, ses** are used.

Chacun a son défaut.
Each one has his own faults.

If a plural subject is modified by **chacun,** the possessive adjective agrees with the subject.

Nous avons apporté chacun nos provisions.
Ils feront chacun son/leur devoir.
Ils sont partis chacun de son/leur côté.

The third person can be singular or plural.

The possessive adjective idea can also be expressed by using **être à** plus a disjunctive pronoun.

> **Ce livre est à moi.**
> **C'est mon propre livre.**
> *This is my book.*

It can also be expressed by a demonstrative pronoun plus **de** plus a noun.

> **mon auto et celle de mon père**
> *my car and my father's (car)*

To avoid ambiguity in translating *his* or *her*, a prepositional phrase **à lui** or **à elle** may be used.

> Il parle à **son père à elle.**   *(her father)*
> Il parle à **son père à lui.**   *(his father)*

35. Complete the following choosing the correct form of the possessive adjective.

> *mon, ma, mes*   Voilà _____ livre.
> **Voilà mon livre.**

1. *mon, ma, mes*   Ce sont _____ chemise, _____ blouses et _____ pantalon.
2. *ton, ta, tes*   Voilà _____ oncle, _____ tante et _____ cousines.
3. *son, sa, ses*   Il aime _____ bicyclette, _____ auto, _____ tourne-disque et _____ disques.
4. *notre, nos*   Nous avons _____ sac de couchage et _____ provisions.
5. *votre, vos*   Vous avez _____ gants et _____ chapeau.
6. *leur, leurs*   Ils sont avec _____ parents et _____ cousine.

36. Follow the model.

> **C'est le livre de Paul.**
> **C'est son livre.**

1. C'est le cahier de Pierre.
2. C'est le livre de Marie.
3. C'est la photo de Georges.
4. Ce sont les amies de Marie.
5. C'est l'amie de Paul.
6. Ce sont les lettres du professeur.
7. C'est l'école des garçons.
8. C'est l'adresse de Babeth.
9. Ce sont les livres de l'écrivain.
10. C'est l'auto de Monsieur et de Madame Dupont.
11. Ce sont les amis des garçons.
12. Ce sont les livres des professeurs.

37. Follow the model.

> **Il fait ses devoirs. Et nous?**
> **Vous faites vos devoirs aussi.**

1. Il regarde son livre. Et les élèves?
2. Ils ont parlé à leurs cousines. Et toi?
3. J'aime mes amis. Et vous?
4. Je parle à mon oncle. Et lui?

5. Ils lavent leurs vêtements tous les samedis. Et moi?
6. J'attends mon père à la gare. Et ton frère et toi?
7. Il aime sa tante. Et toi?
8. Il travaille dans son bureau. Et nous?
9. Tu choisis tes cadeaux. Et lui?
10. Je vais réparer ma bicyclette. Et elle?

38. Complete the following sentences with the appropriate possessive adjective or definite article.

1. (My) _____ auto est en panne.
2. (Your, *fam.*) _____ livre est intéressant.
3. J'écris à (my) _____ mère.
4. J'aime (his) _____ cravate.
5. Il parle à (her) _____ père.
6. Ils lisent (their) _____ journal.
7. Paul parle à (his) _____ amie.
8. Ils ont (their) _____ billets.
9. Elle veut (her) _____ argent.
10. Il écrit à (his) _____ mère.
11. Elle adore (her) _____ père.
12. Nous écoutons (our) _____ professeurs.
13. Vous avez (your) _____ livres.
14. Tu as (your) _____ robe.
15. (Your, *formal*) _____ père m'a téléphoné hier soir.
16. (My) _____ amies viennent me voir souvent.
17. Elle écrit à (her) _____ parents.
18. Elle aime (his) _____ livres.
19. Nous aimons (our) _____ appartement.
20. Il a (his) _____ mains sur la table.
21. Elle a levé (her) _____ main.
22. Elle brosse (his) _____ cheveux.
23. Montre-moi (your, *fam.*) _____ mains.
24. On lui a rendu _____ liberté.
25. Vous avez apporté chacun _____ provisions.
26. Personne n'a oublié _____ livre.

39. Form sentences using a possessive adjective according to the model.

la maison ... de Pierre
C'est sa maison à lui.

1. le père ... de Marie
2. la sœur ... de Pierre
3. le livre ... à moi
4. la propriété ... de M. et de Mme Dupont
5. les stylos ... de Gisèle
6. le chien ... à toi
7. les enfants ... à nous
8. la bicyclette ... à vous

DEMONSTRATIVE ADJECTIVES

The demonstrative adjectives *this, that, these, those* are as follows.

Masculine singular		Feminine singular	Plural
before a consonant	*before a vowel*		
ce	**cet**	**cette**	**ces**

Ce garçon est beau.
Cet artiste est intelligent.
Cette fille est belle.
Ces livres sont intéressants.
Ces peintures sont belles.

To make a clear distinction between *this* and *that*, the suffix **-ci** (*this*) or **-là** (*that*) is added.

Je veux ce livre-ci.   *I want this book.*
Je ne veux pas ce livre-là.   *I don't want that book.*

40. Complete the following with the appropriate demonstrative adjective.

1. J'aime _____ roman.
2. Il a écrit _____ pièce.
3. _____ artiste travaille bien.
4. Je veux _____ livres d'art.
5. _____ animaux sont féroces.
6. Parlez à _____ enfant.
7. _____ église est vieille.
8. _____ peintures sont belles.
9. Nous allons déjeuner dans _____ restaurant.
10. _____ route va à Nice.

41. Follow the model.

Je veux le livre.
Je veux ce livre-ci, pas ce livre-là.

1. J'aime la peinture.
2. Je vais acheter les oranges.
3. Je veux voir le film.
4. J'aime l'artiste.
5. Je vais lire les poèmes.

INDEFINITE ADJECTIVES

Following are some of the most common indefinite adjectives.

1. **autre, autres** *another, other, different*

Je voudrais essayer **une autre** robe.
I would like to try on another dress.
Avez-vous **d'autres** livres?
Do you have any other books?

Note that the plural of **un autre** is **d'autres**.

> **un autre** film   *another film*
> **d'autres** films   *other films*

In spoken language, **autre** is also used to reinforce a first or second person plural subject pronoun.

> **Nous autres**, nous viendrons.
> *As for us, we'll come.*

Autre is used without an article or demonstrative adjective in certain expressions.

> **Autres temps, autres mœurs.**
> *Other days, other ways.*
> **Ça c'est autre chose.**
> *That's another thing.*

2. **Aucun(e) ... ne, nul(le) ... ne, ne ... aucun(e)**   *no*

> **Aucun** travail n'est trop difficile.
> **Nul** travail n'est trop difficile.
> *No work is too difficult.*
> Il n'y a **aucun** homme ici.
> *There is no man here.*
> Il n'y a **aucune** peinture.
> *There is no painting.*

3. **certain(e), certain(e)s**   *certain, some*

Certain is placed before the noun. Sometimes **certain** can mean the same thing as **quelque**.

> Une **certaine** Madame Leroi vous attend.
> *A certain Mrs. Leroy is waiting for you.*
> **Certains** mots anglais se sont infiltrés dans la langue française.
> *Certain English words have infiltrated into the French language.*
> **Certaines** situations sont difficiles; d'autres ne le sont pas.
> *Certain situations are difficult; others are not.*

4. **chaque**   *each, every*

> **Chaque** personne a son pays.
> *Each person has his (her) country.*
> Il dit cela **chaque** fois.
> *He says that every time.*

5. **divers(es), différent(e)s, maint(e)s**   *several, various*

> **Divers** professeurs ont proposé **différents** projets.
> *Various teachers proposed various projects.*
> **Maintes** fois elle a proposé une solution.
> *Many times she proposed a solution.*

6. **même**   *same, itself, very, even*

After a noun, **même** means *itself*.

> Cet homme est l'honnêteté **même**.
> *This man is honesty itself.*

After a noun or a pronoun, it means *very, even, himself*, etc.

Il a annoncé sa candidature ce jour **même**.
He announced his candidacy that very day.
Même son meilleur ami ne le croit pas.
Even his best friend does not believe him.
Ses parents **mêmes** ne le croient pas.
His parents themselves don't believe him.
Lui-même ne savait quoi dire.
He himself did not know what to say.
Ecrivez-la **vous-même**.
Write it yourself.

Before a noun and preceded by the article, it means *same*.

C'est **le même livre**.
It's the same book.
Nous lisons **les mêmes journaux**.
We read the same newspapers.

7. n'importe   *no matter*

N'importe combines with **quel, quelle, quels, quelles** to signify that *it doesn't matter*.

Téléphonez-moi à **n'importe quelle** heure.
Telephone me at any hour.

8. plusieurs   *several*

Elle a **plusieurs** livres.
She has several books.
Il a **plusieurs** chemises.
He has several shirts.

Plusieurs is invariable.

9. quelque   *a little, some, few*

In the singular, **quelque** means *a little*.

Il me reste **quelque** temps.
I have a little time left.

Or it may mean *some, any kind of*.

Je voudrais trouver **quelque** poste.
I would like to find any (some) kind of job.

In the plural, **quelque** means *a few, some, or several*.

Elle a acheté **quelques** livres.
She bought a few (some) books.
Il a **quelques** amis.
He has some (several) friends.

Quelque can be an adverb and, therefore, invariable when it is used before a number and means **environ** (*about*).

J'ai fait **quelque** cent mètres avant d'arriver à une route pavée.
I walked about one hundred meters before arriving at a paved road.

10. quelque ... que   *whatever, however*
quel, quelle, quels, quelles ... que   *whatever*

Quelque and the interrogative adjective **quel** combine with the relative pronoun **que** to mean *whatever*. The verb that follows is always in the subjunctive. Before a noun it is an adjective and is variable.

> **Quelques** peurs **que** vous ayez, conquérez-les.
> *Whatever fears you have, conquer them.*

Before a descriptive adjective, **quelque** is an adverb and, therefore, invariable.

> **Quelque difficiles que** soient les problèmes, persévérez.
> *However difficult the problems are, persevere.*

Before an adverb, it is another adverb and, therefore, invariable.

> **Quelque bêtement** que vous agissiez, je vous aime toujours.
> *However stupidly you act, I always like you.*

Quel que is written as two words when it is followed by a verb (almost always the verb **être**). It agrees with the subject.

> **Quel que** soit votre métier, travaillez bien.
> *Whatever your profession, work well.*
> **Quelle que** soit la difficulté, surpassez-la.
> *Whatever the difficulty, surpass it.*
> **Quels que** soient les problèmes, ne vous inquiétez pas.
> *Whatever the problems, don't get upset.*

11. **quelconque**   *just any*

> Ce n'est pas une peinture **quelconque.** C'est une peinture de Picasso.
> *This is not just any painting. It's a painting by Picasso.*

12. **je ne sais quel(le)(s)(les)**   *I don't know*
    on ne sait quel(le)(s)(les)   *one doesn't know*
    Dieu sait quel(le)(s)(les)   *God only knows*
    etc.

These expressions are used to indicate an approximate resemblance. They are similar in meaning to **certain** in an undetermined sense.

> **Je ne sais quelle** personne a dit «Il n'y a pas de fumée sans feu.»
> *I don't know who said: "There is no smoke without fire."*
> Il le fera **Dieu sait quel jour.**
> *He'll do it some day or other. (God only knows when.)*
> Elle a **je ne sais quelles** idées.
> *She has some ideas or others.*

13. **tel** (*masc. sing.*), **tels** (*masc. pl.*), **telle** (*fem. sing.*), **telles** (*fem. pl.*)   *such, such a, like, as*

> **Tel** est mon avis.
> *Such is my opinion.*
> Je n'ai jamais vu **un tel** film.
> *I never saw such a film.*
> **Tel** père, **tel** fils.
> *Like father, like son.*
> Il faut parler français **tel que** les Français le parlent.
> *You must speak French as the French do.*
> Un homme **tel que** lui mérite des louanges.
> *A man such as he deserves praise.*

　　　telle ou **telle** personne
　　　such and such a person
　　　Elle est partie **telle une flèche.**
　　　She shot off like an arrow.

Use **si** instead of **tel** in expressions containing an adjective.

　　　Avez-vous jamais vu une **si** belle peinture?
　　　Have you ever seen such a beautiful painting?
　　　Avez-vous jamais lu des livres **si** amusants?
　　　Have you ever read such amusing books?

14.　**tout** (*masc. sing.*), **tous** (*masc. pl.*), **toute** (*fem. sing.*), **toutes** (*fem. pl.*)　*all, every, the whole*

In the singular, **tout** means *each* or *every* when it is used without an article.

　　　Tout homme a son pays.
　　　Every man has his country.
　　　Toute femme mérite cela.
　　　Every woman deserves that.

When followed by an article, it means *the whole, the entire.*

　　　Tout le pays est fertile.
　　　The whole country is fertile.
　　　Toute la montagne est couverte de neige.
　　　The whole mountain is covered with snow.
　　　Je serai honnête **toute ma** vie.
　　　I will be honest my whole life.

In certain expressions, **tout** means *only.*

　　　Pour **toute** réponse, il souriait.
　　　His only answer was to smile.

In the plural, **tout** means *all* or *every.*

　　　Tous les gens ont besoin de repos.
　　　All people need rest.
　　　Toutes les chemises sont chères.
　　　All the shirts are expensive.
　　　Elle y va **tous les** jours.
　　　She goes there every day.

Tout is invariable when using the name of an author to mean the ensemble of his or her works.

　　　J'ai lu **tout Simone de Beauvoir.**

Tout is an adverb and is invariable when used to mean *entirely.*

　　　ma vie **tout entière**
　　　my entire life
　　　Nous sommes **tout seuls.**
　　　We are all alone.

Tout is also invariable before a feminine word beginning with a vowel or silent **h.**

　　　Elle est **tout agréable, tout heureuse.**
　　　She is altogether agreeable, altogether happy.

However, the adverb **tout** must agree in gender and number before a feminine adjective beginning with a consonant or aspirate **h**.

> Elle est **toute surprise, toute honteuse.**
> *She is altogether surprised, altogether ashamed.*

42. Complete the following sentences with the correct French expression for the English words in parentheses.

1. Je cherche _____ (some kind of) travail.
2. Elle a acheté _____ (some) disques.
3. Il y a _____ (several) livres sur la table.
4. J'ai _____ (certain) choses à faire.
5. J'ai discuté la situation avec _____ (various) personnes.
6. _____ (Every) homme veut sa liberté.
7. _____ (Every) fois qu'il ouvre la bouche, il m'ennuie.
8. _____ (All) les hommes sont mortels.
9. Avez-vous une _____ (other) idée?
10. Je n'ai _____ (no) idée.
11. _____ (Even) le professeur ne dira pas cela.
12. Il est parti ce jour _____. (very)
13. Il dit toujours la _____ (same) chose.
14. Avez-vous jamais entendu _____ (such a) histoire?
15. _____ (Like) mère, _____ (like) fille.
16. _____ (Such) est mon but.
17. _____ (Whatever) soit votre opinion, ne dites rien.
18. Ce n'est pas une auto _____. (just any) C'est une Cadillac,
19. _____ (another) temps, _____ (other) endroits.
20. Elle est _____ (altogether) surprise _____ (altogether) heureuse.
21. _____ (whatever) mesures que vous preniez, je vous appuie.
22. Ecoutez un disque _____ (any).
23. Avez-vous jamais lu de _____ (such) beaux poèmes?
24. Il a couru _____ (some) deux cents mètres.
25. Elle est la bonté _____ (itself).
26. Avez-vous _____ livres? (other)
27. _____ (no) travail n'est trop difficile.

REVIEW

43. Rewrite the following sentences, inserting the correct form of the indicated adjectives.

1. C'est une ville. *vieux/français*
2. C'est une chaise. *joli/noir*
3. C'est un homme. *jeune/formidable*
4. C'est un cochon. *gros/fatigué*
5. C'est une église. *grand/ancien*
6. Ce sont des idées. *mauvais/secret*
7. C'est une idée. *nouveau/curieux*
8. C'est une enfant. *petit/destructif*
9. C'est une dame. *beau/franc*

  10. C'est ma peinture. *grand/favori*
  11. C'est un homme. *vieux/malin*
  12. Ce sont des pommes. *bon/frais*
  13. Ce sont des tableaux. *vieux/intéressant*
  14. Ce sont des questions. *grand/légal*
  15. Ce sont des avocats. *bon/loyal*
  16. Ce sont des enfants. *petit/canadien*
  17. C'est une mère. *autre/fier*
  18. Ce sont des chansons. *long/doux*
  19. Ce sont des compositions. *bref/intéressant*
  20. C'est un homme. *beau/heureux*

44. Rewrite the sentences, making the adjective in parentheses agree when necessary.

  1. Elle est sortie (nu-pieds).
  2. Vous trouverez les documents (ci-joint).
  3. La classe commence à huit heures et (demi).
  4. Achetez un (demi)-kilo de beurre.
  5. Elle est sortie en hiver la tête (nu).
  6. Il a des joues (ivoire).
  7. Il achète des chaussures (bleu clair).
  8. Elle a des robes (marron).
  9. Il a des cheveux (châtain).
  10. Ce sont des chemises (brun foncé).
  11. Ce sont des fleurs (frais cueilli).
  12. Ce sont des villes (sud-africain).

45. Follow the model.

    former C'est mon _____ professeur _____.
              C'est mon ancien professeur.

  1. *expensive* C'est une _____ chaise _____.
  2. *courageous* C'est un _____ homme _____.
  3. *poor (penniless)* C'est une _____ fille _____.
  4. *clean* C'est une _____ robe _____.
  5. *very* Il est parti le _____ jour _____.
  6. *new, different* Ce sont de _____ bottes _____.

46. Follow the model.

    Comment parle-t-il? *sérieux*
    Il parle sérieusement.

  1. Comment agit-elle? *naturel*
  2. Comment parle-t-il? *résolu*
  3. Comment répond-il? *précis*
  4. Quand vient-il? *fréquent*
  5. Comment parle-t-il? *courant*
  6. Comment travaille-t-il? *lent*
  7. Comment travaille-t-elle? *continu*
  8. Comment a-t-il dormi? *bon*

9. Quand est-il parti? *tard*
10. Quand a-t-il fini? *final*
11. A-t-il bien mangé? *heureux*
12. Comment parle-t-il? *gentil*
13. Quand a-t-elle fini? *hier*
14. Comment chante-t-elle? *bien*
15. Comment parle-t-il? *haut*
16. Comment voit-il? *clair*

47. Follow the models.

> Cette robe est belle.
> Cette robe est aussi belle que la première.
> Elle est moins belle que la deuxième.
> Elle n'est pas si belle que la deuxième.
> Elle est plus belle que la troisième.
> La deuxième est la plus belle de toutes.

1. Cet homme est intelligent.
2. Pierre parle vite.
3. Cette peinture est bonne.
4. Ce livre est bon.
5. André chante bien.
6. Cette pomme est mauvaise.

> Il a de l'argent.
> Il a plus d'argent que Pierre.
> Il a moins d'argent que Georges.
> Il a autant d'argent que Jean.

7. Il a des livres.
8. Elle a des disques.

48. Follow the model.

> Pierre est un petit garçon.
> Pierre est le plus petit garçon de la classe.

1. Marie est une fille intelligente.
2. Hélène est une jolie fille.
3. Pierre est un bel homme.
4. Henri est un garçon intéressant.

49. Complete the following with the possessive adjective that fits the subject. Follow the model.

> Il a _____ cahier.
> Il a son cahier.

1. Il a _____ livres et nous avons _____ livres aussi.
2. Elle a _____ carte d'identité et vous avez _____ carte d'identité aussi.
3. J'ai _____ sac et ils ont _____ sac aussi.
4. Tu écris à _____ parents et j'écris à _____ parents aussi.
5. Tu lis _____ livre et nous lisons _____ livre aussi.
6. J'aime _____ sœur et tu aimes _____ sœur aussi.

7. Vous avez _____ réponse et il a _____ réponse aussi.

8. Il a _____ billet et ils ont _____ billets aussi.

9. Vous avez _____ journaux et nous avons _____ journaux aussi.

10. Il a _____ amie et elle a _____ amie aussi.

50. Complete the following with the correct definite article or possessive adjective.

1. *his*   Il a _____ mains sur la table.

2. *your (formal)*   Regardez _____ mains.

3. *one's*   On a _____ responsabilité.

4. *your*   Lève _____ main.

51. Follow the model.

le livre
Je veux ce livre-ci, pas ce livre-là.

1. la carte
2. le panier
3. les pommes
4. les haricots verts

52. Change the sentence, using the indicated words. Make all necessary changes.

Pierre a des livres. *plusieurs*
Pierre a plusieurs livres.

1. Marie a des journaux.   *quelque*
2. Hélène a beaucoup d'amis.   *plusieurs*
3. Il a du temps.   *quelque*
4. Des problèmes sont difficiles à résoudre.   *certain*
5. Nous avons parlé à différentes personnes.   *divers*
6. Tout homme veut réussir.   *chaque*
7. Avez-vous des disques?   *autre*
8. J'ai vu les maisons.   *tout*
9. Il n'y a pas de livre ici.   *aucun*
10. J'ai mangé les gâteaux.   *tout*
11. Son ennemi le croit.   *même*
12. Je n'ai jamais vu une pièce.   *tel*
13. C'est mon choix.   *tel*
14. L'homme veut être heureux.   *tout*
15. Des livres sont intéressants.   *autre*
16. Il a couru cent mètres.   *quelque*
17. Elle est grande.   *tout*
18. Prenez un livre.   *quelconque*

Chapter 3

Numbers, Dates, Time

NUMBERS

Cardinal Numbers

The cardinal numbers in French are:

0 zéro	26 vingt-six	80 quatre-vingts
1 un	27 vingt-sept	81 quatre-vingt-un
2 deux	28 vingt-huit	82 quatre-vingt-deux
3 trois	29 vingt-neuf	90 quatre-vingt-dix
4 quatre	30 trente	91 quatre-vingt-onze
5 cinq	31 trente et un	92 quatre-vingt-douze
6 six	32 trente-deux	99 quatre-vingt-dix-neuf
7 sept	40 quarante	100 cent
8 huit	41 quarante et un	101 cent un
9 neuf	42 quarante-deux	102 cent deux
10 dix	50 cinquante	120 cent vingt
11 onze	51 cinquante et un	199 cent quatre-vingt-dix-neuf
12 douze	52 cinquante-deux	200 deux cents
13 treize	60 soixante	201 deux cent un
14 quatorze	61 soixante et un	202 deux cent deux
15 quinze	62 soixante-deux	300 trois cents
16 seize	70 soixante-dix	400 quatre cents
17 dix-sept	71 soixante et onze	500 cinq cents
18 dix-huit	72 soixante-douze	600 six cents
19 dix-neuf	73 soixante-treize	700 sept cents
20 vingt	74 soixante-quatorze	800 huit cents
21 vingt et un	75 soixante-quinze	900 neuf cents
22 vingt-deux	76 soixante-seize	1 000 mille
23 vingt-trois	77 soixante-dix-sept	1 001 mille un
24 vingt-quatre	78 soixante-dix-huit	1 100 mille cent
25 vingt-cinq	79 soixante-dix-neuf	onze cents

1 200 mille deux cents
      douze cents
1 900 mille neuf cents
      dix-neuf cents
1972   mil (mille) neuf cent soixante-douze
      dix-neuf cent soixante-douze

            2 000 deux mille
            1 000 000 un million
      1 000 000 000 un milliard
1 000 000 000 000 un billion

Note that in numbers **21, 31, 41, 51, 61, 71**, the conjunction **et** is used. There is no hyphen.

vingt et un
quarante et un

Et is not used in **81, 91, 101**. Note the hyphens in **81** and **91**.

quatre-vingt-un
quatre-vingt-onze
cent un

When **vingt** and **cent** are multiplied, they become plural.

quatre-vingts
deux cents

When **vingt** and **cent** are followed by another number, they are singular.

vingt-neuf
quatre-vingt-huit
cent quatre
deux cent douze

Mille is never plural.

cinq mille
deux mille cinquante

Million is preceded by the indefinite article.

un million de touristes

Note that **un million** is like a noun of quantity and takes **de** before a following noun.

un million d'hommes

In France, a period is used where the United States and Canada use a comma or a space, and a comma is used where the United States and Canada use a decimal point.

French	*English*	
1.121.000	1,121,000	1 121 000
3,50	3.50	3.50
1.350,50	1,350.50	1 350.50

Following are some expressions with cardinal numbers.

tous les trois ans	
une année sur trois	*every three years*
tous les quinze jours	*every two weeks*
tous les deux kilomètres	*every two kilometers*
une femme sur dix	*one woman in ten*
quatre-vingts pour cent de	*eighty percent of*
un à un	*one by one*

1. Write the following numbers and expressions in French.

1. 10
2. 19
3. 20
4. 21
5. 27
6. 31
7. 61
8. 70
9. 72
10. 80
11. 84
12. 90
13. 99
14. 100
15. 200
16. 565
17. 798
18. 1 124
19. 1 145 792
20. 2 954
21. two by two
22. every two weeks
23. one person in ten
24. every two years

Ordinal Numbers

Most ordinal numbers are formed by adding the suffix **-ième** to the cardinal number. If the cardinal number ends in a mute **e**, the **e** is dropped.

deux	**deuxième**
sept	**septième**
quatorze	**quatorzième**
seize	**seizième**
cinquante et un	**cinquante et unième**
cent	**centième**
deux cent trois	**deux cent troisième**
mille	**millième**

Exceptions:

first	un, une	**premier, première**
fifth	cinq	**cinquième** (**u** is added)
ninth	neuf	**neuvième** (**f** becomes **v**)

Second, seconde can replace **deuxième.**

La première fois j'ai refusé; la **deuxième** fois j'ai accepté.
La première fois j'ai refusé; la **seconde** fois j'ai accepté.
la **deuxième** classe ou la **seconde** classe (avion, bateau, train)

But:

voyager en **seconde,** habiter au **second** (étage), une **seconde** fois

In titles of rulers, the cardinal numbers are used except for **premier, première** (*first*).

François premier
Louis quatorze

In certain fixed expressions, **tiers** and **tierce** are used instead of **troisième.**

le **tiers** état   *the third estate*
une **tierce** personne   *a third party*

When cardinal and ordinal numbers are used together, the cardinal number precedes the ordinal.

les deux premières semaines
the first two weeks

2. Complete the following sentences with the correct ordinal number.

   1. Janvier est le (1) _____ mois de l'année.
   2. Septembre est le (9) _____ mois de l'année.
   3. Mai est le (5) _____ mois de l'année.
   4. La (1) _____ fois j'ai dit oui.
   5. Mardi est le (2) _____ jour de la semaine.
   6. C'est la (101) _____ fois que j'ai entendu cette chanson.
   7. C'est la (2) _____ fois qu'il a fait cela.
   8. Il faut demander l'avis d'une (3) _____ personne.

3. Write the following in French.

   1. Napoleon I
   2. Louis XV
   3. the first two years
   4. the last two days

Collective Numbers

To express an approximate quantity, the suffix **-aine** is added to the cardinal number. If the cardinal number ends in a mute **e**, the **e** is dropped before adding **-aine**. The **x** of **dix** becomes **z**.

Environ	10	**une dizaine**
	12	**une douzaine**
	15	**une quinzaine**
	20	**une vingtaine**
	40	**une quarantaine**
	50	**une cinquantaine**
	60	**une soixantaine**
	100	**une centaine**

Exceptions:

Environ	1 000	**un millier**
	1 000 000	**un million**
	1 000 000 000	**un milliard**
	1 000 000 000 000	**un billion**

When used before a noun, the preposition **de** is used.

Il y avait **une vingtaine de** personnes dans la salle.
Je voudrais **une douzaine de** poires.

Note that all collective numbers are feminine except for **un millier, un million, un milliard, un billion.**

Approximate quantity can also be expressed by using **à peu près, environ,** and **dans les.**

Il y a **à peu près trente** élèves dans cette classe.
There are approximately thirty pupils in this class.
Il a **environ trente** ans.
He is around thirty years old.
Elle gagne **dans les vingt mille** dollars par an.
She earns around twenty thousand dollars a year.

4. Follow the model.

> **Je voudrais des pommes.** *12*
> **Je voudrais une douzaine de pommes.**

1. Je voudrais des pêches. *10*
2. Je voudrais des poires. *20*
3. Je voudrais des pommes. *30*
4. Il y a des gens dans cette salle. *1 000 000*
5. Elle gagne $30 000 par an. *dans les*

Fractions

Normally, the cardinal number and the ordinal number are used together to form fractions.

2/5	**deux cinquièmes**
3/8	**trois huitièmes**

Certain fractions have special forms.

1/2	**un demi, (une demie) la moitié**	6 1/2	**six et demi**
1/3	**un tiers**	5 1/3	**cinq et un tiers**
2/3	**deux tiers**		
1/4	**un quart**	9 1/4	**neuf et un quart**
3/4	**trois quarts**		

J'ai bu **la moitié de la bouteille.**
I drank half the bottle.
Je voudrais **une demi-bouteille** de vin.
I want a half-bottle of wine.

When a number with **demi** is used before a noun, **et demi** or **et demie** will follow.

Il est quatre heures et demie.   **J'ai vingt ans et demi.**
It is half past four.   *I am twenty and a half years old.*

5. Write the following numbers in French.

1. 1/2
2. a half bottle
3. 21 1/2
4. 1/3

5. 3/4
6. 7/16
7. 10 1/4

Arithmetical Operations and Dimensions

Addition (*Addition*)
3 et 3 font 6.
Soustraction (*Subtraction*)
5 moins 1 font 4.
Multiplication (*Multiplication*)
5 fois 10 font 50.
Division (*Division*)
10 divisé par 2 fait 5.

Dimensions

Length, width, height, and depth are expressed in the following ways.

Ce mur est long (haut) de cinq mètres (5 m).
Ce mur a cinq mètres (5 m) de long (de longueur) [de haut] [de hauteur].
This wall is five meters (5 m) long [high].
Cette table est large d'un mètre cinquante (de 1 m 50).
Cette table a un mètre cinquante (1 m 50) de large (de largeur).
This table is one and one half meters (1 1/2) wide.
La piscine est profonde de trois mètres (3 m).
La piscine a trois mètres (3 m) de profondeur.
The swimming pool is three meters (3 m) deep.

Following is an example of how to measure something.

Cette boîte a trente centimètres (30 cm) de long (de longueur) sur vingt-quatre centimètres (24 cm) de large (de largeur) sur vingt-six centimètres (26 cm) de haut (de hauteur).
This box is thirty centimeters (30 cm) long by twenty-four centimeters (24 cm) wide by twenty-six centimeters (26 cm) high.

6. Write the following in French.

1. 10 + 5 = 15
2. 18 − 6 = 12
3. 8 × 12 = 96
4. 50 ÷ 5 = 10
5. This box is 15 cm long by 10 cm wide by 8 cm high.

DATES

Days

lundi	*Monday*	vendredi	*Friday*
mardi	*Tuesday*	samedi	*Saturday*
mercredi	*Wednesday*	dimanche	*Sunday*
jeudi	*Thursday*		

Months

janvier	*January*
février	*February*
mars	*March*
avril	*April*
mai	*May*
juin	*June*
juillet	*July*
août	*August*
septembre	*September*
octobre	*October*
novembre	*November*
décembre	*December*

Note that the days of the week and the months of the year are not capitalized.
Dates are written as follows:

Quel jour est-ce aujourd'hui?
Quel jour sommes-nous aujourd'hui?
What day is it today?
C'est aujourd'hui le samedi cinq mai.
or
C'est aujourd'hui samedi, le cinq mai.
Today is Saturday, May 5.
C'est aujourd'hui le jeudi trois août dix-neuf cent (mil [mille] neuf cent) quatre-vingts.
Today is Thursday, August 3, 1980.

Note the following.

au mois de juin	*in the month of June*
en juin	*in June*
le premier juin	*June 1, the first of June*
le deux juin	*June 2*

Seasons

le printemps	*spring*
l'été	*summer*
l'automne	*fall*
l'hiver	*winter*

The seasons are all masculine. Note the prepositions that are used with the seasons.

au printemps	*in spring*
en été	*in summer*
en automne	*in fall*
en hiver	*in winter*

7. Write the following in French.

   1. Monday, June 25
   2. Tuesday, December 4
   3. in the month of January
   4. in June

5. April 1
6. What day is it today?
7. Today is Friday, August 10, 1981.
8. in spring
9. in summer
10. in winter

TIME

The expression for *What time is it?* is **Quelle heure est-il?** Time in French is expressed in the following way:

1:00 a.m.	une heure	1 h	01:00
1:00 p.m.	treize heures	13 h	13:00
2:00 a.m.	deux heures	2 h	02:00
2:00 p.m.	quatorze heures	14 h	14:00
12:00 midnight	minuit	24 h (0 h)	24:00 (00:00)
12:00 noon	midi	12 h	12:00
12:30 a.m.	minuit et demi	0 h 30	00:30
12:30 p.m.	midi et demi	12 h 30	12:30
5:15 a.m.	cinq heures et quart cinq heures quinze	5 h 15	05:15
5:15 p.m.	dix-sept heures et quart dix-sept heures quinze	17 h 15	17:15
6:30 a.m.	six heures et demie six heures trente	6 h 30	06:30
6:30 p.m.	dix-huit heures et demie dix-huit heures trente	18 h 30	18:30
6:40 a.m.	sept heures moins vingt	6 h 40	06:40
6:40 p.m.	dix-neuf heures moins vingt	18 h 40	18:40
7:45 a.m.	huit heures moins le quart huit heures moins un quart	7 h 45	07:45
7:45 p.m.	vingt heures moins le quart vingt heures moins un quart	19 h 45	19:45

There are two ways of expressing the half hour or 15 minutes before or after the hour.

Il est deux heures et quart.
Il est deux heures quinze.
It is 2:15.
Il est huit heures et demie.
Il est huit heures trente.
It is 8:30.
Il est neuf heures moins le quart.
Il est neuf heures moins un quart.
It is 8:45.

When it is more than 30 minutes past the hour, the number of minutes is subtracted from the next hour.

Il est minuit moins vingt.   **Il est six heures moins vingt-cinq.**
It is 11:40.   *It is 5:35.*

The word **demi** agrees with the noun when it follows.

> **midi et demi**
> **minuit et demi**
> **une heure et demie**
> **deux heures et demie**

When **demi** precedes the noun, it is hyphenated and does not agree.

> **une demi-heure**

Official time in France is based on the 24 hour system. Minutes are always added to the hour.

France		*Canada*
0 h	**zéro heure (minuit)**	00
08 h 40	**huit heures quarante (du matin)**	8:40
13 h	**treize heures (une heure de l'après-midi)**	13:00
20 h 50	**vingt heures cinquante (huit heures cinquante du soir)**	20:50

Le train part à 15 h 20. (15:20)
The train leaves at 3:20 p.m.

8. Write the following times in French.

    1. It is 1:00 a.m.
    2. It is 3:45 p.m.
    3. It is 8:30 a.m.
    4. It is noon.
    5. It is midnight.
    6. It is 9:15 p.m.
    7. It is 12:30 p.m.
    8. It is 12:30 a.m.
    9. It is 10:25 p.m.
  10. It is 9:40 a.m.

9. Write the above exercise in the 24 hour system.

Chapter 4

Verbs

French verbs at first appear to be difficult to the English native speaker. But they are really not as difficult as they first appear. Fortunately, each verb is not unique. It does not function as an entity unto itself. Many verbs that are formed in the same way can be grouped together in classes or conjugations. This greatly facilitates learning verb forms. As you will observe in subsequent parts of this chapter, even many so-called irregular verbs have characteristics in common and thus can be grouped together.

FORMAL VERSUS FAMILIAR FORMS

In French there are three ways to express the pronoun *you*. To address a friend, relative, or close associate, the pronoun **tu** is used. This is called the familiar singular form. To address someone whom you do not know well or someone older than yourself, the pronoun **vous** is used. This is called the formal singular form. To address two or more people, either friends or mere acquaintances, **vous** is also used. **Vous** is the plural for both the familiar **tu** singular form and for the formal **vous** singular form.

The third person singular pronoun **on** is an indefinite pronoun meaning *one*, *they*, *we*, or *people*.

THE PRESENT TENSE

First Conjugation Verbs

Regular first conjugation verbs are commonly referred to as **-er** verbs since their infinitives end in **-er**. Many of the most frequently used verbs belong to the first conjugation.

In order to form the present tense of **-er** verbs, the infinitive ending **-er** is dropped. To the root are added the personal endings **-e, -es, -e, -ons, -ez, ent**.

parler

je parl**e**	nous parl**ons**
tu parl**es**	vous parl**ez**
il, elle, on parl**e**	ils, elles parl**ent**

travailler

je travaille	nous travaillons
tu travailles	vous travaillez
il, elle, on travaille	ils, elles travaillent

Il parle français.
Tu chantes bien.
Je porte un parapluie.
Elles traversent la rue.
Nous travaillons bien.
Vous regardez les nuages.

Below is a partial list of **-er** verbs.

briller	*to shine*		**louer**	*to rent*
cacher	*to hide*		**marcher**	*to walk*
casser	*to break*		**monter**	*to climb, to go up*
chanter	*to sing*		**montrer**	*to show*
chercher	*to look for*		**parler**	*to speak*
commander	*to order*		**porter**	*to carry*
compter	*to count*		**préparer**	*to prepare*
danser	*to danse*		**présenter**	*to present*
décider	*to decide*		**quitter**	*to leave*
déjeuner	*to have lunch*		**raconter**	*to tell (a story)*
demander	*to ask*		**refuser**	*to refuse*
dessiner	*to draw*		**regarder**	*to look at*
dîner	*to dine*		**rencontrer**	*to meet*
donner	*to give*		**rester**	*to stay*
fermer	*to close*		**retourner**	*to return*
fouiller	*to rummage through*		**sauter**	*to jump*
fréquenter	*to frequent*		**tomber**	*to fall*
gagner	*to win*		**toucher**	*to touch*
garder	*to keep*		**travailler**	*to work*
goûter	*to taste*		**traverser**	*to cross*
jouer	*to play*		**tromper**	*to deceive*
laisser	*to leave*		**visiter**	*to visit*
laver	*to wash*			

1. Complete the verbs in the following sentences with the appropriate ending.

   1. Le soleil brill_____.
   2. L'enfant cass_____ le jouet.
   3. On cherch_____ le cadeau.
   4. Je gagn_____ le prix.
   5. Je donn_____ le livre à Pierre.
   6. Tu ferm_____ la porte.
   7. Tu fréquent_____ ce restaurant.

   8. Ils chant_____ une chanson.
   9. Les femmes lav_____ les vêtements.
   10. Nous march_____ dans le parc.
   11. Nous mont_____ dans la tour.
   12. Vous port_____ un bel habit.
   13. Vous prépar_____ le dîner.
   14. Vous rest_____ ici.

2. Complete the following sentences with the correct form of the indicated verb.

   1. L'homme _____ un appartement. *louer*
   2. Nous _____ français. *parler*
   3. Elles _____ les peintures. *regarder*
   4. Vous _____ à la maison. *rester*

5. Je _____ dans un bureau. *travailler*
6. Les enfants _____ dans l'escalier. *tomber*
7. Tu_____ la rue. *traverser*
8. La fille _____ une histoire. *raconter*
9. Ils _____ leurs amis au café. *rencontrer*
10. Nous _____ beaucoup de questions. *poser*
11. Vous _____ un poste dans le centre-ville. *chercher*
12. Je _____ cette vue. *dessiner*
13. Tu _____ des chansons populaires. *chanter*
14. Nous _____ de la soupe, du poulet et une salade. *commander*
15. Elles _____ souvent au restaurant. *dîner*

3. Rewrite the following sentences, putting the verbs in the singular.

1. Elles dansent bien.
2. Nous louons un appartement.
3. Ils jouent dans le parc.
4. Vous goûtez le vin.
5. Nous racontons une histoire.
6. Vous fermez la fenêtre.

4. Rewrite the following sentences, putting the verbs in the plural.

1. Je cache le cadeau.
2. Tu déjeunes à midi.
3. Le garçon fouille dans le tiroir.
4. Elle garde le souvenir.
5. Je ferme la porte.
6. Tu fréquentes ce quartier.

Verbs Beginning with a Vowel

Many verbs beginning with a vowel or silent **h** are **-er** verbs. They are conjugated like **-er** verbs, but a few special problems must be noted. The pronoun **je** becomes **j'**. This is called elision. In spoken French, in the **nous, vous, ils,** and **elles** forms, a **z** sound is heard between the pronoun and a following verb. This is called liaison. The **n** of **on** is pronounced before words beginning with a vowel. Study the following.

aimer

j'aime
tu aimes
il, elle aime
on aime
nous aimons
vous aimez
ils aiment
elles aiment

Below is a partial list of some common **-er** verbs beginning with a vowel.

abandonner	*to abandon*	**aimer**	*to like, to love*
accrocher	*to hang*	**allumer**	*to light*
admirer	*to admire*	**amuser**	*to amuse*
aider	*to help*	**apporter**	*to bring*

arriver	*to arrive*	entrer	*to enter*
attacher	*to attach*	épouser	*to marry*
attirer	*to attract*	étudier	*to study*
attraper	*to catch*	expliquer	*to explain*
avaler	*to swallow*	exprimer	*to express*
avouer	*to admit*	habiter	*to live (in)*
échapper	*to escape*	imaginer	*to imagine*
échouer	*to fail*	inspirer	*to inspire*
écouter	*to listen to*	inviter	*to invite*
écraser	*to break*	irriter	*to irritate*
embrasser	*to kiss, to embrace*	opposer	*to oppose*
emporter	*to carry*	oser	*to dare*
enseigner	*to teach*	oublier	*to forget*
entourer	*to surround*	utiliser	*to use*

J'avale la pilule.
Nous arrivons à l'heure.
Vous osez le faire.
Elles admirent les statues.
Il échoue à l'examen.
Tu attrapes le ballon.

5. Rewrite the following sentences, putting the verbs in the singular.

    1. Nous allumons la lampe.
    2. Nous oublions son nom.
    3. Nous attirons une foule.
    4. Nous arrivons en retard.
    5. Nous apportons le déjeuner.

6. Rewrite the following sentences, inserting the correct form of the indicated verb. Make all necessary changes.

    1. Je _____ la peinture moderne. *aimer*
    2. Nous _____ à l'heure. *arriver*
    3. Tu _____ le livre. *oublier*
    4. Je _____ mes amis. *aider*
    5. Vous _____ le français. *enseigner*
    6. Ils _____ l'histoire. *étudier*
    7. Elles _____ à Paris. *habiter*
    8. Je _____ des disques. *écouter*
    9. Le garçon _____ le bifteck. *apporter*
    10. Nous _____ nos défauts. *avouer*

Verbs with Spelling Changes

Verbs Ending in *-cer* and *-ger*

    Verbs ending in **-cer** add a cedilla to the **c** before the letters **a** or **o** in order to retain the soft **c** sound.

avancer	**nous avançons**
commencer	**nous commençons**
lancer	**nous lançons**

Verbs ending in **-ger** add an **e** after the **g** before the letters **a** and **o** in order to maintain the soft **g** sound.

changer	**nous changeons**
manger	**nous mangeons**
nager	**nous nageons**

7. Complete the following sentences with the correct form of the indicated verb.

   1. Nous _____ la leçon. *commencer*
   2. Nous _____ le travail. *recommencer*
   3. Nous _____ . *avancer*
   4. Nous _____ beaucoup. *manger*
   5. Nous _____ de place. *changer*
   6. Nous _____ dans la rivière. *nager*

8. Complete the following sentences with the correct form of the indicated verb, according to the model.

   Elle _____ le travail, mais nous ne le _____ pas. *commencer*
   Elle *commence* le travail, mais nous ne le *commençons* pas.

   1. Il _____ le travail, mais nous ne le _____ pas. *commencer*
   2. Tu _____ le disque, mais nous ne le _____ pas. *changer*
   3. Elles _____ du pain, mais nous n'en _____ pas. *manger*
   4. Je _____ la leçon, mais vous ne la _____ pas. *commencer*
   5. Je _____ bien, mais vous ne _____ pas bien. *nager*
   6. Il _____ la balle, mais elles ne la _____ pas. *lancer*

Verbs with -*é*- in the Infinitive

Verbs which have **-é-** in the next to the last syllable of the infinitive change **-é-** to **-è-** in all forms except the **nous** and **vous** forms.

compléter

je complète
tu complètes
il, elle, on complète
nous complétons
vous complétez
ils, elles complètent

Some of the most common of these verbs are:

céder	*to yield, to cede*	**posséder**	*to possess*
célébrer	*to celebrate*	**précéder**	*to precede*
compléter	*to complete*	**préférer**	*to prefer*
considérer	*to consider*	**protéger**	*to protect*
espérer	*to hope*	**répéter**	*to repeat*
interpréter	*to interpret*		

9. Rewrite the following sentences, putting the verbs in the singular.

   1. Vous cédez votre place.
   2. Nous considérons ce poste.
   3. Nous célébrons la fête.

    4. Vous répétez les exercices.

    5. Vous préférez partir de bonne heure.

10. Rewrite the following sentences, putting the verbs in the plural.

    1. J'espère le voir.

    2. Je cède à ses demandes.

    3. Tu préfères venir à huit heures.

    4. Tu interprètes le poème.

11. Complete the following sentences with the correct form of the indicated verb.

    1. Vous _____ le poème. *interpréter*

    2. Elles _____ le travail. *compléter*

    3. Nous _____ nos amis. *protéger*

    4. Je_____ aller au cinéma. *préférer*

    5. Ces hommes _____ cette profession. *considérer*

    6. Tu _____ à ses demandes. *céder*

Verbs with -*e*- in the Infinitive

In some verbs which contain -**e**- in the next to the last syllable of the infinitive, the -**e**- changes to -**è**- in all forms except the **nous** and **vous** forms. Study the following.

lever

je l**è**ve

tu l**è**ves

il, elle, on l**è**ve

nous levons

vous levez

ils, elles l**è**vent

Some of the most common of these verbs are:

acheter	*to buy*	**lever**	*to raise*
mener	*to lead*	**élever**	*to raise*
amener	*to bring, to lead toward*	**enlever**	*to lift*
emmener	*to take, to lead away*	**geler**	*to freeze*
promener	*to take a walk*	**peser**	*to weigh*

In other verbs with -**e**- in the infinitive, the final consonant is doubled in all but the **nous** and **vous** forms.

jeter

je jette

tu jettes

il, elle, on jette

nous jetons

vous jetez

ils, elles jettent

Two verbs belonging to this group are:

appeler	*to call*
jeter	*to throw (away)*

12. Rewrite the following sentences, putting the verbs in the singular.

    1. Nous levons le rideau.
    2. Vous pesez cinquante kilos.
    3. Nous gelons en hiver.
    4. Vous menez une vie tranquille.
    5. Nous appelons un taxi.
    6. Vous jetez la balle.

13. Rewrite the following sentences, putting the verbs in the plural.

    1. J'achète des disques.
    2. Tu lèves le rideau.
    3. J'enlève les ordures.
    4. Tu emmènes le chien dans de longues promenades.
    5. J'appelle Pierre.
    6. Tu jettes le livre.

14. Complete the following sentences with the correct form of the indicated verb.

    1. Elle _____ une vie tranquille. *mener*
    2. Les ouvriers _____ le papier dans la corbeille. *jeter*
    3. Vous_____ le journal. *jeter*
    4. Elles _____ un taxi. *appeler*
    5. Nous_____ la tache. *enlever*
    6. Ces paquets _____ deux kilos. *peser*
    7. Tu_____ le garçon. *appeler*
    8. Vous _____ vos enfants à l'exposition. *mener*
    9. J'_____ une voiture. *acheter*
    10. Nous_____ les copains. *appeler*

Verbs with -*yer* in the Infinitive

Verbs whose infinitive ends in **-oyer, -uyer,** and **-ayer** change **-y-** to **-i-** in all but the **nous** and **vous** forms.

nettoyer

je nettoie
tu nettoies
il, elle, on nettoie
nous nettoyons
vous nettoyez
ils, elles nettoient

Verbs in **-ayer** can keep the **y** in all forms of the conjugation.
Some common **-yer** verbs are:

employer	*to use*
ennuyer	*to bore*
envoyer	*to send*
essayer	*to try*
essuyer	*to wipe*
nettoyer	*to clean*
payer	*to pay (for)*

15. Complete the following sentences with the correct form of the indicated verb.

1. La femme de ménage _____ la salle. *nettoyer*
2. Tu _____ la lettre par avion. *envoyer*
3. Je _____ la facture. *payer*
4. Ils _____ les fenêtres. *essuyer*
5. Les cours m'_____. *ennuyer*
6. Nous _____ une bonne. *employer*
7. Vous _____ l'addition. *payer*

16. Rewrite the following, putting the verbs in the singular.

1. Nous payons ces dettes.
2. Vous employez une femme de ménage.
3. Vous essayez de réussir.
4. Nous envoyons le cadeau.
5. Ils nettoient les meubles.
6. Elles essaient de le faire.

Second Conjugation Verbs

Verbs whose infinitive ends in **-ir** are second conjugation verbs. The endings **-is, -is, -it, -issons, -issez, -issent** are added to the stem.

finir	choisir
je fin**is**	je chois**is**
tu fin**is**	tu chois**is**
il, elle, on fin**it**	il, elle, on chois**it**
nous fin**issons**	nous chois**issons**
vous fin**issez**	vous chois**issez**
ils, elles fin**issent**	ils, elles chois**issent**

Je finis ma leçon.
Tu obéis aux lois.
Elle punit l'enfant.
Nous choisissons une peinture.
Vous remplissez la tasse.
Ils réussissent à l'examen.

Below is a list of the most common **-ir** verbs.

accomplir	*to accomplish*	**grandir**	*to become bigger*
agrandir	*to enlarge*	**obéir**	*to obey*
applaudir	*to applaud*	**punir**	*to punish*
bâtir	*to build*	**remplir**	*to fill*
choisir	*to choose*	**réunir**	*to reunite*
embellir	*to embellish*	**réfléchir**	*to think, to reflect*
envahir	*to invade*	**réussir**	*to succeed*
finir	*to finish*	**saisir**	*to seize*

17. Complete the following sentences with the correct verb ending.

1. Il chois____ du poulet rôti.
2. L'artiste embell____ la salle.
3. Je réuss____ à l'examen.
4. Je sais____ l'occasion.
5. Tu rempl____ le verre.
6. Tu fin____ ta leçon.

7. Les policiers pun_____ les criminels.
8. Ils obé_____ aux lois.
9. Nous applaud_____ beaucoup.
10. Nous bât_____ une maison.
11. Vous envah_____ la province.
12. Vous grand_____ beaucoup.

18. Complete the following sentences with the correct form of the indicated verb.

1. Je _____la tasse de café. *remplir*
2. Nous_____les deux amis. *réunir*
3. Ils_____au professeur. *obéir*
4. L'ami _____ un cadeau. *choisir*
5. Tu_____ aux injustices. *réfléchir*
6. Vous_____la maison. *agrandir*
7. Les soldats _____ le territoire. *envahir*
8. On _____ les coupables. *punir*
9. Nous _____ nos devoirs. *finir*
10. Vous _____ tout. *réussir*

19. Rewrite the following sentences, putting the verbs in the plural.

1. Je réussis à l'examen.
2. Tu saisis l'occasion.
3. Il remplit le verre.
4. Elle applaudit à la fin du concert.

20. Rewrite the following sentences, putting the verbs in the singular.

1. Nous réfléchissons aux problèmes.
2. Vous finissez le travail.
3. Ils réussissent à trouver le livre.
4. Elles choisissent de nouvelles robes.

Third Conjugation Verbs

Verbs whose infinitive ends in **-re** are third conjugation verbs. The endings **-s, -s, -, -ons, -ez, -ent** are added to the stem.

répondre	**entendre**
je répond**s**	j'entend**s**
tu répond**s**	tu entend**s**
il, elle, on répond	il, elle, on entend
nous répond**ons**	nous entend**ons**
vous répond**ez**	vous entend**ez**
ils, elles répond**ent**	ils, elles entend**ent**

Below is a list of some common **-re** verbs:

attendre	*to wait for*	**perdre**	*to lose*
défendre	*to defend*	**rendre**	*to give back*
descendre	*to go down, to descend*	**répandre**	*to spread*
entendre	*to hear*	**répondre**	*to answer*
fendre	*to split*	**tendre**	*to pull, to set (a trap)*
fondre	*to melt*	**vendre**	*to sell*
pendre	*to hang*		

Je réponds à la question.
Tu attends tes amis.
Il descend l'escalier.
Nous vendons la maison.
Vous entendez du bruit.
Elles perdent l'espoir.

21. Complete the following sentences with the correct form of the indicated verb.

   1. L'avocat _____ son client. *défendre*
   2. La glace _____. *fondre*
   3. Je_____ aux questions. *répondre*
   4. Je_____ l'escalier. *descendre*
   5. Tu_____la peinture. *pendre*
   6. Tu_____ du bruit. *entendre*
   7. Les charpentiers _____ du bois. *fendre*
   8. Elles _____ la nouvelle. *répandre*
   9. Nous _____ l'auto. *vendre*
  10. Nous _____ les devoirs au professeur. *rendre*
  11. Vous _____ la clef. *perdre*
  12. Vous _____ la corde. *tendre*

22. Follow the model.

    répondre aux questions   *Nous*
    Nous répondons aux questions.

   1. tendre un piège   *Vous*
   2. entendre la chanson   *Je*
   3. descendre la rue   *Elles*
   4. perdre l'espoir   *Nous*
   5. rendre les devoirs   *Il*
   6. attendre un copain   *Je*
   7. vendre la maison   *Tu*
   8. répondre au professeur   *Ils*

23. Rewrite the following sentences, putting the verbs in the plural.

   1. Elle vend l'auto.
   2. Tu descends sur la place.
   3. J'entends le professeur.
   4. Il fend du bois.

24. Rewrite the following sentences, putting the verbs in the singular.

   1. Ils entendent du bruit.
   2. Vous attendez le train.
   3. Elles perdent le match.
   4. Nous défendons cet homme.

Irregular Verbs

Verbs like *ouvrir*

Some verbs, although the infinitive ends in **-ir**, are conjugated like regular **-er** verbs. Some of the most common are: **ouvrir** (*to open*), **couvrir** (*to cover*), **recouvrir** (*to cover again, cover completely*), **découvrir** (*to discover*), **offrir** (*to offer*), **souffrir** (*to suffer*), **cueillir** (*to pick, to gather*), **accueillir** (*to welcome*), and **recueillir** (*to collect, to pick, to gather*).

ouvrir	cueillir
j'ouvr**e**	je cueill**e**
tu ouvr**es**	tu cueill**es**
il, elle, on ouvr**e**	il, elle, on cueill**e**
nous ouvr**ons**	nous cueill**ons**
vous ouvr**ez**	vous cueill**ez**
ils, elles ouvr**ent**	ils, elles cueill**ent**

25. Complete the following sentences with the correct form of the indicated verb.

1. Les paysannes_____les fleurs. *cueillir*
2. J'_____ la porte. *ouvrir*
3. Elle_____les invités. *accueillir*
4. Vous _____ un cadeau. *offrir*
5. Tu_____beaucoup. *souffrir*
6. Nous_____la fenêtre. *ouvrir*
7. L'enfant _____un nouveau jouet. *découvrir*
8. La neige_____ la terre. *recouvrir*
9. Nous_____ la boîte. *recouvrir*
10. Elles _____ d'une maladie étrange. *souffrir*

Verbs like *courir, rire, rompre, conclure*

Some verbs whose infinitives end in **-ir** or **-re** are conjugated like regular **-re** verbs except in the **il, elle, on** form where a **t** is added to the stem. Some of the most common are **courir** (*to run*), **parcourir** (*to pass through, to pass over, to tour*), **secourir** (*to help, to assist*), **rire** (*to laugh*), **sourire** (*to smile*), **conclure** (*to conclude*), **rompre** (*to break*) and its derivatives **corrompre** (*to corrupt, to spoil*), and **interrompre** (*to interrupt*).

courir	rire
je cours	je ris
tu cours	tu ris
il, elle, on cour**t**	il, elle, on ri**t**
nous courons	nous rions
vous courez	vous riez
ils, elles courent	ils, elles rient

rompre	conclure
je romps	je conclus
tu romps	tu conclus
il, elle, on romp**t**	il, elle, on conclu**t**
nous rompons	nous concluons
vous rompez	vous concluez
ils, elles rompent	ils, elles concluent

26. Rewrite the following sentences, putting the verbs in the singular.

   1. Ils rient aux éclats.
   2. Elles courent vite.
   3. Ils concluent l'accord.
   4. Elles sourient beaucoup.
   5. Ils rompent les liens.
   6. Elles interrompent le professeur.

27. Complete the following sentences with the correct form of the indicated verb.

   1. L'enfant _____vers son père. *courir*
   2. Elles _____ à haute voix. *rire*
   3. La chaleur _____la viande. *corrompre*
   4. Vous_____vos amis. *secourir*
   5. Tu _____ le discours. *conclure*
   6. Tu _____ les liens. *rompre*
   7. Je_____ aux éclats. *rire*
   8. Nous _____ le monde. *parcourir*
   9. Il_____beaucoup. *rire*
   10. Nous_____beaucoup. *sourire*
   11. Nous_____l'entretien. *interrompre*
   12. Tu _____très vite. *courir*
   13. Les hommes d'affaires _____ l'accord. *conclure*
   14. Ils_____leur travail. *interrompre*
   15. Vous _____au spectacle. *rire*

Battre and *mettre*

The verb **battre** (*to beat, to hit, to win*) and its derivatives **se battre** (*to fight*) and **combattre** (*to combat*), and **mettre** (*to put, to place*) and its derivatives **admettre** (*to admit*), **permettre** (*to permit*), **promettre** (*to promise*), **remettre** (*to put back*), **soumettre** (*to overcome, to submit, to subjugate, to subject*), and **transmettre** (*to transmit*) are conjugated like regular **-re** verbs except that the double **t** becomes a single **t** in the singular forms.

battre	mettre
je bats	je mets
tu bats	tu mets
il, elle, on bat	il, elle, on met
nous battons	nous mettons
vous battez	vous mettez
ils, elles battent	ils, elles mettent

28. Rewrite the following sentences, putting the verbs in the singular.

   1. Nous mettons les vêtements dans l'armoire.
   2. Vous battez le tapis.
   3. Ils remettent le travail à demain.
   4. Elles promettent d'aller avec moi.

29. Rewrite the following sentences, putting the verbs in the plural.

1. Il admet le crime.
2. L'armée soumet les rebelles.
3. Tu mets la nappe sur la table.
4. Je bats le linge pour le nettoyer.

30. Complete the following sentences with the correct form of the indicated verb.

1. Elles _____ le record. *battre*
2. Tu _____ la question aux autres. *soumettre*
3. Elle _____ d'y aller. *promettre*
4. Nous _____ les livres sur l'étagère. *remettre*
5. Vous _____ dans l'armée. *combattre*
6. Je _____ le tapis. *battre*
7. Tu _____ les livres sur la table. *mettre*
8. Les soldats _____ les rebelles. *soumettre*
9. Vous _____ que vous avez tort. *admettre*
10. Il lui _____ d'y aller. *permettre*
11. Nous _____ le message. *transmettre*
12. Je lui _____ de venir. *promettre*

Verbs like *partir*

Verbs like **partir** (*to leave*), **dormir** (*to sleep*), **s'endormir** (*to fall asleep*), **mentir** (*to tell a lie*), **servir** (*to serve*), **sentir** (*to feel, to smell*), and **sortir** (*to leave, to go out*) are conjugated like regular -**re** verbs in the plural. The regular -**re** endings are added to the stem of the first and second person singular forms after the final consonant has been dropped. A -**t**- is added to the third person singular form after the final consonant has been dropped. In the plural, note the consonant sounds **t** in **partir, mentir, sentir,** and **sortir**; **m** in **dormir** and **v** in **servir.**

partir	dormir	servir
je **pars**	je **dors**	je **sers**
tu **pars**	tu **dors**	tu **sers**
il, elle, on **part**	il, elle, on **dort**	il, elle, on **sert**
nous partons	nous dormons	nous servons
vous partez	vous dormez	vous servez
ils, elles partent	ils, elles dorment	ils, elles servent

31. Complete the following sentences with the correct form of the indicated verb.

1. Il _____ tout le temps. *mentir*
2. Elle _____ de la salle. *sortir*
3. Je _____ le dîner. *servir*
4. Je _____ pour l'aéroport. *partir*
5. Tu _____ huit heures. *dormir*
6. Tu _____ les fleurs. *sentir*
7. Ils _____ de bonne heure. *partir*
8. Elles _____ souvent le samedi soir. *sortir*
9. Nous _____ du thé. *servir*

10. Nous ne ＿＿＿＿＿＿jamais.　*mentir*
11. Vous＿＿＿＿＿＿ce soir.　*sortir*
12. Vous＿＿＿＿＿＿bien.　*dormir*

32. Rewrite the following sentences, putting the verbs in the singular.

1. Nous partons à huit heures.
2. Vous dormez bien.
3. Vous servez des apéritifs.
4. Elles servent un bon repas.
5. Ils sentent l'odeur fraîche.
6. Elles dorment huit heures.

33. Rewrite the following sentences, putting the verbs in the plural.

1. Je sors de la classe.
2. Il ment au professeur.
3. Elle dort sur le divan.
4. Tu pars de bonne heure.

Vaincre

Vaincre (*to conquer*) and **convaincre** (*to convince*) are conjugated like regular **-re** verbs except that the **c** changes to **qu** in the plural.

vaincre

je vaincs	nous vain**qu**ons
tu vaincs	vous vain**qu**ez
il, elle, on vainc	ils, elles vain**qu**ent

34. Rewrite the following sentences, putting the verbs in the plural.

1. Je vaincs le rival.
2. Tu vaincs la difficulté.
3. Il convainc le sceptique.
4. Elle convainc l'homme de sa culpabilité.

35. Rewrite the following sentence, using the cues provided.

Ils vainquent l'ennemi.

Je＿＿＿＿＿＿＿＿＿＿＿.　　　Elles＿＿＿＿＿＿＿＿＿＿＿.

Vous＿＿＿＿＿＿＿＿＿＿＿.　　Nous＿＿＿＿＿＿＿＿＿＿＿.

　　　　　　　　　　　　　　　Tu＿＿＿＿＿＿＿＿＿＿＿.

Verbs like *connaître*

Connaître (*to know someone or to be acquainted with someone, some place or thing*) and similar verbs such as **apparaître** (*to appear, to seem*), **disparaître** (*to disappear*), **paraître** (*to seem, to appear*), **reconnaître** (*to recognize*), and **naître** (*to be born*) are conjugated alike. Note the circumflex over the **i** in the third person singular.

connaître

je connais
tu connais
il, elle, on connaît
nous connaissons
vous connaissez
ils, elles connaissent

Haïr (*to hate*) is conjugated like **connaître** in the singular, except that there is no circumflex on the **i** in the third person singular. Note the dieresis on the **i** in the plural.

haïr

je hais
tu hais
il, elle, on hait
nous haïssons
vous haïssez
ils, elles haïssent

36. Complete the following sentences with the correct form of the indicated verb.

1. Elles _____ les Dupont. *connaître*
2. Ils _____ cet homme. *reconnaître*
3. Une étoile _____ à l'horizon. *apparaître*
4. Un enfant _____ chaque minute. *naître*
5. Elle _____ dans le brouillard. *disparaître*
6. Il _____ l'injustice. *haïr*
7. Il _____ facile de le faire. *paraître*
8. Nous _____ nos amis. *reconnaître*
9. Nous _____ cette ville. *connaître*
10. Vous _____ la pauvreté. *haïr*
11. Vous _____ cette chanson. *reconnaître*
12. Je _____ cette femme. *connaître*
13. Je _____ dans la neige. *disparaître*
14. Tu _____ les menteurs. *haïr*
15. Tu _____ ces romans. *connaître*

37. Rewrite the following sentences, putting the verbs in the singular.

1. Les invités paraissent à la porte.
2. Nous connaissons les Leclerc.
3. Vous reconnaissez le criminel.
4. Ils haïssent la bureaucratie.
5. Ils disparaissent souvent.

38. Rewrite the following sentences, putting the verbs in the plural.

1. Je reconnais cet enfant.
2. Tu connais le poète.
3. Elle hait l'injustice.
4. Cet homme paraît malade.
5. Le chien disparaît derrière l'arbre.

Plaire and se taire

Plaire (*to be pleasing*), **déplaire** (*to displease*), and **se taire** (*to be quiet*) are conjugated like **connaître** except that there is only one **s** in the plural forms. There is no circumflex on the **i** in the third person singular of **se taire**.

<table>
<tr><th>plaire</th><th>se taire</th></tr>
<tr><td>je plais</td><td>je me tais</td></tr>
<tr><td>tu plais</td><td>tu te tais</td></tr>
<tr><td>il, elle, on plaît</td><td>il, elle, on se tait</td></tr>
<tr><td>nous plaisons</td><td>nous nous taisons</td></tr>
<tr><td>vous plaisez</td><td>vous vous taisez</td></tr>
<tr><td>ils, elles plaisent</td><td>ils, elles se taisent</td></tr>
</table>

39. Rewrite the following sentences, putting the verbs in the singular.

1. Ils plaisent à tout le monde.
2. Elles se taisent pendant le concert.
3. Nous plaisons à Marie.
4. Vous vous taisez pendant la conférence.

40. Rewrite the following sentences, putting the verbs in the plural.

1. Il plaît à cette femme.
2. Elle se tait pendant le spectacle.
3. Tu plais à tout le monde.
4. Je me tais maintenant.
5. Ce livre déplaît à Pierre.

Verbs with Infinitives Ending in *-ire*

Lire, dire, conduire, traduire

Many verbs whose infinitives end in **-ire** have a base ending in a **z** sound. Belonging to this group are **lire** (*to read*), **élire** (*to elect*), **dire** (*to speak, to tell, to say*), **interdire** (*to forbid*), **suffire** (*to be sufficient*), **conduire** (*to conduct, to drive*), **produire** (*to produce*), **traduire** (*to translate*), **construire** (*to build*), **reconstruire** (*to rebuild, to reconstruct*), **détruire** (*to destroy*), **cuire** (*to cook*), and **nuire** (*to do harm*). These verbs add the endings **-s, -s, -t, -sons, -sez, -sent** to the stem. The second person plural of **dire (vous dites)** is an exception.

<table>
<tr><th>lire</th><th>dire</th><th>conduire</th></tr>
<tr><td>je lis</td><td>je dis</td><td>je conduis</td></tr>
<tr><td>tu lis</td><td>tu dis</td><td>tu conduis</td></tr>
<tr><td>il, elle, on lit</td><td>il, elle, on dit</td><td>il, elle, on conduit</td></tr>
<tr><td>nous lisons</td><td>nous disons</td><td>nous conduisons</td></tr>
<tr><td>vous lisez</td><td>vous di**tes**</td><td>vous conduisez</td></tr>
<tr><td>ils, elles lisent</td><td>ils, elles disent</td><td>ils, elles conduisent</td></tr>
</table>

41. Rewrite the following sentences, putting the verbs in the singular.

1. Les troupes détruisent la ville.
2. Ils élisent un président.
3. Vous dites la vérité.
4. Vous traduisez la phrase.

5. Nous lisons un roman.
6. Nous conduisons une Citroën.

42. Rewrite the following sentences, putting the verbs in the plural.

1. Elle lit *le Monde* tous les jours.
2. Il conduit une Renault.
3. Je dis la vérité.
4. Je détruis le livre.
5. Tu produis un nouveau jouet.
6. Tu dis bonjour.

43. Complete the following sentences with the correct form of the indicated verb.

1. Elle _____ un poème. *lire*
2. Vous _____ au revoir. *dire*
3. Ça _____. *suffire*
4. Je _____ bien. *conduire*
5. Les ouvriers _____ le pont. *reconstruire*
6. L'armée _____ la ville. *détruire*
7. Nous _____ les phrases. *traduire*
8. Ce panneau nous _____ de marcher sur le gazon. *interdire*
9. Tu _____ un hôtel. *reconstruire*
10. On _____ une maison. *construire*

Ecrire, vivre, suivre

Ecrire (*to write*), **décrire** (*to describe*), **vivre** (*to live*), **survivre** (*to survive*), **suivre** (*to follow, to take a course or class*), **poursuivre** (*to pursue, to follow up*) and **s'ensuivre** (*to come after, to follow*) are conjugated alike. Note the **v** in the plural forms.

écrire	vivre	suivre
j'écris	je vis	je suis
tu écris	tu vis	tu suis
il, elle, on écrit	il, elle, on vit	il, elle, on suit
nous écrivons	nous vivons	nous suivons
vous écrivez	vous vivez	vous suivez
ils, elles écrivent	ils, elles vivent	ils, elles suivent

44. Complete the following sentences with the correct form of the indicated verb.

1. Elles _____ ce sentier. *suivre*
2. Les romanciers _____ des romans. *écrire*
3. Nous _____ la fête. *décrire*
4. Nous _____ un cours de français. *suivre*
5. Vous _____ une lettre. *écrire*
6. Vous _____ bien ici. *vivre*
7. Elle _____ un cours de chimie. *suivre*
8. Il _____ souvent à ses parents. *écrire*
9. Je _____ la scène. *décrire*
10. Je _____ cet homme. *poursuivre*
11. Tu _____ cette route. *suivre*
12. Tu _____ au XXe siècle. *vivre*

45. Rewrite the following sentences, putting the verbs in the plural.

1. Je vis bien ici.
2. Tu suis ce cours.
3. Elle écrit un poème.
4. Il décrit le match.

46. Rewrite the following sentences, putting the verbs in the singular.

1. Elles survivent à l'accident.
2. Ils écrivent les devoirs.
3. Nous vivons bien.
4. Vous suivez un cours de français.

Croire, voir, and mourir

Like -**yer** verbs, **croire** (*to believe*) and **voir** (*to see*), **prévoir** (*to foresee*), and **revoir** (*to see again*) have an internal vowel change. The **i** changes to **y** in the **nous** and **vous** forms. The other forms are conjugated like regular -**re** verbs except in the third person singular where a **t** is added to the stem.

<table>
<tr><td align="center">**croire**</td><td align="center">**voir**</td></tr>
<tr><td align="center">je crois</td><td align="center">je vois</td></tr>
<tr><td align="center">tu crois</td><td align="center">tu vois</td></tr>
<tr><td align="center">il, elle, on croit</td><td align="center">il, elle, on voit</td></tr>
<tr><td align="center">nous cro**y**ons</td><td align="center">nous vo**y**ons</td></tr>
<tr><td align="center">vous cro**y**ez</td><td align="center">vous vo**y**ez</td></tr>
<tr><td align="center">ils, elles croient</td><td align="center">ils, elles voient</td></tr>
</table>

Fuir (*to flee*) and **s'enfuir** (*to flee, run away*) have the same vowel change in the first and second person plural.

fuir

je fuis
tu fuis
il, elle, on fuit
nous fu**y**ons
vous fu**y**ez
ils, elles fuient

Mourir (*to die*) has an internal vowel change from **ou** to **eu** in the singular and the third person plural.

mourir

je m**eu**rs
tu m**eu**rs
il, elle, on m**eu**rt
nous mourons
vous mourez
ils, elles m**eu**rent

47. Complete the following sentences with the correct form of the indicated verb.

1. Nous _____ l'histoire. *croire*
2. Nous _____ clair. *voir*
3. Nous _____ de la salle. *s'enfuir*

4. Vous _____ qu'elle a raison. *croire*
5. Vous _____ votre ami. *croire*
6. Vous _____ la nouvelle dans le journal. *voir*

48. Change the sentence, using the cues given.

Nous mourons de faim.
Vous_____.
Il_____.
Je_____.
Tu_____.
Elles_____.

49. Rewrite the following sentences, putting the verbs in the singular.

1. Elles le voient.
2. Nous croyons en Dieu.
3. Vous fuyez sa présence.
4. Ils croient cette histoire.
5. Ils meurent de fatigue.
6. Nous mourons de peur.

50. Rewrite the following sentences, changing the first verb to the plural.

1. Je vois qu'il a tort.
2. Elle croit que vous êtes fatigué.
3. Il s'enfuit de la salle précipitamment.
4. Tu meurs de faim.
5. Tu crois l'histoire.

Verbs like *craindre, peindre, joindre*

Craindre (*to fear*), **plaindre** (*to pity, to feel sorry for*), **se plaindre** (*to complain*), **atteindre** (*to reach*), **éteindre** (*to put out, to extinguish*), **peindre** (*to paint*), **joindre** (*to join, to unite*), and **rejoindre** (*to rejoin, to reunite*) are conjugated similarly. They have an internal change from **n** to **gn** in the plural.

craindre	peindre	joindre
je crains	je peins	je joins
tu crains	tu peins	tu joins
il, elle, on craint	il, elle, on peint	il, elle, on joint
nous craignons	nous peignons	nous joignons
vous craignez	vous peignez	vous joignez
ils, elles craignent	ils, elles peignent	ils, elles joignent

51. Complete the following sentences with the correct form of the indicated verb.

1. Elles _____ la pluie. *craindre*
2. Ils _____ l'utile à l'agréable. *joindre*
3. Nous _____ la lumière. *éteindre*
4. Nous _____ le sommet. *atteindre*
5. Vous me _____ trop. *plaindre*
6. Vous_____ un portrait. *peindre*

7. Elle _____ d'être en retard. *craindre*

8. Il _____ un paysage. *peindre*

9. Je vous _____ . *plaindre*

10. Je _____ mes amis au café. *rejoindre*

11. Tu _____ l'examen. *craindre*

12. Tu _____ les murs de la maison. *peindre*

52. Rewrite the following sentences, putting the verbs in the plural.

1. Je crains cet homme.
2. Tu rejoins Pierre à l'heure.
3. Il peint un paysage.
4. Elle se plaint de tout.
5. Elle joint les deux bouts.

53. Rewrite the following sentences, putting the verbs in the singular.

1. Elles craignent de répondre.
2. Nous peignons le mur.
3. Vous éteignez la lumière.
4. Ils vous plaignent.
5. Nous joignons les deux bouts.

54. Follow the model.

Je crains le professeur, mais vous ne le_____ pas.
Je crains le professeur, mais vous ne le *craignez* pas.

1. Je rejoins les copains, mais vous ne les _____ pas.
2. Il craint l'examen, mais nous ne le _____ pas.
3. Tu peins le mur, mais ils ne le _____ pas.
4. Vous éteignez la lumière, mais je ne l' _____ pas.
5. Nous plaignons les misérables, mais tu ne les _____ pas.
6. Elles atteignent ce but, mais il ne l'_____ pas.

Verbs like *prendre*

Prendre (*to take*), **apprendre** (*to learn*), **comprendre** (*to understand*), **reprendre** (*to take back*), and **surprendre** (*to surprise*) are conjugated like regular **-re** verbs in the singular. In the plural, the final **-d** is dropped from the stem and the regular endings are added. The consonant **n** is doubled in the third person plural.

prendre

je prends
tu prends
il, elle, on prend
nous pre**nons**
vous pre**nez**
ils, elles pre**nnent**

55. Rewrite the following sentences, putting the verbs in the plural.

1. Je prends le déjeuner à midi.
2. J'apprends les verbes.
3. Tu reprends le disque.

4. Tu surprends l'enfant.

5. Il comprend le français.

6. Cette nouvelle nous surprend.

56. Complete the following sentences with the correct form of the indicated verb.

1. Je _____ la leçon. *comprendre*

2. Elle _____ son ami. *surprendre*

3. Nous _____ nos places. *prendre*

4. Elles _____ les difficultés. *comprendre*

5. Tu _____ le poème. *apprendre*

6. Vous _____ l'autobus. *prendre*

7. Il _____ ses possessions. *reprendre*

Venir and *tenir*

Venir (*to come*) and its derivatives **revenir** (*to come back*), **convenir** (*to be convenient*), **devenir** (*to become*), **redevenir** (*to become again*), **parvenir** (*to reach, to attain*), and **se souvenir** (*to remember*); **tenir** (*to have, to hold*), and its derivatives **appartenir** (*to belong to*), **contenir** (*to hold, to contain*), **maintenir** (*to maintain*), **obtenir** (*to obtain*), and **retenir** (*to retain*) are conjugated alike.

Note the vowel change from **-e-** to **-ie-** in the singular forms and the third person plural. Note the double consonant **nn** in the third person plural. **Tenir à** plus an infinitive means *to be anxious to*. **Tenir à** plus a noun means *to like very much, to be attached to*.

venir	tenir
je v**ie**ns	je t**ie**ns
tu v**ie**ns	tu t**ie**ns
il, elle, on v**ie**nt	il, elle, on t**ie**nt
nous v**e**nons	nous t**e**nons
vous v**e**nez	vous t**e**nez
ils, elles v**ienn**ent	ils, elles t**ienn**ent

57. Complete the following sentences with the correct form of the indicated verb.

1. Ils _____ maintenant. *venir*

2. Elles _____ une chambre à l'hôtel. *retenir*

3. Cette robe vous _____ bien. *convenir*

4. Ce gant vous _____ . *appartenir*

5. Je _____ tout de suite. *revenir*

6. Je _____ fatigué. *devenir*

7. Tu _____ le prix. *obtenir*

8. Tu _____ à tes fins. *parvenir*

9. Nous _____ de ce voyage. *revenir*

10. Nous _____ à vous voir. *tenir*

11. Vous _____ votre opinion. *maintenir*

12. Vous _____ de bons résultats. *obtenir*

58. Rewrite the following sentences, putting the verbs in the singular.

1. Ils viennent tout de suite.

2. Vous devenez riches.

3. Nous maintenons notre position.

4. Les boîtes contiennent des papiers.

5. Nous parvenons à un âge avancé.

59. Rewrite the following sentences, putting the verbs in the plural.

1. Il tient à vous voir.

2. Elle vient tout de suite.

3. Ce livre vous appartient.

4. Tu obtiens le prix.

5. Je viens maintenant.

Acquérir and *conquérir*

Acquérir (*to acquire, to buy, to gain*) and **conquérir** (*to conquer, to win*) have an internal vowel change from **é** to **ie** in all but the **nous** and **vous** forms. Study the following.

acquérir

j'acqu**ie**rs
tu acqu**ie**rs
il, elle, on acqu**ie**rt
nous acqu**é**rons
vous acqu**é**rez
ils, elles acqu**iè**rent

60. Rewrite the following sentences, putting the verbs in the singular.

1. Nous acquérons de l'expérience.

2. Nous conquérons son affection.

3. Vous acquérez une maison.

4. Vous conquérez l'ennemi.

61. Complete the following sentences with the correct form of the indicated verb.

1. J'_____ une auto. *acquérir*

2. Elles _____ son estime. *conquérir*

3. Tu_____une maison. *acquérir*

4. Vous _____ beaucoup de livres. *acquérir*

5. Il _____l'ennemi. *conquérir*

6. Nous _____ son affection. *conquérir*

Pouvoir, vouloir, pleuvoir

Pouvoir (*to be able to*), **vouloir** (*to want, to wish*), and **pleuvoir** (*to rain*) are conjugated similarly. Note the change from **ou** to **eu** in the stem of **vouloir** and **pouvoir** in all but the first and second person plural forms. **Pleuvoir** has only a third person singular form.

pouvoir	**vouloir**	**pleuvoir**
je p**eu**x	je v**eu**x	
tu p**eu**x	tu v**eu**x	
il, elle, on p**eu**t	il, elle, on v**eu**t	il pl**eu**t
nous pouvons	nous voulons	
vous pouvez	vous voulez	
ils, elles p**eu**vent	ils, elles v**eu**lent	

62. Complete the following sentences with the correct form of the indicated verb.

    1. Les garçons _____ jouer au football. *pouvoir*
    2. Je _____ de l'argent. *vouloir*
    3. Tu _____ partir. *pouvoir*
    4. Elle _____ m'accompagner. *vouloir*
    5. Nous _____ attendre. *vouloir*
    6. Vous _____ voir le film. *pouvoir*

63. Rewrite the following sentences, putting the verbs in the singular.

    1. Nous pouvons partir maintenant.
    2. Nous voulons revenir demain.
    3. Vous pouvez sortir maintenant.
    4. Vous voulez rester ici.
    5. Ils peuvent venir ce soir.
    6. Elles veulent savoir la réponse.

64. Rewrite the following sentences in the plural.

    1. Je peux attendre une minute.
    2. Je veux sortir maintenant.
    3. Il veut jouer au football samedi.
    4. Elle peut rester ici si elle le veut.

Boire, devoir, recevoir

    Boire (*to drink*), **devoir** (*to owe, to have to*), **recevoir** (*to receive*), **apercevoir** (*to perceive*), and **décevoir** (*to disappoint, to deceive*) are conjugated similarly. Note the cedilla on the **c** in the singular and third person plural forms of **recevoir** and its derivatives. Note the internal vowel change in the first and second person plural forms. Note also the **v** in all plural forms.

boire	devoir	recevoir
je b**ois**	je d**ois**	je re**çois**
tu b**ois**	tu d**ois**	tu re**çois**
il, elle, on b**oit**	il, elle, on d**oit**	il, elle, on re**çoit**
nous b**uv**ons	nous d**ev**ons	nous rece**v**ons
vous b**uv**ez	vous d**ev**ez	vous rece**v**ez
ils, elles b**oivent**	ils, elles d**oivent**	ils, elles re**çoivent**

65. Complete the following sentences with the correct form of the indicated verb.

    1. Les enfants _____ beaucoup de lait. *boire*
    2. Elles _____ beaucoup de cadeaux. *recevoir*
    3. Ils _____ de l'argent à Pierre. *devoir*
    4. Marie _____ un coup de téléphone. *recevoir*
    5. Elle _____ partir de bonne heure. *devoir*
    6. Il vous _____ . *décevoir*
    7. Je _____ du café. *boire*
    8. Je _____ des paquets. *recevoir*
    9. Tu _____ une tache sur la robe. *apercevoir*
    10. Tu _____ une lettre. *recevoir*

11. Nous _____ du vin. *boire*
12. Nous _____ beaucoup de lettres. *recevoir*
13. Vous _____ vos amis. *décevoir*
14. Vous _____ de l'eau. *boire*

66. Follow the model.

        Je_____ partir, mais vous ne_____ pas partir. *devoir*
        Je *dois* partir, mais vous ne *devez* pas partir.

1. Je _____de l'eau, mais vous n'en _____pas. *boire*
2. Tu _____ un cadeau, mais nous n'en _____ pas. *recevoir*
3. Je_____de l'argent, mais vous n'en_____pas. *devoir*
4. Vous _____ du vin, mais ils n'en _____ pas. *boire*
5. Nous _____ cent francs, mais elles ne _____ rien. *devoir*

67. Rewrite the following sentences, putting the verbs in the plural.

1. Je dois de l'argent.
2. Je reçois une carte postale.
3. Tu bois du vin.
4. Tu reçois la lettre.
5. Il déçoit le professeur.
6. Elle reçoit de l'argent.

Avoir

The verb **avoir** (*to have*) is completely irregular. Study the following.

j'**ai**	nous **avons**
tu **as**	vous **avez**
il, elle, on **a**	ils, elles **ont**

68. Complete the following sentences with the correct form of the verb **avoir**.

1. Il _____sommeil.
2. Elle _____ faim.
3. Tu_____ beaucoup d'amis.
4. Tu_____ tort.
5. J'_____ froid.
6. J'_____ chaud.
7. Nous_____une Renault.
8. Nous_____de la chance.
9. Vous_____honte.
10. Vous_____peur.
11. Ils _____ soif.
12. Elles _____ raison.

69. Follow the model.

        Il a faim. Et vous?
        Nous avons faim aussi.

1. Il a soif. Et les amis?
2. Nous avons faim. Et toi?
3. Tu as raison. Et nous?
4. Ils ont tort. Et vous, Marie et Hélène?
5. Il a les billets. Et les autres?
6. J'ai un disque. Et Pierre?

70. Answer the following questions, using the cue provided.

      Qui a soif? *Tu*
      Tu as soif.

    1. Qui a un billet? *Je*
    2. Qui a une peinture? *Vous*
    3. Qui a raison? *Nous*
    4. Qui a du raisin? *Pierre*
    5. Qui a honte? *Les enfants*
    6. Qui a mal? *Tu*
    7. Qui a le panier? *Maman*

Etre

The verb **être** (*to be*) is completely irregular. Study the following.

           je **suis**   nous **sommes**
           tu **es**   vous **êtes**
   il, elle, on **est**   ils, elles **sont**

71. Complete the following sentences with the correct form of the verb **être**.

    1. Il _____ français.
    2. Elle _____ petite.
    3. Tu_____ fatigué.
    4. Tu_____ gentil.
    5. Je_____ en retard.
    6. Je_____ à l'heure.

    7. Ils _____ malades.
    8. Elles_____ heureuses.
    9. Nous _____ contents.
  10. Nous _____ fatiguées.
  11. Vous_____ américain.
  12. Vous _____ françaises.

72. Rewrite the following sentences in the plural.

    1. Je suis française.
    2. Il est heureux.
    3. Elle est malade.
    4. Tu es loyal.
    5. Je suis fort.
    6. Tu es grand.

73. Rewrite the following sentences in the singular.

    1. Vous êtes petites.
    2. Ils sont africains.
    3. Nous sommes heureux.
    4. Vous êtes gentils.
    5. Elles sont canadiennes.
    6. Nous sommes malheureuses.

74. Follow the model.

      Je/médecin
      Je suis médecin.

    1. Elle/journaliste
    2. Il/avocat

3. Elles/dentistes
4. Nous/ingénieurs
5. Tu/chirurgien
6. Je/professeur

Aller

The verb **aller** (*to go*) is completely irregular. Study the following.

je **vais**   nous **allons**
tu **vas**   vous **allez**
il, elle, on **va**   ils, elles **vont**

75. Complete the following sentences with the correct form of the verb **aller**.

1. Il _____ à Paris en voiture.
2. Elle _____ à la boutique.
3. Tu _____ à l'école.
4. Tu _____ en ville.
5. Je _____ à pied.
6. Je _____ au cinéma.

7. Ils _____ à la chasse.
8. Elles _____ au musée.
9. Nous _____ à Paris.
10. Nous _____ au théâtre.
11. Vous _____ par le train.
12. Vous _____ à la plage.

76. Answer the following questions, using the cue provided.

1. Où allez-vous? *à la bibliothèque*
2. Où va-t-il? *au cinéma*
3. Où vont-elles? *au musée*
4. Où allons-nous? *au concert*
5. Où est-ce que je vais? *au supermarché*
6. Où vas-tu? *à Londres*

77. Rewrite the following sentences in the singular.

1. Nous allons très bien.
2. Vous allez mal.
3. Ils vont à New York.
4. Vous allez à Paris.

Faire

The verb **faire** (*to do, to make*) is completely irregular. Study the following.

je **fais**   nous **faisons**
tu **fais**   vous **faites**
il, elle, on **fait** ils, elles **font**

78. Complete the following sentences with the correct form of the verb **faire**.

1. Il _____ froid.
2. Elle _____ la salade.
3. Je _____ la leçon.
4. Je _____ un gâteau.
5. Tu _____ du golf.
6. Tu _____ ton droit.

7. Elles _____ du bien.
8. Ils _____ mal.
9. Nous _____ du bruit.
10. Nous _____ du piano.
11. Vous _____ du sport.
12. Vous _____ votre possible.

79. Change the sentence, using the cue provided.

Je fais fortune.
Tu _____.
Nous _____.
Ils _____.
Elle _____.
Vous _____.

80. Follow the model.

Il fait ses devoirs. Et vous, Pierre?
Je fais mes devoirs aussi.

1. Elle fait sa valise. Et les autres?
2. Nous faisons un voyage. Et elle?
3. Tu fais un gâteau. Et nous?
4. Ils font de leur mieux. Et toi?
5. Je fais du sport. Et eux?
6. Il fait du français. Et vous, Pierre et Anne?

Savoir

The verb **savoir** (*to know a fact, to know how to*) is completely irregular. Study the following.

je **sais**	nous **savons**
tu **sais**	vous **savez**
il, elle, on **sait**	ils, elles **savent**

81. Complete the following sentences with the correct form of the verb **savoir**.

1. Il _____ la vérité.
2. Elle _____ la réponse.
3. Je _____ parler français.
4. Je _____ la date de sa naissance.
5. Tu _____ son nom.
6. Tu _____ qu'il arrive.
7. Elles _____ jouer du piano.
8. Ils _____ son adresse.
9. Nous _____ où elle va.
10. Nous _____ conduire une voiture.
11. Vous _____ quand l'avion va partir.
12. Vous _____ qu'elles sont contentes.

82. Rewrite the following sentences, putting **savoir** in the plural.

1. Je sais qu'elle est malade.
2. Tu sais où elle habite.
3. Il sait faire du ski.
4. Elle sait faire la cuisine.

83. Rewrite the following sentences, putting the verbs in the singular.

    1. Nous savons la réponse.
    2. Vous savez son numéro de téléphone.
    3. Ils savent parler espagnol.
    4. Elles savent votre adresse.

Valoir and *falloir*

The verbs **valoir** (*to be worth*) and **falloir** (*to be necessary*) are irregular. Study the following.

valoir	falloir
je **vaux**	
tu **vaux**	
il, elle, on **vaut**	il **faut**
nous **valons**	
vous **valez**	
ils, elles **valent**	

Il vaut mieux means *it is better*.

84. Complete the following sentences with the correct form of the indicated verb.

    1. Il _____ la peine de le faire. *valoir*
    2. Il _____ partir de bonne heure. *falloir*
    3. Ces robes _____ le prix. *valoir*
    4. Vous _____la peine. *valoir*

85. Rewrite the following, substituting the words provided.

Il faut rentrer de bonne heure.
_____ arriver_____.
Il vaut mieux_____.
_____ venir_____.

Special Uses of the Present Tense

The present tense in French is used the same as in English to express an action which is going on in the present. Note, however, special helping verbs such as **am, are, is** in English are not used in French. The present tense is also used, as in English, to express habitual actions taking place in the present or a permanent situation.

> **Elle dort maintenant.**
> *She is sleeping now.*
> **Tous les matins, ils vont à l'école.**
> *Every morning they go to school.*
> **La neige est blanche.**
> *Snow is white.*

To insist on the duration of an action, use **être en train de** plus an infinitive.

> **Il est en train de s'habiller.**
> *He's getting dressed.*

The present tense can be used to express the immediate future.

> **J'arrive dans cinq minutes.**
> *I'll come in five minutes.*

Depuis, il y a . . . que, voilà . . . que, and *ça fait . . . que* plus the Present Tense

A special use of the present tense is with the time expressions **depuis, il y a . . . que, voilà . . . que,** and **ça fait . . . que** to express an action which began in the past but continues into the present.

> **Depuis quand attend-elle?**   *How long has she been waiting?*
>
> **Elle attend depuis une semaine.**
> **Voilà une semaine qu'elle attend.**
> **Il y a une semaine qu'elle attend.**   *She has been waiting for a week.*
> **Ça fait une semaine qu'elle attend.**

You will note that in English the past tense (present perfect) is used. Since the action continues into the present, the present tense must be used in French.

Note that **une heure** may mean *one o'clock*. To say *since one o'clock* use **depuis.** To say *for an hour,* use **il y a . . . que, voilà . . . que,** or **ça fait . . . que.**

> **J'attends depuis deux heures.**   *I have been waiting since two o'clock.*
> **Il y a deux heures que j'attends.**   *I have been waiting for two hours.*

Venir de plus the Present Tense

Venir de plus the present tense means *to have just done something.*

> **Elle vient d'arriver.** *She has just arrived.*

86. Complete the following sentences with the appropriate form of the indicated verb.

1. Nous _____ Pierre depuis cinq ans. *connaître*
2. Elle _____ ici depuis deux ans. *être*
3. Il y a un an que je _____ ici. *demeurer*
4. Ça fait deux mois que nous _____ le français. *apprendre*
5. Il y a longtemps que vous _____ ce poème. *écrire*

87. Change the sentence according to the model.

> **Je travaille depuis une heure.**
> **Il y a une heure que je travaille.**
> **Ça fait une heure que je travaille.**
> **Voilà une heure que je travaille.**

1. Je lis ce poème depuis une heure.
2. J'attends l'autobus depuis cinq minutes.
3. Elle cherche ce livre depuis deux semaines.
4. Ils dorment depuis cinq heures.

88. Answer the following questions, using the cue provided.

1. Depuis quand travaillez-vous? *depuis une heure*
2. Depuis quand habite-t-il ici? *Il y a deux ans*
3. Depuis quand attends-tu le train? *Ça fait 15 minutes*

4. Depuis quand conduisez-vous une auto? *depuis l'âge de 18 ans*
5. Depuis quand attendez-vous un taxi? *Voilà dix minutes*
6. Depuis quand étudie-t-il le français? *Il y a longtemps*
7. Depuis quand lisent-ils? *depuis une heure*
8. Depuis quand jouez-vous de la guitare? *Il y a un mois*
9. Quand vient-elle d'arriver? *il y a deux minutes*
10. Quand venez-vous de finir le travail? *il y a une heure*

REVIEW

89. Complete the following sentences with the appropriate form of the present tense of the indicated verb.

1. Je _____ voyager en avion. *préférer*
2. Tu _____ une carte à tes parents. *envoyer*
3. Nous _____ le travail. *commencer*
4. Elle _____ le garçon. *appeler*
5. Vous _____ une nouvelle robe. *choisir*
6. Tu _____ un cadeau à Pierre. *offrir*
7. Elle _____ aux éclats. *rire*
8. Ils _____ leurs passions. *vaincre*
9. Nous _____ cette histoire. *croire*
10. Il _____ de faim. *mourir*
11. Elle _____ cet homme. *connaître*
12. Cela me _____. *plaire*
13. Je _____ le couvert. *mettre*
14. Vous _____ beaucoup de voyages. *faire*
15. Elle _____ huit heures. *dormir*
16. Nous _____ la phrase. *traduire*
17. Elle _____ ce boulevard. *suivre*
18. Vous _____ sa réponse. *craindre*
19. Elle _____ un portrait. *peindre*
20. Nous _____ la leçon. *comprendre*
21. Ils _____ tout de suite. *revenir*
22. Elles _____ le faire. *pouvoir*
23. Vous _____ partir. *vouloir*
24. Marie _____ une lettre. *recevoir*
25. Vous _____ travailler. *devoir*
26. Nous _____ du vin. *boire*
27. Elle _____ qu'il _____. *savoir, venir*
28. Nous _____ beaucoup d'amis. *avoir*
29. Vous _____ contents. *être*
30. Je _____ à l'école. *aller*
31. Il _____ arriver de bonne heure. *falloir*

90. Follow the model.

Il travaille vite. Et Marie?
Elle travaille vite aussi.

1. Il mange souvent au restaurant. Et vous?
2. Elle nage dans le lac. Et les garçons?

3. Il appelle la police. Et nous?
4. Elles réussissent aux examens. Et toi?
5. Je vends ma maison. Et vous, Monsieur et Madame Leclerc?
6. Elle ouvre les lettres. Et nous?
7. Il rompt les liens. Et les autres hommes?
8. Je mets du sel dans le ragoût. Et les chefs?
9. Nous attendons deux minutes. Et toi?
10. Tu dors bien. Et les enfants?
11. Nous convainquons cet homme de partir? Et Georges?
12. Elle connaît cette chanson. Et vous?
13. Elle lit beaucoup de journaux. Et nous?
14. Nous apprenons la leçon. Et Angèle?
15. Il vient ici souvent. Et les Pierron?
16. Nous menons une vie tranquille. Et Marie?
17. Elle voit bien. Et les enfants?
18. Nous pouvons le faire. Et toi?
19. Elles reçoivent beaucoup de lettres. Et David?
20. Je viens à l'heure. Et vous?

REFLEXIVE VERBS

A reflexive verb is one with which the action is both executed and received by the subject. Since the subject also receives the action, an additional pronoun is needed. This is called the reflexive pronoun. Study the following.

se réveiller	s'habiller
je **me** réveille	je **m'**habille
tu **te** réveilles	tu **t'**habilles
il, elle, on **se** réveille	il, elle, on **s'**habille
nous **nous** réveillons	nous **nous** habillons
vous **vous** réveillez	vous **vous** habillez
ils, elles **se** réveillent	ils, elles **s'**habillent

Note that **me** becomes **m'**, **te** becomes **t'**, and **se** becomes **s'** before a vowel or a mute **h**.

Je **m'**habille.
Tu **t'**arrêtes.
Il **s'**amuse bien.

Many reflexive verbs are conjugated like regular -**er** verbs or -**er** verbs with spelling changes. Below is a partial list.

-**er** *verbs*

s'amuser *to amuse oneself*
s'arrêter *to stop*
se blesser *to hurt oneself*
se brosser *to brush oneself*
se coucher *to go to bed*
se débrouiller *to get along, to handle a situation*
se demander *to wonder*
se dépêcher *to hurry*
se fâcher *to become angry*

s'habiller *to get dressed*
se laver *to wash*
se marier *to get married*
se moquer de *to make fun of*
se passer *to happen, to do without*
se peigner *to comb*
se porter *to feel*
se presser *to hurry*
se raser *to shave*
se reposer *to rest*

se retrouver *to meet each other*   **se tromper** *to be wrong*
se réveiller *to wake up*   **se trouver** *to be located, to be found*

Spelling change verbs

s'appeler *to be named*   **se lever** *to get up*
se rappeler *to remember*   **se promener** *to take a walk*
s'ennuyer *to become bored*

Below is a list of irregular reflexive verbs with references to a similarly conjugated non-reflexive verb.

s'en aller *to go away*   aller (p. 102.)
s'endormir *to fall asleep*   partir (p. 89.)
se plaindre *to complain*   craindre (p. 95.)
se sentir *to feel*   partir (p. 89.)
se souvenir *to remember*   venir (p. 97.)
se taire *to be quiet* ·   plaire (p. 92.)

91. Complete the following with an appropriate reflexive pronoun.

   1. Elle _____endort à onze heures du soir.
   2. Je _____ peigne dans la salle de bains.
   3. Ils _____ trompent souvent.
   4. Tu _____habilles bien.
   5. Nous _____ couchons de bonne heure.
   6. Vous _____ dépêchez pour ne pas manquer le commencement du spectacle.
   7. Je _____arrête devant le cinéma.
   8. Tu _____ débrouilles bien.
   9. Il _____ rase chaque matin.
   10. Nous _____ levons de bonne heure.

92. Complete the following sentences with the correct form of the indicated verb.

   1. Il _____à sept heures. *se réveiller*
   2. Je _____ pour arriver à l'heure. *se dépêcher*
   3. Tu _____ dans la salle de bains. *se laver*
   4. Nous _____au café. *se retrouver*
   5. Vous _____bien. *se débrouiller*
   6. Les hommes _____le matin. *se raser*
   7. Elles _____en blanc. *s'habiller*
   8. Je _____Marie. *s'appeler*
   9. Tu _____ bien. *s'amuser*
   10. Elle_____avec Jean. *se marier*
   11. Nous_____dans le jardin. *se promener*
   12. Vous_____de moi. *se moquer*

93. Answer the following questions, using the cue provided.

   1. Comment vous appelez-vous? *Marie*
   2. Où se passe l'action? *dans une rue déserte*
   3. Où se trouve la pharmacie? *à côté du bureau de poste*
   4. Qu'est-ce que vous vous demandez? *si nous recevrons une bonne note*
   5. Pourquoi vous ennuyez-vous? *parce que le film n'est pas intéressant*

6. Pourquoi s'en va-t-il?   *parce qu'il est fatigué*
7. A quelle heure se couchent-elles?   *à dix heures*
8. Se fâchent-ils?   *Oui, . . . souvent*
9. Comment vous portez-vous?   *bien*
10. De quoi vous souvenez-vous?   *de mes vacances*
11. Pourquoi se tait-il?   *parce que la conférence commence*
12. Où est-ce que l'enfant s'endort?   *sur le divan*

S'asseoir

A common, completely irregular reflexive verb is **s'asseoir** (*to sit down*). Study the following forms.

je **m'assieds**	nous **nous asseyons**
tu **t'assieds**	vous **vous asseyez**
il, elle, on **s'assied**	ils, elles **s'asseyent**

94. Complete the following sentences with the correct form of the verb **s'asseoir.**

1. Il _____ à table.
2. Elle _____ devant le bureau.
3. Je _____ à ma place.
4. Je _____ en face du professeur.
5. Tu _____ au premier rang.
6. Tu _____ sur le balcon.
7. Ils _____ dans les fauteuils.
8. Elles _____ au théâtre.
9. Nous _____ parce que nous sommes fatigués.
10. Nous _____ à table.
11. Vous _____ devant le feu.
12. Vous _____ sur la chaise.

95. Rewrite the following sentences, changing the verbs to the plural.

1. Il s'assied devant vous.
2. Je m'assieds devant le feu.
3. Tu t'assieds dans le fauteuil.
4. Elle s'assied au premier rang.

96. Rewrite the following sentences, putting the verbs in the singular.

1. Nous nous asseyons.
2. Vous vous asseyez à table.
3. Ils s'asseyent devant le bureau.
4. Elles s'asseyent sur le balcon.

You will note that when a part of the body is used with reflexive verbs, the definite article rather than the possessive adjective is used.

Je me lave [la] figure.   *I wash [my] face.*

Je me lave [les] mains.   *I wash [my] hands.*

You will also note that when the noun is ordinarily plural in English, it is singular in French.

Elles se lavent [la figure.]   *They wash [their faces.]*

97. Complete the following sentences with the appropriate definite article.

1. La fille se lave _____ figure.
2. Elles se lavent _____ mains.
3. Ils se brossent _____dents.
4. Ils se lavent _____figure.

Reflexive versus Non-reflexive Verbs

Many verbs function both reflexively and nonreflexively. If the action reverts to the subject, the verb is reflexive. If, however, the action is performed on another person or object, the verb is not reflexive.

Reflexive:	Je me lave.	*I wash myself.*
Nonreflexive:	Je lave la voiture.	*I wash the car.*
Reflexive:	Je me lève.	*I get up.*
Nonreflexive:	Je lève la main.	*I raise my hand.*

The reflexive verb is also used to indicate reciprocal action.

Reflexive:	Nous nous aimons.	*We like each other.*
Nonreflexive:	Nous aimons nos amies.	*We like our friends.*

98. Complete the following sentences with the appropriate reflexive pronoun, when it is necessary.

1. Je _____ lave dans la salle de bains.
2. Je _____ lave la voiture.
3. Elle _____ lève la main.
4. Elle _____ lève de bonne heure.
5. Nous _____ couchons tôt.
6. Nous _____ couchons les enfants.
7. Tu _____ habilles le bébé.
8. Tu _____ habilles en noir.

99. Follow the model.

Nous aimons nos amis.
Nous nous aimons.

1. Nous écrivons à nos parents.
2. Ils aiment leurs amis.
3. Ils regardent leurs copains.
4. Nous cherchons nos amis.

Reflexive Verbs in the Infinitive

The reflexive pronoun always immediately precedes the reflexive verb in the infinitive. Note that the pronoun agrees with the subject.

Je vais **me promener.**	*I am going to take a walk.*
Tu vas **te peigner.**	*You are going to comb your hair.*
Il va **se raser.**	*He is going to shave.*
Nous allons **nous dépêcher.**	*We are going to hurry.*
Vous allez **vous amuser.**	*You are going to amuse yourself.*
Elles vont **s'asseoir.**	*They are going to sit down.*

100. Complete the following sentences with the correct form of the indicated reflexive verb.

1. Je vais _____. *s'asseoir*
2. Tu vas _____. *se raser*
3. Nous allons_____. *se peigner*
4. Ils vont _____. *se réveiller*
5. Elle va _____. *s'habiller*
6. Vous allez _____. *s'endormir*

IMPERATIVES

Affirmative Imperatives

The imperative or command is the same form as the second person singular and the first and second person plural forms of the verb without the pronoun. For **-er** verbs, the **s** is dropped from the singular imperative form.

parler		**finir**		**attendre**	
Parle!	*Speak!*	Finis!	*Finish!*	Attends!	*Wait!*
Parlons!	*Let's speak!*	Finissons!	*Let's finish!*	Attendons!	*Let's wait!*
Parlez!	*Speak!*	Finissez!	*Finish!*	Attendez!	*Wait!*

The imperative forms of **aller** are **va, allons, allez. Va** becomes **vas** and the familiar imperative of **-er** verbs adds **s** before the pronouns **y** or **en.**

Vas-y!   **Parles-en!**

The imperatives of **être, avoir,** and **savoir** are irregular.

être	**avoir**	**savoir**
Sois!	Aie!	Sache!
Soyons!	Ayons!	Sachons!
Soyez!	Ayez!	Sachez!

The forms for these verbs are the subjunctive forms.

101. Write the imperative forms for each of the following.

1. Parler français
2. Ecouter le professeur
3. Choisir un livre
4. Réfléchir à ces idées
5. Attendre le train
6. Vendre l'auto
7. Prendre le déjeuner
8. Ouvrir la porte
9. Boire du lait
10. Ecrire la lettre
11. Partir maintenant
12. Venir tout de suite

102. Follow the model.

Tu es à l'heure.
Sois à l'heure!

1. Tu es en retard.
2. Nous sommes en avance.
3. Vous êtes heureux.
4. Tu as de la patience.
5. Nous avons du courage.
6. Vous avez de la pitié.

7. Tu sais la vérité.
8. Nous savons la réponse.
9. Vous savez le poème par cœur.

The Affirmative Imperative of Reflexive Verbs

In the affirmative imperative, the reflexive pronoun follows the verb and is joined to it by a hyphen. Note that **te** changes to **toi** in the affirmative imperative.

Lève-toi!	*Get up!*
Levons-nous!	*Let's get up!*
Levez-vous!	*Get up!*

103. Follow the model.

se coucher/vous
Couchez-vous!

1. se lever/tu
2. s'amuser/vous
3. s'habiller vite/tu
4. se dépêcher/nous

The Negative Imperative

The imperative is made negative by placing **ne** or **n'** before the imperative form of the verb and **pas** after it.

Affirmative	*Negative*
Travaille!	Ne travaille pas!
Ecoute!	N'écoute pas!

104. Rewrite the following imperatives in the negative.

1. Parlez!
2. Travaille!
3. Soyez en retard!
4. Restons ici!
5. Aie du courage!
6. Ecoutez la conversation!
7. Arrivons à l'heure!

The Negative Imperative of Reflexive Verbs

In the negative imperative of reflexive verbs, the reflexive pronoun precedes the verb.

Affirmative	*Negative*
Réveille-toi!	Ne te réveille pas!
Réveillons-nous!	Ne nous réveillons pas!
Réveillez-vous!	Ne vous réveillez pas!

Note that the reflexive pronoun **te** does not change in the negative imperative.

105. Rewrite the following imperatives in the negative.

1. Couche-toi!
2. Habille-toi!

3. Dépêchez-vous!
4. Amusez-vous bien!
5. Réveillons-nous!

THE PRESENT PARTICIPLE

Formation

The present participle is formed by dropping the ending -**ons** from the first person plural of the present tense and adding -**ant**.

nous parlons	**parlant**
nous finissons	**finissant**
nous répondons	**répondant**
nous dormons	**dormant**
nous craignons	**craignant**

Only **avoir**, **être** and **savoir** are irregular.

avoir	**ayant**
être	**étant**
savoir	**sachant**

Use

When the present participle is used as an adjective, it agrees with the noun it modifies.

une fille **souriante**   *a smiling girl*
Il parle d'une voix **menaçante**.   *He speaks with a menacing voice.*

The present participle is invariable when it is used to express an action that takes place at the same time as the action of the principle verb.

Je vois mon père **faisant** la cuisine.
I see my father cooking.

The present participle can be replaced by **qui** plus a verb.

Je vois mon père **faisant (qui fait)** la cuisine.
I see my father cooking (who is cooking).

The present participle is often used after the preposition **en**. **En** means *by, while, upon, although*.

On apprend le français **en étudiant**.
One learns French by studying.
En me promenant, j'ai rencontré mon ami.
While taking a walk, I met my friend.
En arrivant, j'ai vu Marie.
Upon arriving, I saw Mary.
Tout **en** vous **aimant**, je reconnais vos défauts.
Although I like you, I recognize your faults.

By doing something is expressed in French by **en** plus the present participle except after the verbs **commencer** and **finir**. **Par** with the infinitive is used with these verbs.

Il a fini **par travailler**.   Elle a commencé **par faire** l'appel.
He finally started working.   *She began by calling the roll.*

The present participle can also express cause.

Etant professeur, il veut enseigner.
Since he is a teacher, he wants to teach.

106. Follow the model.

> Il travaille. Il écoute la radio.
> Il travaille en écoutant la radio.

1. Il réussit. Il travaille.
2. Vous lisez. Vous regardez la télévision.
3. Elle apprend. Elle étudie.
4. Les spectateurs se lèvent. Ils crient bravo.
5. Elle tombe. Elle descend la rue.
6. Vous vous fatiguez. Vous travaillez.

107. Follow the model.

> Quand il entre, il sourit.
> En entrant, il sourit.

1. Quand elle court, elle tombe.
2. Quand il étudie, il réussit.
3. Quand je mange, je regarde la télévision.
4. Quand vous travaillez, vous apprenez.

108. Answer the following questions according to the model.

> Que fait-il? *étudier/manger*
> Il étudie en mangeant.

1. Que fait-il?   *écouter la radio/lire le journal*
2. Que fait-elle?   *pleurer/nager*
3. Que faites-vous?   *s'amuser/danser*
4. Que font-elles?   *entrer/courir*
5. Que fait-il?   *parler/dormir*
6. Que fait-elle?   *finir/dormir*

109. Follow the model.

> Il est professeur et il veut enseigner.
> Etant professeur, il veut enseigner.

1. Il est chirurgien et il veut travailler à l'hôpital.
2. Elle a de l'argent et elle peut voyager partout.
3. Nous voulons réussir et nous travaillons.
4. Il dit au revoir et il part.
5. Je sais la leçon et maintenant je peux jouer avec mes amis.

THE IMPERFECT TENSE

Formation

The imperfect tense is formed by dropping the **-ons** ending from the first person plural of the present tense and adding the endings **-ais, -ais, -ait, -ions, -iez, -aient**. The singular and the third person plural forms all sound alike although they are spelled differently.

parler
(base: **parlons**)

je parl**ais**
tu parl**ais**
il, elle, on parl**ait**
nous parl**ions**
vous parl**iez**
ils, elles parl**aient**

finir
(base: **finissons**)

je finiss**ais**
tu finiss**ais**
il, elle, on finiss**ait**
nous finiss**ions**
vous finiss**iez**
ils, elles finiss**aient**

The imperfect tense of the verb **être** has an irregular stem to which the regular endings are added.

j'**étais**
tu **étais**
il, elle, on **était**
nous **étions**
vous **étiez**
ils, elles **étaient**

110. Rewrite the following sentences in the imperfect tense.

1. Nous travaillons beaucoup.
2. Nous prenons le déjeuner à huit heures.
3. Nous pouvons le faire.
4. Nous attendons longtemps.
5. Nous écrivons beaucoup de lettres.
6. Nous lisons des romans policiers.
7. Nous voyons clair.
8. Nous rions souvent.
9. Nous craignons de partir.
10. Nous venons souvent.
11. Nous nous débrouillons.
12. Nous nous couchons de bonne heure.

111. Complete the following sentences with the correct form of the imperfect tense of the indicated verb.

1. Je _____ de place. *changer*
2. Je _____ des livres d'occasion. *vendre*
3. Tu _____ à haute voix. *parler*
4. Tu _____ la musique classique. *préférer*
5. Elle _____ une femme de ménage. *employer*
6. Il _____ ce cours. *suivre*
7. Elles _____ le petit déjeuner à sept heures. *prendre*
8. Ils _____ réussir. *vouloir*
9. Nous _____ la vérité. *dire*
10. Nous _____ du vin. *boire*
11. Vous _____ vos devoirs. *faire*
12. Vous _____ des histoires. *lire*

112. Rewrite the following sentences in the imperfect tense.

1. Je suis content.
2. Tu es heureux.
3. Elle est fatiguée.
4. Nous sommes malades.
5. Vous êtes triste.
6. Ils sont enfants.

113. Rewrite the following sentences in the imperfect tense.

1. Ils peuvent chanter.
2. Nous apprenons le français.
3. Je sors souvent.
4. Tu as beaucoup de temps.
5. Elle vient nous voir.
6. Vous buvez du lait.
7. Il ment souvent.
8. Elle croit ses amis.
9. Nous sommes heureuses.
10. Elle se dépêche.
11. Vous vous habilliez bien.
12. Ils se promènent dans le parc.

Uses of the Imperfect Tense

Continuing Action

The imperfect tense is used less in English than in French. The imperfect tense is used to describe activities in the past. The word *perfect* means *completed*. The prefix *im-* means *not*. Thus, the imperfect tense is used to indicate actions begun in the past but not necessarily completed. It is used to express those past actions which are habitual or customary. Some common adverbial expressions which would indicate continuance and thus frequently use the imperfect are:

toujours	*always*
fréquemment	*frequently*
d'habitude	*usually*
bien des fois	*often, many times*
quelquefois	*sometimes*
de temps en temps	*sometimes, from time to time*
tous les jours (lundis)	*every day (Monday)*
en ce temps-là	*at that time*
chaque année (jour, mois)	*every year (day, month)*

Study the following examples:

Elles **mangeaient toujours** dans ce restaurant.	*They always used to eat at this restaurant.*
Il **venait** me voir **fréquemment**.	*He came to see me frequently.*
Chaque été, j'**allais** à la plage.	*Every summer I went to the beach.*
Je **jouais** au football **souvent**.	*I played football often.*
Nous **allions bien des fois** à Paris.	*We went to Paris many times.*
Il **travaillait tous les jours**.	*He worked every day.*
En ce temps-là, je **chantais** bien.	*At that time, I sang well.*

The imperfect tense is used to describe what people were doing rather than report what people did.

Ils chantaient pendant que les filles bavardaient.
They were singing while the girls were talking.

114. Rewrite the following sentences in the imperfect tense.

  1. Chaque année, elle va en vacances.
  2. Nous lisons souvent.
  3. Nous rentrons toujours à la même heure.
  4. Elle fait des courses tous les jours.
  5. Chaque matin, elles achètent des baguettes.
  6. D'habitude, je mange des croissants au petit déjeuner.
  7. Bien des fois, vous savez comment vous débrouiller.
  8. Tu voyages fréquemment.
  9. Elle va en Europe chaque été.
  10. Il craint le tonnerre.
  11. Il fait cela quelquefois.
  12. De temps en temps, vous dites cela.

115. Follow the model.

  Joues-tu au football? *quand j'étais jeune*
  Maintenant non, mais quand j'étais jeune, je jouais au football.

  1. Lis-tu souvent? *en ce temps-là*
  2. Riez-vous? *quand j'étais jeune*
  3. Chantes-tu bien? *autrefois*
  4. Vous couchez-vous de bonne heure? *quand j'étais jeune*

With Verbs Denoting Mental Activity or Conditions

Since most mental processes involve duration or continuance, verbs which deal with mental activities or conditions are often expressed in the imperfect when used in the past. The most common of these verbs are:

aimer	*to like*
avoir	*to have*
croire	*to believe*
désirer	*to desire, to want*
espérer	*to hope*
être	*to be*
penser	*to think*
préférer	*to prefer*
pouvoir	*to be able to*
regretter	*to be sorry*
savoir	*to know*
vouloir	*to want*

116. Rewrite the following sentences in the past.

  1. Je ne veux pas partir.
  2. Vous regrettez les jours passés.
  3. Nous pouvons venir tous les samedis.

4. Il ne sait pas les réponses.
5. Elles croient que vous avez raison.
6. Nous espérons recevoir de bonnes notes.
7. A quoi penses-tu?
8. Nous sommes désolés de ne pas pouvoir venir.
9. Elle préfère voyager en auto.
10. Je le désire beaucoup.

Descriptions in the Past

The imperfect tense is used to describe something in the past or to designate a condition in the past that no longer exists.

Il faisait beau.
The weather was nice.
Il avait de la chance.
He was lucky.
Le Louvre était le palais des rois de France.
The Louvre was the palace of the kings of France.
Louis XIV était roi de France.
Louis XIV was king of France.

117. Rewrite the following sentences in the past.

1. Il fait froid.
2. Marie est blonde, mais son frère est brun.
3. L'enfant a beaucoup de jouets.
4. Monsieur Leclerc a soixante ans.
5. Il est neuf heures.
6. Les rues sont étroites et sombres.
7. Il fait du vent.
8. Les étoiles brillent dans le ciel.
9. Je suis malade.
10. Les maisons sont grandes.

Si and the Imperfect Tense

Si and the **on** or **nous** form of the verb in the imperfect tense can be used as a kind of imperative.

Si on jouait au tennis?   *How about playing tennis?*
Si nous jouions au tennis?   *Suppose we play tennis?*

118. Follow the model.

Jouons au golf!
Si on jouait au golf?
Si nous jouions au golf?

1. Jouons aux cartes!
2. Parlons français!
3. Allons au cinéma!
4. Dînons au restaurant ce soir!
5. Dépêchons-nous!

Depuis, il y avait . . . que, voilà . . . que, ça faisait . . . que and the Imperfect Tense

Depuis, il y avait . . . que, voilà . . . que, and ça faisait . . . que are used with the imperfect tense to mean *had been*.

Depuis quand attendait-il?   *How long had he been waiting?*

Il attendait depuis dix minutes.
Voilà dix minutes qu'il attendait.
Il y avait dix minutes qu'il attendait.   *He had been waiting for ten minutes.*
Ça faisait dix minutes qu'il attendait.

Venir de plus the Imperfect Tense

Venir de and the imperfect tense are used to mean *to had just done something*.

Il **venait d'arriver.**   *He had just arrived.*

119. Complete the following sentences with the appropriate form of the imperfect tense of the indicated verb.

1. Depuis quand _____-vous? *travailler*
2. Elle _____ ce livre depuis deux ans. *écrire*
3. Voilà longtemps que mon grand-père _____ aller au cinéma. *vouloir*
4. Il y avait deux mois que Jean _____ Marie. *connaître*
5. Voilà deux ans que j'_____ la médecine. *étudier*
6. Depuis quand _____ -ils ce bâtiment? *construire*
7. Nous_____ la vérité depuis longtemps. *savoir*
8. Vous _____ ici depuis trois mois. *habiter*
9. Vous _____ partir. *venir de*
10. Elle _____ téléphoner. *venir de*

THE CONVERSATIONAL PAST TENSE (*PASSÉ COMPOSÉ*) OF VERBS CONJUGATED WITH *AVOIR*

The *Passé Composé* of *-er* Verbs

The *passé composé* or conversational past tense of most verbs is formed by adding the present tense of the helping verb **avoir** to the past participle. The past participle of **-er** verbs is formed by adding **-é** to the infinitive stem.

Infinitive: parler
Past participle: **parlé**

j'ai parl**é**
tu as parl**é**
il, elle, on a parl**é**
nous avons parl**é**
vous avez parl**é**
ils, elles ont parl**é**

Short adverbs precede the past participle.

Elle a **bien** chanté.   *She sang well.*

But:

Elle a chanté **lentement**.   *She sang slowly.*

120. Complete the following sentences with the correct form of the *passé composé* of the indicated verb.

1. Il_____de parler.   *cesser*
2. Tu_____partout.   *chercher*
3. J'_____ le gibier.   *chasser*
4. Nous _____au restaurant.   *dîner*
5. Vous_____la porte.   *fermer*
6. Elles_____l'appartement.   *louer*

121. Rewrite the following sentences in the *passé composé*.

1. J'oublie ma valise.
2. Elle prépare un bon repas.
3. Nous ramassons les papiers.
4. Vous sautez de joie.
5. Elles goûtent le vin.
6. Tu portes une nouvelle robe.
7. Le petit frappe à la porte.
8. Ils appellent leurs amis.
9. Je paie l'addition.
10. Je mange vite.
11. Elle garde toujours le secret.
12. Elle achète déjà des cadeaux pour Noël.
13. Je travaille vite.
14. Le conférencier quitte la salle.
15. Il jette les ordures.

The *Passé Composé* of **-ir** Verbs

The past participle of **-ir** verbs is formed by adding **-i** to the infinitive stem. Some verbs whose infinitive ends in **-ir** have regular past participles even though they are irregular in the present tense.

finir	**fini**
choisir	**choisi**
dormir	**dormi**
mentir	**menti**
servir	**servi**
accueillir	**accueilli**
cueillir	**cueilli**

122. Rewrite the following sentences in the *passé composé*.

1. Ils applaudissent le concert.
2. Je choisis un beau tapis.
3. Elle remplit la tasse de café.
4. Nous réfléchissons aux problèmes.
5. La police saisit le criminel.
6. Vous dormez bien.

7. Tu obéis aux lois.
8. Vous accomplissez déjà la tâche.
9. Les écoliers finissent leurs devoirs.
10. Les ouvriers bâtissent une maison.

The *Passé Composé* of *-re* Verbs

The past participle of **-re** verbs is formed by adding **-u** to the infinitive stem. Some **-re** verbs that are irregular in the present tense have regular past participles.

vendre	**vendu**
répondre	**répondu**
battre	**battu**
rompre	**rompu**
vaincre	**vaincu**

123. Rewrite the following sentences in the *passé composé*.

1. Le bûcheron fend du bois.
2. Nous entendons du bruit.
3. Ils rompent les liens.
4. Vous vainquez le problème.
5. Il bat le tapis.
6. Elle répond vite.
7. La marchande vend des légumes.
8. La glace fond.
9. Tu attends tes amis.
10. L'avocat défend son client.

Irregular Past Participles

Past Participles Ending in *-é*

être	**été**

Past Participles Ending in *-i, -is, -it*

-i

rire	**ri**
sourire	**souri**
suffire	**suffi**
suivre	**suivi**

-is

acquérir	**acquis**
conquérir	**conquis**
mettre	**mis**
prendre	**pris**
apprendre	**appris**
comprendre	**compris**
surprendre	**surpris**
reprendre	**repris**

-it

dire	**dit**
écrire	**écrit**
décrire	**décrit**
conduire	**conduit**
construire	**construit**
cuire	**cuit**
détruire	**détruit**
produire	**produit**
reconstruire	**reconstruit**
traduire	**traduit**

Past Participles Ending in -ait

faire	**fait**

124. Complete the following sentences with the correct form of the past participle of the indicated verb.

1. Elle a _____ à l'heure. *être*
2. Il a _____ un bon voyage. *faire*
3. Vous avez _____ en disant cela. *sourire*
4. Ces réponses ont _____. *suffire*
5. Nous avons _____ un cours de français. *suivre*
6. Ils ont _____ une collection de peintures. *acquérir*
7. J'ai _____ les livres sur l'étagère. *mettre*
8. Tu as _____ le dîner à sept heures. *prendre*
9. Nous avons _____ la leçon. *comprendre*
10. La police a _____ le voleur. *surprendre*
11. Il a _____ une Renault. *conduire*
12. L'architecte a _____ une belle maison. *construire*
13. Ils ont _____ des œufs. *cuire*
14. Les bombes ont _____ la ville. *détruire*
15. Le traducteur a _____ le roman. *traduire*
16. Elles vous ont _____ cela. *dire*
17. Vous avez _____ beaucoup de cartes postales. *écrire*
18. Il a _____ la scène. *décrire*

125. Rewrite the following sentences in the *passé composé*.

1. Elle suit un cours d'histoire.
2. L'élève apprend l'alphabet.
3. Vous écrivez vos devoirs.
4. Nous faisons des progrès.
5. Je dis la vérité.
6. Ils surprennent leurs amis.
7. Tu ris aux éclats.
8. Elle suit ce boulevard.
9. Ils construisent un pont.
10. Elle met le couvert.

Past Participles Ending in -*u*

Verbs with infinitives in **-aître, tenir** and its derivatives and **courir** and its derivatives add **-u** to the infinitive stem to form the past participle.

connaître	**connu**
reconnaître	**reconnu**
paraître	**paru**
apparaître	**apparu**
disparaître	**disparu**
tenir	**tenu**
convenir	**convenu**
courir	**couru**
secourir	**secouru**

Verbs with infinitives in **-aire, -oir,** and some other verbs are completely irregular since they are not formed on the infinitive stem.

plaire	**plu**
déplaire	**déplu**
se taire	**tu**
devoir	**dû**
décevoir	**déçu**
apercevoir	**aperçu**
concevoir	**conçu**
recevoir	**reçu**
avoir	**eu**
boire	**bu**
croire	**cru**
pouvoir	**pu**
savoir	**su**
voir	**vu**
falloir	**fallu**
valoir	**valu**
vouloir	**voulu**
lire	**lu**
élire	**élu**
vivre	**vécu**
survivre	**survécu**

Note the circumflex on the **u** of **dû**. Note the cedilla on the **ç** of past participles ending in çu.

See Chapter 8 for special meanings of **pouvoir, savoir,** and **vouloir** in the *passé composé*.

126. Complete the following sentences with the correct form of the past participle of the indicated verb.

1. Une étoile a _____ à l'horizon. *apparaître*
2. J'ai _____ cet homme. *reconnaître*
3. Elles ont _____ deux places. *retenir*
4. Vous avez _____ vers votre ami. *courir*
5. Ce film m'a _____. *déplaire*
6. Vous avez _____ travailler dur. *devoir*
7. Elle a _____ un cadeau. *recevoir*

8. Nous avons _____ du café. *boire*
9. Elle a _____ la réponse. *avoir*
10. Tu as _____ cette histoire. *croire*
11. Elle a _____ la vérité. *savoir*
12. Nous avons _____ le faire. *pouvoir*
13. Vous avez _____ ce film. *voir*
14. Elle a _____ aller à la pêche. *vouloir*
15. Cette robe a _____ le prix. *valoir*
16. Vous avez _____ ce roman. *lire*
17. Elle a _____ au XIXe siècle. *vivre*

127. Rewrite the following sentences in the *passé composé*.

1. Je connais les LeBlanc.
2. Cette décision déplaît à ces gens.
3. Elle croit le professeur.
4. Il survit à ses parents.
5. Tu vois tes amis.
6. Elles reçoivent le prix.
7. Elle retient une chambre à l'hôtel.
8. Nous courons vite.
9. Ils maintiennent un air calme.
10. Vous apercevez quelque chose d'étrange.
11. Tu dois répondre.
12. Cet homme paraît étrange.
13. Elle lit les romans de Proust.
14. Cette conférence plaît à tout le monde.
15. Il a de l'argent.
16. Vous tenez votre promesse.
17. Ils élisent un président.
18. Nous reconnaissons cette peinture.
19. Nous buvons du lait.
20. Il veut faire ce devoir.

Past Participles Ending in *-ert*

Some verbs whose infinitives ends in **-rir** have past participles ending in **-ert.**

ouvrir	**ouvert**
couvrir	**couvert**
découvrir	**découvert**
offrir	**offert**
souffrir	**souffert**

128. Rewrite the following sentences in the *passé composé*.

1. Il ouvre la fenêtre.
2. Le biologiste découvre un microbe.
3. Vous souffrez d'un rhume.
4. Nous ouvrons les cadeaux.
5. La mère couvre l'enfant.
6. Il offre un cadeau à son ami.

7. Tu couvres le mur de peintures.

8. Je souffre de maux de tête.

Past Participles of Verbs Ending in *-indre*

The past participles of verbs ending in **-indre** are irregular.

craindre	**craint**
plaindre	**plaint**
atteindre	**atteint**
éteindre	**éteint**
peindre	**peint**
joindre	**joint**

129. Rewrite the following sentences in the *passé composé*.

1. Il atteint son but.
2. Elle craint cet homme.
3. Nous rejoignons nos amis.
4. Vous éteignez la lumière.
5. L'artiste peint un portrait.
6. Nous plaignons cet homme.
7. Vous craignez les rues désertes.
8. Nous joignons nos amis par télégramme.

Agreement of the Past Participle with Verbs
Conjugated with *avoir*

The past participle of verbs, using **avoir** in the *passé composé*, agree in number and in gender with a preceding direct object.

Voilà **la lettre** que j'ai **écrite**.
Voilà **les photos** que j'ai **prises**.
Voilà **l'homme** que j'ai **craint**.
Voilà **les disques** que j'ai **achetés**.

Most past participles sound alike in the masculine and feminine except for those ending in a consonant.

les hommes que j'ai **vus**
la femme que j'ai **vue**

But:

la lettre que j'ai **écrite**
le poème que j'ai **écrit**

Compare the masculine and feminine of the following past participles.

Masculine	*Feminine*
pris	**prise**
mis	**mise**
dit	**dite**
offert	**offerte**
écrit	**écrite**
craint	**crainte**

Note that there is no oral or written change for the masculine singular and plural when the past participle ends in **s**.

le disque que j'ai **pris**
les disques que j'ai **pris**

The past participle of verbs conjugated with **avoir** is invariable

1. when it is used with an impersonal verb:

la pluie qu'**il y a eu**

2. when the past participle is followed by a complementary infinitive and it is the infinitive that agrees with the preceding direct object:

les tâches qu'elle a **dû compléter**

See also pages 183–184.

The past participle of certain intransitively-used verbs accompanied by a unit of price, weight, distance, length, time, etc., is invariable.

les deux heures que j'ai **couru** (intransitive)

But:

les dangers que j'ai **courus** (transitive)

les cent kilos que j'ai **pesé**

But:

les paquets que j'ai **pesés**

130. Complete the following sentences with the correct form of the past participle of the indicated verb.

1. Voilà la place que j'ai _____. *prendre*
2. Voilà le billet que j'ai _____. *prendre*
3. Voilà la ville qu'il a _____. *peindre*
4. Voilà le tableau qu'il a _____. *peindre*
5. Voilà les dames que j'ai _____. *craindre*
6. Voilà les hommes que j'ai _____. *craindre*
7. Voilà les peines que j'ai _____. *endurer*
8. Voilà les maux que j'ai _____. *endurer*
9. Voilà la photo que j'ai _____. *voir*
10. Voilà le film que j'ai _____. *voir*

131. Rewrite the following sentences according to the model.

J'ai écrit la lettre.
Quelle lettre avez-vous écrite?

1. J'ai appris la leçon.
2. J'ai compris le livre.
3. J'ai mis les disques.
4. J'ai couvert les murs.
5. J'ai dit la phrase.
6. J'ai conduit cette auto.

7. J'ai pris ces blouses.
8. J'ai ouvert les fenêtres.
9. J'ai lu le poème.
10. J'ai craint le criminel.
11. J'ai vu ces pièces.
12. J'ai cru l'histoire.

132. Add the correct ending to the past participle if necessary.

1. Les pommes que j'ai pesé____ sont dans le panier.
2. Les deux cents dollars que ces robes m'ont coûté____.
3. Les deux cents kilos que j'ai pesé____.
4. Les livres qu'elle n'a pas pu____ terminer.
5. Les vingt ans que j'ai fait____ ce travail.
6. Les larmes que cette situation m'a coûté____.

THE *PASSÉ COMPOSÉ* OF VERBS CONJUGATED WITH *ÊTRE*

The following verbs use **être** as the helping verb in the *passé composé*. Study the following past participles.

aller	**allé**	*to go*
venir	**venu**	*to come*
entrer	**entré**	*to enter*
sortir	**sorti**	*to leave, to go out*
arriver	**arrivé**	*to arrive*
partir	**parti**	*to leave*
monter	**monté**	*to go up*
descendre	**descendu**	*to go down*
naître	**né**	*to be born*
mourir	**mort**	*to die*
revenir	**revenu**	*to come back*
retourner	**retourné**	*to go back*
tomber	**tombé**	*to fall*
rester	**resté**	*to stay*
rentrer	**rentré**	*to return*
devenir	**devenu**	*to become*

It is helpful to think of the first 12 of these verbs as opposite pairs.

With verbs conjugated with **être**, the past participle agrees in number and in gender with the subject.

aller

je suis **allé(e)**	nous sommes **allé(e)s**
tu es **allé(e)**	vous êtes **allé(e)(s)(es)**
il, on est **allé**	ils sont **allés**
elle est **allée**	elles sont **allées**

133. Complete the following sentences with the correct form of the *passé composé* of the indicated verb.

1. Elle_____ au théâtre. *aller*
2. Il_____dans la salle. *entrer*

3. Elles _____ à l'heure. *arriver*
4. Ils _____ dans le taxi. *monter*
5. Elle _____ à huit heures du soir. *naître*
6. Il _____ chez lui. *retourner*
7. Elles _____ sur le trottoir. *tomber*
8. Ils _____ chez eux. *rester*
9. Elle _____ à minuit. *rentrer*
10. Il _____ ce soir. *sortir*
11. Elles _____ de bonne heure. *partir*
12. Ils _____ nous voir. *venir*
13. Elle _____ du train. *descendre*
14. Il _____ tard hier. *revenir*
15. Elles _____ riches. *devenir*
16. Ils _____ dans l'accident. *mourir*

134. Rewrite the following sentences in the *passé composé*.

1. Elle monte dans le wagon.
2. Nous (f.) arrivons de bonne heure.
3. Monsieur, vous rentrez tard.
4. Pierre et Georges, vous devenez ennuyeux.
5. Marie et Lucille, vous revenez trop tard.
6. Nous (m.) restons chez nous.
7. Vous (f. sing.) mourez de faim.
8. Nous (f.) partons de bonne heure.
9. Je (f.) rentre chez moi.
10. Tu (m.) descends dans la rue.
11. Vous (f. pl.) entrez dans l'atelier.
12. Les bonnes viennent à l'heure.
13. Les enfants tombent dans l'escalier.
14. Je (m.) vais au bureau.
15. Tu (f.) vas au restaurant.
16. Il part à l'heure.

Monter, descendre, sortir with *être* and *avoir* in the *Passé Composé*

When **monter, descendre,** and **sortir** have direct objects, they use **avoir** rather than **être** as the auxiliary verb in the *passé composé*.

Elle est montée.	*She went up.*
Elle a monté l'escalier.	*She went up the stairs.*
Elle est descendue.	*She came down.*
Elle a descendu les valises.	*She brought the suitcases down.*
Elle est sortie.	*She went out.*
Elle a sorti de l'argent.	*She got out some money.*

135. Rewrite the following sentences in the *passé composé*.

1. Elle monte vite.
2. Elle monte l'escalier.
3. Nous (f.) descendons du train.

4. Nous descendons la valise.
5. Elles sortent samedi.
6. Elles sortent l'argenterie du tiroir.
7. Il monte dans sa chambre.
8. Ils descendent les valises.
9. Nous sortons de l'argent.
10. Elles descendent de l'autobus.

The *Passé Composé* of Reflexive Verbs

All reflexive verbs are conjugated with **être** in the *passé composé*.

se lever

je me suis levé(e)	nous nous sommes levé(e)s
tu t'es levé(e)	vous vous êtes levé(e)(s)(es)
il, on s'est levé	ils se sont levés
elle s'est levée	elles se sont levées

The past participle of **s'asseoir** is **assis**.

Agreement of the Past Participle with Reflexive Pronouns

The past participle of reflexive verbs agrees in number and in gender with the reflexive pronoun when it is used as a direct object.

Elle s'est lavée.   *She washed herself.*

Se is the direct object and therefore, the past participle agrees.

When the direct object is not the reflexive pronoun, there is no agreement.

Elle s'est lavé les mains.   *She washed her hands.*

Les mains is the direct object and therefore, there is no agreement. But if **les mains** is replaced by **les**, the participle will agree with the preceding direct object **les**.

Elle se **les** est **lavées**.   *She washed them.*

136. Complete the following sentences with the correct form of the *passé composé* of the indicated verb.

1. Elle _____ hier. *se dépêcher*
2. Il _____ ce matin. *se raser*
3. Elles _____ hier. *s'ennuyer*
4. Ils _____ du voyage. *se souvenir*
5. Je (m.) _____ immédiatement. *s'asseoir*
6. Je (f.) _____ hier soir. *se tromper*
7. Tu (m.) _____ à sept heures. *se réveiller*
8. Tu (f.) _____ les mains. *se laver*
9. Vous (m. pl.) _____ dans le parc. *s'amuser*
10. Vous (f. pl.) _____ en bleu. *s'habiller*
11. Nous (m. pl.) _____ hier soir. *se reposer*
12. Nous (f. pl.) _____ tout de suite. *s'endormir*

137. Rewrite the following sentences in the *passé composé*.

1. Il se débrouille bien.
2. Elle se lève de bonne heure.
3. Nous (f.) nous amusons bien.
4. Hélène et Marie, vous vous trompez.
5. Elles se retrouvent devant le musée.
6. Elle se lave les mains.
7. Ils se brossent les dents.
8. Je (f.) m'assieds devant le feu.
9. Elles se couchent dans le lit.
10. Tu (m.) te réveilles à huit heures.
11. Vous (f. sing.) vous peignez.
12. Je (m.) me trompe.
13. Nous (m.) nous dépêchons.
14. Pierre et Jean, vous vous rasez.

Uses of the *Passé Composé*

Past Action

The *passé composé* is used to express an action that was completed at a definite time in the past. Some common adverbial expressions that are used with the *passé composé* are:

hier	*yesterday*
avant-hier	*the day before yesterday*
hier soir	*last night*
l'autre jour	*the other day*
la semaine dernière (passée)	*last week*
l'année passée (dernière)	*last year*

138. Complete the following sentences with the appropriate form of the *passé composé* of the indicated verb.

1. Hier, nous _____ au cinéma. *aller*
2. On _____ la cathédrale au neuvième siècle. *bâtir*
3. Elle _____ son ami l'autre jour. *voir*
4. Ils _____ me voir hier soir. *venir*
5. Vous _____ en Europe l'année dernière. *voyager*
6. Elle _____ de bonne heure hier soir. *se coucher*
7. Nous _____ la maison la semaine dernière. *louer*
8. Christophe Colomb _____ les Antilles. *découvrir*
9. Elle _____ cela avant-hier. *dire*
10. Il _____ ce matin. *se raser*

Differences between the *Passé Composé* and the Imperfect Tense

Completed versus Non-completed Action

You have already learned the basic uses of the imperfect tense and the *passé composé*. The imperfect tense is used to describe continuing action, habitual action, or past action of long duration. The *passé composé* is used to express an action which definitely began and was completed in the past. Even though the action may have taken place in the past for an extended period of time, the *passé composé* is used if the action has been terminated.

Il **a joué** au football **hier.**
Il **jouait** au football **tous les samedis.**

Elle **a parlé une fois** au professeur.
Elle **parlait souvent** au professeur.

139. Rewrite the following changing **l'autre jour** to **bien des fois.** Make all necessary changes.

1. Elle est venue me voir l'autre jour.
2. Tu l'as vu l'autre jour.
3. Pierre a dit cela l'autre jour.
4. Nous avons reçu des lettres l'autre jour.
5. Vous l'avez appelé l'autre jour.

140. Rewrite the following changing **tous les ans** to **l'année passée.**

1. Elle venait me voir tous les ans.
2. J'allais à Paris tous les ans.
3. Je voyais Marie tous les ans.
4. Nous voyagions en Europe tous les ans.
5. Elle jouait ce rôle tous les ans.

141. Rewrite the following in either the *passé composé* or the imperfect tense according to the indicated time expression.

1. Ils ont regardé la télévision hier soir.
   _____ chaque soir.
2. En ce temps-là, il jouait au tennis.
   L'autre jour _____.
3. Elle répétait cette phrase bien des fois.
   _____ une fois.
4. Pierre est venu ici hier.
   _____ tous les dimanches.
5. Nous allions à ce restaurant tous les samedis.
   _____ samedi dernier.
6. Hier soir, nous avons discuté politique.
   Souvent _____.
7. Ta mère était toujours malade.
   _____ pendant deux ans.
8. Pendant son dernier voyage, elle a payé avec des chèques de voyage.
   Pendant tous ses voyages, _____.
9. Nous y sommes allés l'année dernière.
   _____ de temps en temps.
10. D'habitude, il dormait jusqu'à sept heures.
    Ce matin, _____.

142. Answer the following according to the model. Use the *passé composé* or the imperfect tense.

   Lire le journal? *Oui, hier*
   Oui, j'ai lu le journal hier.

1. Recevoir la carte?   *Oui, hier*
2. Habiter à New York?   *Oui, l'année dernière*
3. Aller au concert?   *Oui, tous les dimanches*
4. Travailler beaucoup?   *Oui, en ce temps-là*
5. Dormir beaucoup?   *Oui, hier soir*
6. Conduire cette auto?   *Oui, toujours*
7. Nager beaucoup?   *Oui, l'été dernier*
8. Aller à la plage?   *Oui, la semaine dernière*

Two Actions in One Sentence

The imperfect tense is used to describe what was taking place and continuing to take place in the past when something else happened. The latter action is expressed in the *passé composé*. If the actions occurred simultaneously, the two actions are in the same tense.

Paul est venu et Marie est partie.
Paul came and Mary left.
Les enfants jouaient pendant que leurs parents les regardaient.
The children were playing while their parents were watching them.
Quand je suis arrivé, ils dansaient.
When I arrived, they were dancing.
Elle mangeait quand le téléphone a sonné.
She was eating when the telephone rang.

Sometimes the tense will change depending upon the idea that the speaker wishes to convey.

Un homme a vendu la peinture et l'autre l'a achetée.
One man sold the painting and the other bought it.
(Here the speaker is merely reporting what took place.)

Un homme vendait la peinture et l'autre l'achetait.
One man was selling the painting and the other was buying it.
(Here the speaker wishes to describe the background, what was taking place.)

143. Complete the following sentences with the appropriate form of either the *passé composé* or the imperfect tense of the indicated verbs.

1. Je _____ quand elle _____ à la porte. *lire, frapper*
2. Ma mère _____ le repas pendant que je _____ le couvert. *préparer, mettre*
3. Elles _____ quand tu _____. *manger, téléphoner*
4. Nous _____ sa connaissance quand nous _____ en Europe. *faire, être*
5. Marie _____ avec sa mère quand je _____. *parler, entrer*
6. Je vous _____ quand vous _____ du théâtre. *voir, sortir*
7. Il _____ beau quand elles _____ du train. *faire, descendre*
8. Je _____ quand le téléphone _____. *dormir, sonner*
9. Elles _____ des élections quand il _____ les résultats. *discuter, annoncer*
10. Quand il _____ «je m'excuse», je lui _____. *dire, pardonner*

144. Complete the following sentences as if you were telling someone what happened.

1. Un homme _____ et un autre _____ du vin. *manger, boire*
2. La police _____ et le voleur _____. *entrer, partir*

3. Pierre _____ les valises et Marie _____ les billets. *faire, prendre*

4. Le bébé _____ et le chien _____. *pleurer, aboyer*

5. Pierre _____ le poème et André _____ le poème. *écrire, lire*

145. Rewrite the sentences of the previous exercise as if you were describing to someone what was happening.

REVIEW

146. Rewrite the following sentences in the *passé composé*.

1. Tu parles beaucoup.
2. Elles dorment bien.
3. Ils répondent à la question.
4. Elles suivent les instructions.
5. Elle descend l'escalier.
6. Nous (f.) nous levons de bonne heure.
7. Nous (m.) allons au musée.
8. Elle monte dans le wagon.
9. Nous prenons les billets.
10. Il fait la leçon.
11. Elles montent les bagages.
12. Je reconnais cet homme.
13. Il revient tout de suite.
14. Elles écrivent les devoirs.
15. Elles se promènent dans le parc.
16. Cette peinture me plaît.
17. Vous recevez la lettre.
18. Tu lis le roman.
19. Ils vivent bien ici.
20. Vous peignez ce paysage.
21. Elle ouvre la fenêtre.
22. Voilà les photos que je vous offre.
23. Voilà les pièces que je lis.
24. Elles se débrouillent bien.

147. Answer the questions according to the model.

Te rases-tu aujourd'hui?
Non, mais je me suis rasé hier.

1. Apprends-tu cette leçon aujourd'hui?
2. Veut-il aller au cinéma aujourd'hui?
3. La comprenez-vous aujourd'hui?
4. Vous souvenez-vous de la réponse aujourd'hui?
5. Vaut-il le prix aujourd'hui?
6. Rit-elle aujourd'hui?
7. Souffrez-vous d'un rhume aujourd'hui?
8. Disons-nous la vérité aujourd'hui?
9. Revient-elle à huit heures aujourd'hui?

10. Mettez-vous un imperméable aujourd'hui?

11. Reste-t-il jusqu'à dix heures aujourd'hui?

12. Vois-tu Pierre aujourd'hui?

148. Complete the following sentences with the correct form of the *passé composé* or imperfect tense of the indicated verb.

1. Chaque jour, Pierre _____ à la Faculté de Médecine où il _____ aux cours d'anatomie et où il _____ ses amis. *aller, assister, voir*

2. Samedi dernier, nous _____ de bonne heure. Nous _____ et ensuite, nous _____ le reste de la journée à nous amuser. *se lever, travailler, passer*

3. D'habitude, Monsieur Leroi _____ au bureau en métro. Il _____ huit heures par jour et ensuite, il _____ à la maison pour revoir sa famille. *aller, travailler, rentrer*

4. Hier soir, ils _____ aux cartes, ils _____ la télévision, ils _____ des disques et ensuite, ils _____. *jouer, regarder, écouter, se coucher*

5. Bien des fois, nous _____ notre temps pour aller à l'école et nous_____ en route. *prendre, s'amuser*

6. L'année passée, nous _____ un voyage en Europe où nous _____ des musées et des monuments et où nous _____. *faire, voir, s'amuser*

THE LITERARY PAST TENSE (*PASSE SIMPLE*)

The *passé simple* or literary past tense is a past tense that designates a completed action in the past with no relation to the present tense. The *passé simple* is used in literary contexts whereas the *passé composé* is used in conversation.

The *Passé Simple* of *-er* Verbs

The *passé simple* of regular *-er* verbs is formed by dropping the *-er* ending from the infinitive and adding the endings **-ai, -as, -a, -âmes, -âtes, -èrent**. Note that some *-er* verbs that are irregular in the present tense are regular in the *passé simple*.

parler	aller
je parl**ai**	j'all**ai**
tu parl**as**	tu all**as**
il, elle, on parl**a**	il, elle, on all**a**
nous parl**âmes**	nous all**âmes**
vous parl**âtes**	vous all**âtes**
ils, elles parl**èrent**	ils, elles all**èrent**

Remember that **-cer** verbs add a cedilla to the **c** before the vowels **a** or **o** and that **-ger** verbs add **e** before the vowels **a** or **o**.

commencer   **il commença**

manger   **il mangea**

149. Rewrite the following sentences in the *passé simple*.

1. On a publié le livre en 1973.

2. On a brûlé Jeanne d'Arc en 1431 à Rouen.

3. Tu as acheté ce disque.

4. Tu as appelé ton père.
5. J'ai emmené mes amis avec moi.
6. J'ai envoyé le télégramme.
7. Nous sommes allés à Paris.
8. Nous avons trouvé ce livre.
9. Vous avez célébré la fête.
10. Vous êtes arrivées à l'heure.
11. Les Américains ont débarqué en Normandie en 1944.
12. Ils ont commencé la construction de la cathédrale en 1150.

150. Rewrite the following sentences in the *passé composé.*

1. Il chercha son père.
2. Nous donnâmes de l'argent à nos amis.
3. Elles méditèrent sur l'avenir.
4. Je frappai à la porte.
5. Vous devinâtes les résultats.
6. Tu montas vite.
7. Nous comptâmes notre argent.
8. Ils marchèrent dans les rues désertes.
9. Je retournai chez moi.
10. Elle alla à l'église.

The *Passé Simple* of *-ir* and *-re* Verbs

To form the *passé simple* of **-ir** and **-re** verbs, the endings **-is, -is, -it, -îmes, -îtes, -irent** are added to the infinitive stem.

finir	attendre
je fin**is**	j'attend**is**
tu fin**is**	tu attend**is**
il, elle, on fin**it**	il, elle, on attend**it**
nous fin**îmes**	nous attend**îmes**
vous fin**îtes**	vous attend**îtes**
ils, elles fin**irent**	ils, elles attend**irent**

Note that the singular forms of the present tense and the *passé simple* are identical for regular **-ir** verbs.

151. Complete the following sentences with the correct form of the *passé simple* of the indicated verb.

1. Christophe Colomb _____ le Nouveau Monde. *découvrir*
2. Elle _____ sa mère. *attendre*
3. Tu_____ la salle. *embellir*
4. Tu_____ tes amis. *défendre*
5. J'_____ les acteurs. *applaudir*
6. Je _____ tout de suite. *partir*
7. Nous _____ le fil. *perdre*
8. Nous _____ la lecture. *finir*
9. Vous _____ à l'examen. *réussir*

10. Vous _____ des fleurs. *vendre*
11. Ils _____ des chemises. *choisir*
12. Elles _____ aux questions. *répondre*

152. Rewrite the following sentences in the *passé composé*.

1. Ils découvrirent la vérité.
2. Nous réfléchîmes aux problèmes.
3. Il agrandit le palais.
4. Vous répandîtes la nouvelle.
5. Je vendis des timbres.
6. Tu rendis tes devoirs.
7. Elles finirent leurs devoirs.
8. Vous descendîtes le boulevard.

The *Passé Simple* of Irregular Verbs Built upon the Past Participle

For most irregular verbs, the stem for the *passé simple* is the past participle. The endings **-s, -s, -t, -ˆmes, -ˆtes, -rent** are added to this stem.

Verbs with Past Participles Ending in *-i*

The *passé simple* of many irregular verbs whose infinitive ends in **-ir** or **-re** is formed by adding the endings **-s, -s, -t, -ˆmes, -ˆtes, -rent** to the past participle. Note that they are like **finir** in the *passé simple*.

Infinitive	Past participle	Passé simple
dormir	dormi	**je dormis, nous dormîmes**
mentir	menti	**je mentis, nous mentîmes**
partir	parti	**je partis, nous partîmes**
sentir	senti	**je sentis, nous sentîmes**
servir	servi	**je servis, nous servîmes**
sortir	sorti	**je sortis, nous sortîmes**
rire	ri	**je ris, nous rîmes**
sourire	souri	**je souris, nous sourîmes**
suffire	suffi	**je suffis, nous suffîmes**
suivre	suivi	**je suivis, nous suivîmes**

Verbs with Past Participles Ending in *-i* plus a Consonant

The final consonant of the past participle of these verbs is replaced by the endings **-s, -s, -t, -ˆmes, -ˆtes, -rent.**

Infinitive	Past participle	Passé simple
acquérir	acquis	**j'acquis, nous acquîmes**
dire	dit	**je dis, nous dîmes**
mettre	mis	**je mis, nous mîmes**
prendre (and its derivatives)	pris	**je pris, nous prîmes**

153. Rewrite the following sentences in the *passé simple*.

1. Elle a suivi la route.
2. Tu es parti.
3. Je suis sortie.

4. Nous avons menti.

5. Vous avez dormi huit heures.

6. Ils ont ri aux éclats.

7. Elle a acquis les peintures.

8. J'ai mis le couvert.

9. Tu as dit la vérité.

10. Nous avons pris le déjeuner.

11. Vous avez appris la vérité.

12. Ils ont compris la situation.

154. Rewrite the following sentences in the *passé composé*.

1. Nous sortîmes ce soir-là.

2. Elle suivit la route pour Dijon.

3. Elles prirent les livres.

4. Vous mîtes votre manteau.

5. Tu servis un bon repas.

6. Je souris en entrant.

Verbs with Past Participles Ending in -*u*

pouvoir

je **pus**	nous **pûmes**
tu **pus**	vous **pûtes**
il, elle, on **put**	ils, elles **purent**

avoir

j'**eus**	nous **eûmes**
tu **eus**	vous **eûtes**
il, elle, on **eut**	ils, elles **eurent**

Pouvoir and **avoir** can be used as a pattern for the following verbs.

Infinitive	Past participle	Passé simple
avoir	eu	j'eus, nous eûmes
boire	bu	je bus, nous bûmes
connaître	connu	je connus, nous connûmes
courir	couru	je courus, nous courûmes
croire	cru	je crus, nous crûmes
devoir	dû	je dus, nous dûmes
lire	lu	je lus, nous lûmes
paraître	paru	je parus, nous parûmes
plaire	plu	je plus, nous plûmes
pouvoir	pu	je pus, nous pûmes
recevoir	reçu	je reçus, nous reçûmes
savoir	su	je sus, nous sûmes
se taire	tu	je me tus, nous nous tûmes
valoir	valu	je valus, nous valûmes
vivre	vécu	je vécus, nous vécûmes
vouloir	voulu	je voulus, nous voulûmes

155. Rewrite the following sentences in the *passé simple*.

1. Elle a bu trop de vin.

2. Il a vite couru.

3. Tu as voulu venir.

4. Tu as pu le faire.

5. J'ai cru l'histoire.

6. J'ai reconnu cet homme.

7. Nous avons lu *les Misérables.*

8. Nous avons reçu la lettre.

9. Vous avez dû travailler.

10. Vous avez eu des difficultés.

11. Les étoiles ont apparu à l'horizon.

12. Ils ont vécu à Londres.

156. Complete the following sentences with the correct form of the *passé simple* of the indicated verb.

1. Nous _____ trop de café.   *boire*

2. Elles nous _____.   *reconnaître*

3. Tu _____ la carte.   *recevoir*

4. Je _____ à New York.   *vivre*

5. Vous _____ l'histoire.   *lire*

6. Ils _____ venir.   *pouvoir*

7. Elle _____ à tout le monde.   *plaire*

8. Nous _____ le professeur.   *croire*

The *Passé Simple* of Verbs not Built upon the Past Participle

Some verbs add the endings **-s, -s, -t, -̂mes, -̂tes, -rent** to an irregular stem. Note that all contain the vowel **i** except **mourir, être, venir,** and **tenir.**

Infinitive	*Past participle*	*Passé simple*
battre	battu	je battis, nous battîmes
rompre	rompu	je rompis, nous rompîmes
offrir	offert	j'offris, nous offrîmes
ouvrir	ouvert	j'ouvris, nous ouvrîmes
couvrir	couvert	je couvris, nous couvrîmes
souffrir	souffert	je souffris, nous souffrîmes
vaincre	vaincu	je vainquis, nous vainquîmes
écrire	écrit	j'écrivis, nous écrivîmes
conduire	conduit	je conduisis, nous conduisîmes
traduire	traduit	je traduisis, nous traduisîmes
naître	né	je naquis, nous naquîmes
voir	vu	je vis, nous vîmes
craindre	craint	je craignis, nous craignîmes
joindre	joint	je joignis, nous joignîmes
peindre	peint	je peignis, nous peignîmes
faire	fait	je fis, nous fîmes
mourir	mort	je mourus, nous mourûmes
être	été	je fus, nous fûmes
tenir	tenu	je tins, nous tînmes
venir	venu	je vins, nous vînmes

157. Complete the following sentences with the correct form of the *passé simple* of the indicated verb.

1. Elle _____ les liens. *rompre*
2. Nous _____ le tapis. *battre*
3. Vous _____ du vin. *offrir*
4. Il _____ à la gare. *conduire*
5. Ils _____ le roman. *traduire*
6. Tu _____ tes amis. *convaincre*
7. Nous _____ une lettre. *écrire*
8. Victor Hugo _____ en 1802. *naître*
9. Vous _____ vos copains. *voir*
10. L'artiste _____ le portrait. *peindre*
11. Vous _____ l'examen final. *craindre*
12. Nous _____ nos amis. *rejoindre*
13. Il _____ de son mieux. *faire*
14. Nous _____ du tennis. *faire*
15. Je _____ content. *être*
16. Ils _____ malades. *être*
17. Albert Camus _____ dans un accident. *mourir*
18. Il _____ de Paris. *venir*
19. Nous _____ une chambre à l'hôtel. *retenir*
20. Elles _____ ce soir. *revenir*

158. Rewrite the following sentences in the *passé composé*.

1. Il traduisit le livre.
2. Ils écrivirent des romans.
3. Il fut roi de France.
4. Je vins te voir.
5. Elles rejoignirent leurs amis.
6. Ils vinrent de Paris.
7. Nous ouvrîmes la porte.
8. Vous souffrîtes beaucoup.
9. Elle naquit à Paris.
10. Nous vîmes le film.

REVIEW

159. Rewrite the following sentences in the *passé simple*.

1. Elles sont arrivées à l'heure.
2. Vous avez beaucoup souffert.
3. Elle a réussi à le faire.
4. Nous avons traversé la route.
5. J'ai dit la vérité.
6. Vous êtes vite parti.
7. J'ai été malade.
8. Nous avons vendu la maison.
9. Elles ont pris la route vers Nice.

10. Elles sont venues nous voir.
11. Tu as lu le roman.
12. Il a vaincu l'ennemi.
13. Nous avons cru l'histoire.
14. Je suis venu à l'heure.
15. Elle a craint cet homme.

THE FUTURE

Aller with an Infinitive

The immediate future can be expressed by using the verb **aller** with an infinitive. This is the equivalent of the English *to be going to*.

Je vais travailler ici.
I am going to work here.
Nous allons aller au cinéma.
We are going to go to the movies.
Ils vont venir à sept heures.
They are going to come at seven o'clock.

160. Complete the following sentences with the appropriate form of the verb **aller**.

1. Je _____ partir demain.
2. Nous _____ faire du ski.
3. Qui _____ mettre le couvert?
4. Vous _____ nager dans la mer.
5. Elles _____ faire le repas.
6. Tu _____ voyager en avion.

161. Rewrite the following sentences in the future, using **aller** with the infinitive.

1. Nous faisons les valises.
2. Je regarde la télévision.
3. Elle parle au professeur.
4. Vous sortez de bonne heure.
5. Ils habitent à New York.
6. Tu viens tout de suite.
7. Nous buvons du café.
8. Vous lisez le journal.
9. Il sait les résultats.
10. Vous finissez le travail.

Regular Forms of the Future Tense

The future tense of most verbs is formed by adding **-ai, -as, -a, -ons, -ez, -ont** to the infinitive. The final **-e** of **-re** verbs is dropped before adding the future endings. The future tense is used as in English to express an event or describe a condition that will take place in the future.

parler	finir	attendre
je parler**ai**	je finir**ai**	j'attendr**ai**
tu parler**as**	tu finir**as**	tu attendr**as**
il, elle, on parler**a**	il, elle, on finir**a**	il, elle, on attendr**a**
nous parler**ons**	nous finir**ons**	nous attendr**ons**
vous parler**ez**	vous finir**ez**	vous attendr**ez**
ils, elles parler**ont**	ils, elles finir**ont**	ils, elles attendr**ont**

Note that the second and third person singular forms sound alike; the first person singular and the second person plural sound alike, and the first and third person plurals sound alike. The forms are all spelled differently, however.

For -**er** verbs, if the stem ends in two pronounced consonants, the **e** is pronounced.

je parlẹrai

If the stem ends in one pronounced consonant, the **e** is not pronounced.

je dînẹrai

162. Complete the following sentences with the correct form of the future tense of the indicated verb.

1. Il _____ du problème avec nous. *discuter*
2. Elle _____ à l'heure. *finir*
3. Tu _____ tes livres. *vendre*
4. Tu _____ de cela plus tard. *parler*
5. Je _____ du bifteck ce soir. *manger*
6. Je _____ la tasse de café. *remplir*
7. Vous _____ aux lois. *obéir*
8. Vous _____ à la question demain. *répondre*
9. Nous _____ tous par hélicoptère dans cinquante ans. *voyager*
10. Nous _____ les instructions. *suivre*
11. Ils _____ de bonne heure. *se réveiller*
12. Elles _____ leurs devoirs demain. *rendre*

163. Rewrite the following sentences in the future tense.

1. Nous allons regarder la télévision.
2. Vous allez étudier davantage.
3. Je vais écrire des cartes postales.
4. Il va plaire à cette fille.
5. Elles vont dormir huit heures.
6. L'artiste va peindre un portrait.
7. Tu vas conduire prudemment.
8. Elle va dire la vérité.
9. Elles vont rejoindre leurs amis.
10. Vous allez suivre les instructions.
11. Je vais prendre le déjeuner à midi.
12. Elle va se coucher à dix heures.

Verbs using the Third Person Singular Form of the Present Tense as the Future Stem

Some verbs use the third person singular form of the present tense rather than the infinitive as the future stem.

Verbs Ending in -*yer*

Infinitive	Base	Future
employer	il emploie	j'emploierai, nous emploierons
ennuyer	il ennuie	j'ennuierai, nous ennuierons
essayer	il essaie	j'essaierai, nous essaierons

essuyer	il essuie	**j'essuierai, nous essuierons**
nettoyer	il nettoie	**je nettoierai, nous nettoierons**
payer	il paie	**je paierai, nous paierons**

Verbs with -e- in the Infinitive

Infinitive	*Base*	*Future*
acheter	il achète	**j'achèterai, nous achèterons**
lever	il lève	**je lèverai, nous lèverons**
mener	il mène	**je mènerai, nous mènerons**
peser	il pèse	**je pèserai, nous pèserons**
appeler	il appelle	**j'appellerai, nous appellerons**
jeter	il jette	**je jetterai, nous jetterons**

164. Rewrite the following sentences in the future tense.

1. Elle nettoie sa chambre.
2. Il paie ses dettes.
3. Elle essaie de partir.
4. Il ennuie ses amis.
5. On achète des bonbons.
6. Elle mène une vie tranquille.
7. Elle lève le rideau.
8. Il appelle ses amis.
9. Elle jette la lettre dans la corbeille.

165. Complete the following sentences with the correct form of the future tense of the indicated verb.

1. Nous _____ la salle. *nettoyer*
2. Vous _____ vos amis au téléphone. *appeler*
3. Ils _____ les enfants au cinéma. *emmener*
4. Je _____ les fruits. *peser*
5. Tu _____ la tache. *enlever*
6. Elle _____ cette viande. *jeter*
7. Il _____ du pain. *acheter*
8. Nous _____ de faire ce travail. *essayer*

Verbs with Irregular Future Stems

Some verbs have completely irregular future stems to which the regular future endings are added.

Infinitive	*Future*
cueillir	**je cueillerai, nous cueillerons**
s'asseoir	**je m'assiérai, nous nous assiérons**
aller	**j'irai, nous irons**
avoir	**j'aurai, nous aurons**
être	**je serai, nous serons**
faire	**je ferai, nous ferons**
savoir	**je saurai, nous saurons**

falloir	il faudra
valoir	je vaudrai, il vaudra
vouloir	je voudrai, nous voudrons
apercevoir	j'apercevrai, nous apercevrons
décevoir	je décevrai, nous décevrons
devoir	je devrai, nous devrons
pleuvoir	il pleuvra
recevoir	je recevrai, nous recevrons
courir	je courrai, nous courrons
secourir	je secourrai, nous secourrons
mourir	je mourrai, nous mourrons
pouvoir	je pourrai, nous pourrons
voir	je verrai, nous verrons
envoyer	j'enverrai, nous enverrons
tenir (and its derivatives)	je tiendrai, nous tiendrons
venir (and its derivatives)	je viendrai, nous viendrons

166. Complete the following sentences with the correct form of the future tense of the indicated verb.

1. Elles _____ des fleurs. *cueillir*
2. Ils _____ à table. *s'asseoir*
3. Nous _____ à Paris. *aller*
4. Il _____ besoin d'une voiture. *avoir*
5. Vous _____ à l'heure. *être*
6. Nous le _____ exprès. *faire*
7. Vous _____ le poème par cœur. *savoir*
8. Il _____ le faire. *falloir*
9. Il _____ mieux vous coucher maintenant. *valoir*
10. Nous _____ lire ce livre. *vouloir*
11. Nous _____ quelque chose d'étrange ici. *apercevoir*
12. Il _____ ses amis. *décevoir*
13. Tu _____ partir. *devoir*
14. Il _____ à verse. *pleuvoir*
15. Elle _____ une lettre demain. *recevoir*
16. Tu _____ à la maison. *courir*
17. Elles _____ les pauvres. *secourir*
18. Il _____ à l'hôpital. *mourir*
19. Elle _____ jouer ce rôle. *pouvoir*
20. Ils _____ leurs amis ce soir. *voir*
21. Tu _____ la lettre par avion. *envoyer*
22. Elles _____ avec nous. *venir*
23. Il _____ sa place. *retenir*
24. Nous _____ demain. *revenir*

167. Follow the model.

A-t-elle reçu une invitation?
Non, mais la prochaine fois, elle recevra une invitation.

1. Ont-ils pu finir à l'heure?

2. Avez-vous fait le voyage en avion?

3. Ont-ils su la vérité?

4. Etes-vous allé voir ce film?

5. A-t-il eu confiance en son ami?

6. As-tu envoyé la lettre par avion?

7. A-t-elle vu Pierre?

8. Avez-vous retenu une chambre?

9. Est-elle venue avec André?

10. A-t-il reçu une bonne note?

11. Avez-vous secouru les pauvres?

12. A-t-il valu la peine d'y aller?

13. Avez-vous fait de votre mieux?

14. As-tu cueilli des fleurs?

15. Ont-ils été à l'heure?

16. As-tu voulu sortir?

17. A-t-il fallu le faire?

18. As-tu dû le faire?

19. Avez-vous aperçu l'incendie?

20. Vous êtes-vous assis au premier rang?

21. A-t-il plu?

22. Est-il mort hier?

23. Avez-vous couru?

Special Uses of the Future Tense

After Certain Conjunctions

The future tense is used after the following conjunctions when the verb of the main clause is in the future tense. The future time is implied in the dependent clause. Note that the present tense is often used in English.

quand lorsque au moment où	*when*
dès que aussitôt que	*as soon as*
pendant que tandis que	*while*

Quand
Lorsque   Pierre arrivera, je le verrai.
Au moment où

When Peter arrives, I will see him.

Je le verrai { quand / lorsqu' / au moment où } il arrivera.

I will see him when he arrives.

Dès que
Aussitôt que } vous viendrez, nous dînerons.

As soon as you come, we will eat dinner.

Nous dînerons $\begin{Bmatrix} \text{dès que} \\ \text{aussitôt que} \end{Bmatrix}$ vous viendrez.

We will eat as soon as you come.

Pendant que $\Big\}$ le garçon jouera de la guitare, les filles chanteront.
Tandis que

While the boy plays the guitar, the girls will sing.

Le garçon jouera de la guitare $\begin{Bmatrix} \text{pendant que} \\ \text{tandis que} \end{Bmatrix}$ les filles chanteront.

The boy will play the guitar while the girls will sing.

The verb will also be in the future tense after these conjunctions with an imperative that refers to an action that will take place in the future.

Dites-moi quand il arrivera.
Tell me when he will arrive.
Parlez à Jean dès qu'il arrivera.
Speak to John when he arrives.

If the action is habitual, the present tense is used after these conjunctions.

Tous les jours je le vois quand il part pour l'école.
Every day I see him when he leaves for school.

168. Complete the following sentences with the correct form of the future tense of the indicated verb.

1. Quand il _____, nous _____. *arriver, manger*
2. Lorsque je _____ Paul, je lui _____ le livre. *voir, donner*
3. Dès qu'il _____ le travail, je le _____. *finir, payer*
4. Aussitôt que nous _____, nous _____. *terminer, sortir*
5. Tandis que l'enfant _____, je _____ le journal. *dormir, lire*
6. Pendant que les garçons _____ la cuisine, les filles _____ le couvert.
   faire, mettre
7. Téléphonez-moi quand vous _____ venir. *pouvoir*
8. Payez quand vous _____. *vouloir*
9. Ecrivez-moi une carte quand vous _____ en Europe. *voyager*
10. Nous _____ au moment où nos amis _____. *partir, arriver*

After *penser que, savoir que, espérer que, ne pas savoir si* and in Indirect Discourse

The present or future tense can be used after **penser que, savoir que, espérer que, ne pas savoir si** and in indirect discourse when the main clause is in the present.

Je pense qu'il viendra.
Je pense qu'il vient.

Je sais qu'il viendra.
Je sais qu'il vient.

J'espère qu'il viendra.
J'espère qu'il vient.

Je ne sais s'il viendra.
Je ne sais s'il vient.

The future tense is also used in indirect discourse to express a future action when the main clause is in the present tense.

> **Il dit qu'il viendra.**
> *He says he will come.*

> **Il me demande si nous irons au théâtre.**
> *He asks me whether we will go to the theater.*

169. Rewrite the following sentences, putting the second verb in the future tense.

1. Je pense qu'elle étudie.
2. Je sais qu'il vient.
3. J'espère que nous arrivons à l'heure.
4. Je crois qu'ils viennent.
5. Je ne sais s'il veut y aller.
6. Je ne sais si elle peut venir.

170. Follow the model.

> Elle dit qu'elle va venir.
> Elle dit qu'elle viendra.

1. Il dit qu'il va sortir.
2. Elle dit qu'elle va pouvoir le faire.
3. Elles disent qu'elles vont travailler.
4. Ils disent qu'ils vont savoir le poème par cœur.

To Express Probability

In familiar conversational French, the future is sometimes used to express supposition or probability, particularly with **avoir** or **être**. Since these forms are used in conversation, the meaning is often conveyed by the intonation. The future of probability is never used out of context.

> J'entends la radio. Il **sera** à la maison.
> *I hear the radio. He must be at home.*
> Il court vite. Il **aura** froid.
> *He is running fast. He must be cold.*
> Elle ne mange pas. Elle **sera** malade.
> *She does not eat. She must be sick.*

171. Complete the following sentences with the correct form of the future tense of the indicated verb.

1. Il_____à la maison. Je vois de la lumière. *être*
2. Il n'est pas au bureau aujourd'hui. Il_____ malade. *être*
3. Il_____faim. Il en a l'air. *avoir*
4. Ils courent. Ils_____peur. *avoir*

172. Rewrite the following sentences, using the future of probability.

1. Elle n'est pas dans sa chambre. Elle est (probablement) avec Pierre.
2. Regardez ce qu'ils achètent. Ils ont (probablement) de l'argent à jeter.
3. Comme elle court! Elle a (probablement) peur.
4. Elles viennent me voir. Elles ont (probablement) besoin de moi.
5. Elle ne mange pas. Elle est (probablement) malade.

173. Translate the following sentences, using the future tense.

    1. He must be afraid.
    2. He is probably home.
    3. He must be sick.
    4. She must be cold.

REVIEW

174. Complete the following sentences with the correct form of the future tense of the indicated verb.

    1. Elles _____ devant le cinéma. *attendre*
    2. Il _____ trois heures. *être*
    3. Quand il _____, nous _____ le travail. *venir, faire*
    4. Aussitôt qu'elles _____, nous _____ au cinéma. *venir, aller*
    5. Quand elle _____ la chambre, je la _____. *nettoyer, payer*
    6. Vous _____ une vie tranquille ici. *mener*
    7. Tu _____ à cette question. *réfléchir*
    8. Elle _____ vous aider. *savoir*
    9. Ils _____ leurs amis samedi prochain. *voir*
    10. Nous _____ le faire. *pouvoir*
    11. Elle _____ besoin de ce livre. *avoir*
    12. Il _____ le faire. *falloir*
    13. Nous _____ à table. *s'asseoir*
    14. Ils _____ de faim. *mourir*
    15. Vous _____ voir ce film. *vouloir*

THE CONDITIONAL TENSE

Formation

    The conditional tense is formed by adding the endings **-ais, -ais, -ait, -ions, -iez, -aient** to the future stem of the verb. Note that the endings are the same as those for the imperfect tense.

parler	finir	attendre
je parler**ais**	je finir**ais**	j'attendr**ais**
tu parler**ais**	tu finir**ais**	tu attendr**ais**
il, elle, on parler**ait**	il, elle, on finir**ait**	il, elle, on attendr**ait**
nous parler**ions**	nous finir**ions**	nous attendr**ions**
vous parler**iez**	vous finir**iez**	vous attendr**iez**
ils, elles parler**aient**	ils, elles finir**aient**	ils, elles attendr**aient**

    Verbs that have irregular stems in the future tense have the same irregular stem in the conditional tense.

Infinitive	*Conditional*
employer	**j'emploierais, nous emploierions**
acheter	**j'achèterais, nous achèterions**
appeler	**j'appellerais, nous appellerions**
cueillir	**je cueillerais, nous cueillerions**

s'asseoir	je m'assiérais, nous nous assiérions
aller	j'irais, nous irions
avoir	j'aurais, nous aurions
être	je serais, nous serions
faire	je ferais, nous ferions
savoir	je saurais, nous saurions
falloir	il faudrait
valoir	je vaudrais, il vaudrait
vouloir	je voudrais, nous voudrions
apercevoir	j'apercevrais, nous apercevrions
décevoir	je décevrais, nous décevrions
devoir	je devrais, nous devrions
pleuvoir	il pleuvrait
recevoir	je recevrais, nous recevrions
courir	je courrais, nous courrions
secourir	je secourrais, nous secourrions
mourir	je mourrais, nous mourrions
pouvoir	je pourrais, nous pourrions
voir	je verrais, nous verrions
envoyer	j'enverrais, nous enverrions
tenir (and its derivatives)	je tiendrais, nous tiendrions
venir (and its derivatives)	je viendrais, nous viendrions

175. Rewrite the following sentences in the conditional tense.

1. Je dînerai en ville.
2. Tu resteras à la maison.
3. Elle prendra l'avion.
4. Nous paierons nos dettes.
5. Vous viendrez à trois heures.
6. Il sera de retour à huit heures.
7. Elle aura faim.
8. Nous le ferons.
9. Elle enverra la lettre par avion.
10. Il mourra de remords.
11. Elles verront leurs amis.
12. Vous pourrez voir ce film.
13. Ils secourront les pauvres.
14. Nous nous assiérons devant le feu.

176. Complete the following sentences with the correct form of the conditional tense of the indicated verb.

1. Elles _____ dans la mer, mais l'eau est trop froide. *nager*
2. J'_____ un sonnet, mais je ne suis pas poète. *écrire*
3. Il me _____, mais il n'a pas d'argent. *payer*
4. Pourquoi n'_____-vous pas en avion? *aller*
5. Elles _____ tout de suite, mais il n'y a pas de vol jusqu'à mardi. *venir*
6. Nous _____ à New York, mais nous avions autre chose à faire. *être*
7. Il le _____ tout de suite. *faire*

  8. Il _____ la lettre par avion. *envoyer*

  9. Nous _____ tous les détails. *savoir*

10. Vous _____ de bonne heure. *se coucher*

11. Je _____ à table. *s'asseoir*

12. Tu _____ tes amis. *recevoir*

13. Vous _____ le faire. *pouvoir*

14. Nous _____ travailler. *devoir*

15. Ils _____ les billets s'ils avaient le temps. *acheter*

16. J'_____ un stylo si j'en avais un. *employer*

17. Il _____ les pierres de Carnac en Bretagne. *voir*

18. Je _____ vous voir. *vouloir*

19. Nous _____ soif. *avoir*

20. Il _____ de faim. *mourir*

Uses of the Conditional Tense

To Express the Idea *would*

The conditional tense describes an action that would happen if it were not for some other circumstances. It is translated by *would* in English.

> **Dans ce cas-là, je viendrais.**
> *In that case, I would come.*
> **A votre place, nous lui en parlerions.**
> *In your situation, we would speak to him about it.*

Do not confuse the meaning of the conditional with the verb **devoir**.

> **Je devrais travailler.**   *I should study.*
> **Je travaillerais.**   *I would study.*

177. Follow the model.

> **Qu'est-ce que je devrais faire — accepter ou refuser?** *A votre place*
> **A votre place, j'accepterais.**

  1. Qu'est-ce que je devrais faire — étudier ou sortir? *A votre place*

  2. Qu'est-ce que je devrais faire — venir ou rester à la maison? *A votre place*

  3. Qu'est-ce que je devrais faire — aller à Paris ou aller à Marseille? *Dans ce cas-là*

  4. Qu'est-ce que je devrais faire — écrire ou téléphoner? *Dans ce cas-là*

After Certain Conjunctions

The conditional tense is used after **quand, lorsque, dès que, aussitôt que,** and **tant que** when the main verb is in the conditional tense.

> **Il mangerait quand il arriverait.**
> *He would eat when he arrived.*
> **Il ferait le travail dès qu'il reviendrait.**
> *He would do the work as soon as he returned.*

It is also used after **au cas où**.

> **J'attendrai encore une heure au cas où elle viendrait.**
> *I will wait another hour in case she comes.*

178. Complete the following sentences with the correct form of the conditional tense of the indicated verb.

  1. Il _____ dès qu'il _____. *finir, revenir*
  2. Il _____ quand il _____ le temps. *lire, avoir*
  3. Elle_____ aussitôt que vous _____. *comprendre, expliquer*
  4. Elle_____ le faire lorsque vous lui_____les instructions. *pouvoir, donner*
  5. Je ne sortirai pas au cas où il _____. *rentrer*
  6. Nous rentrons à la maison au cas où nos invités_____. *revenir*

To Soften a Request, Command, or Desire

The conditional tense is used to soften a request, command, or desire.

> **Je voudrais vous dire quelque chose.**
> *I would like to tell you something.*
> **J'aimerais aller à Paris.**
> *I would like to go to Paris.*
> **Pourriez-vous m'aider?**
> *Could you help me?*
> **Voudriez-vous aller au cinéma?**
> *Would you like to go to the movies?*

179. Follow the models.

> **Attendez-moi.**
> **Pourriez-vous m'attendre?**

  1. Venez tout de suite.
  2. Conduisez-moi à l'aéroport.
  3. Donnez-moi ce livre.
  4. Aidez-moi.

> **Allons au cinéma!**
> **Voudriez-vous aller au cinéma?**

  5. Dînons en ville!
  6. Assistons à la conférence!
  7. Allons voir ce film!
  8. Prenons le train!

> **du café**
> **Je voudrais du café.**

  9. du vin rouge
  10. deux billets aller et retour
  11. ce livre
  12. un paquet de cigarettes

To Express Possibility or Unsure Action

The conditional tense is used to express a possible action or condition in the present. It is often used with exclamations or questions.

> Quelle heure **serait**-il?   Il **serait** trois heures.
> *What time could it be?   It could be three o'clock already.*

It is also used to describe an action that is unsure or not known to be true. It is often used by journalists and reporters.

> Il **serait** à New York aujourd'hui.
> *He is rumored to be in New York today.*
> Il **aurait** une peinture de Braque.
> *He allegedly has a Braque painting.*
> Quel accident!   Il y **aurait** trois morts.
> *What an accident!   It is said there are three deaths.*

180. Rewrite the following sentences, using the conditional tense of possibility.

1. (Peut-être) est-il huit heures?   Ils sont arrivés.
2. Elle a (peut-être) bien 50 ans!
3. Comme il court!   (Peut-être) sait-il les résultats.
4. (On dit qu') il fait sa médecine à Paris maintenant.

181. Translate the following sentences into French, using the conditional tense.

1. He is rumored to live in Paris.
2. She allegedly has a Picasso painting.
3. The president is rumored to be in New York.
4. It could be two o'clock already.

In Indirect Discourse

The conditional tense is used to express a future action in indirect discourse when the main verb is in the past tense.

> **Il m'a dit qu'il viendrait.**
> *He told me he would come.*
> **Il m'a demandé si je voyagerais en France.**
> *He asked me if I would travel in France.*
> **Je croyais qu'elle voudrait venir.**
> *I thought she would want to come.*

Remember that the future tense is used when the verb in the main clause is in the present tense.

> **Il dit qu'il viendra.**
> *He says he will come.*

182. Rewrite the following sentences, putting the verb in the main clause in the past tense. Make all necessary changes.

1. Il me dit qu'il sortira ce soir.
2. Elle m'assure qu'elle sera heureuse.
3. Il me demande si je mènerai une vie tranquille.
4. Elle dit qu'elle m'écrira.

183. Complete the following sentences with the correct form of the future or conditional tense of the indicated verb.

1. Elle dit qu'elle _____ la lettre.   *écrire*
2. Il m'a demandé si je _____.   *venir*
3. Il décide qu'il _____ le voyage en avion.   *faire*

4. Elles ont dit qu'elles_____ peur. *avoir*
5. Nous avons dit que nous _____ le couvert. *mettre*
6. Elle dit qu'elle_____ le faire. *pouvoir*
7. Elle m'a assuré qu'elle _____ heureuse. *être*
8. Je dis que je ne_____ pas ici. *être*

COMPOUND TENSES

The compound tenses are formed by using the appropriate tense of the auxiliary verb **avoir** or **être** and the past participle. Review the formation of the past participles on pages 119–129.

Pluperfect Tense (*Plus-que-parfait*)

The pluperfect tense (*plus-que-parfait*) is formed by using the imperfect tense of the verb **avoir** or **être** with the past participle.

parler	entrer	se lever
j'avais parlé	j'étais entré(e)	je m'étais levé(e)
tu avais parlé	tu étais entré(e)	tu t'étais levé(e)
il, elle, on avait parlé	il, on était entré	il, on s'était levé
nous avions parlé	elle était entrée	elle s'était levée
vous aviez parlé	nous étions entré(e)s	nous nous étions levé(e)s
ils, elles avaient parlé	vous étiez entré(e)(s)(es)	vous vous étiez levé(e)(s)(es)
	ils étaient entrés	ils s'étaient levés
	elles étaient entrées	elles s'étaient levées

The pluperfect tense is used the same in French as in English to express a past action completed prior to another past action.

Elle avait parlé et ensuite nous sommes partis.
She had spoken and then we left.
Ils avaient déjà terminé quand je suis parti.
They had already finished when I left.
Elles étaient déjà descendues quand je suis entré.
They had already come down when I came in.

It can also be used to express a habitual action when used after a conjunction of time.

Quand j'avais fini mes devoirs, j'allais jouer avec mes amis.
When I had finished my homework, I went to play with my friends.

184. Complete the following sentences with the appropriate form of the pluperfect tense of the indicated verb.

1. Nous (f.) _____ déjà _____. *arriver*
2. Elle _____ ce roman. *lire*
3. Tu _____ la valise. *faire*
4. Le petit _____ le disque. *casser*
5. Nous (m.)_____ déjà _____. *descendre*
6. Ils _____. *manger*
7. J'(f.)_____ déjà _____. *partir*
8. Vous (m. pl.)_____ du voyage. *revenir*
9. Elle _____ de bonne heure. *se coucher*
10. Nous (f.)_____ tard. *se lever*

185. Rewrite the following sentences according to the model.

> Je suis partie et ensuite il est entré.
> J'étais déjà partie quand il est entré.

1. Je suis revenu et ensuite elle est entrée.
2. Elles ont déjeuné et ensuite je suis arrivé.
3. J'ai fini mes devoirs et ensuite le téléphone a sonné.
4. Elle a écrit la lettre et ensuite son ami a frappé à la porte.
5. Les voleurs sont partis et ensuite la femme a crié.
6. Nous nous sommes couchés et ensuite il est revenu.

186. Follow the model.

> Mangeaient-ils quand vous êtes arrivé?
> Non, ils avaient déjà mangé quand je suis arrivé.

1. Regardais-tu la télévision quand on a annoncé le dîner?
2. Les étudiants faisaient-ils leurs devoirs quand le professeur est entré?
3. Sortiez-vous quand elles sont arrivées?
4. Rentraient-elles quand il a commencé à pleuvoir?
5. Lisait-elle le journal quand il est arrivé?
6. Ton père se rasait-il quand tu es parti?
7. Nous moquions-nous du politicien quand il est arrivé sur la scène?

Future Perfect Tense (*Futur Antérieur*)

The future perfect tense (*futur antérieur*) is formed by using the future tense of the auxiliary verb **avoir** or **être** with the past participle.

finir	**venir**	**se réveiller**
j'aurai fini	je serai venu(e)	je me serai réveillé(e)
tu auras fini	tu seras venu(e)	tu te seras réveillé(e)
il, elle, on aura fini	il, on sera venu	il, on se sera réveillé
nous aurons fini	elle sera venue	elle se sera réveillée
vous aurez fini	nous serons venu(e)s	nous nous serons réveillé(e)s
ils, elles auront fini	vous serez venu(e)(s)(es)	vous vous serez réveillé(e)(s)(es)
	ils seront venus	ils se seront réveillés
	elles seront venues	elles se seront réveillées

The future perfect tense is used to express a future action that will be completed prior to another future action.

> **Elles auront mangé avant mon arrivée.**
> *They will have eaten before my arrival.*
> **Il sera déjà parti quand vous arriverez.**
> *He will have already left when you arrive.*
> **Nous nous serons couchés quand vous reviendrez.**
> *We will have already gone to bed when you return.*
> **Demain à cette heure, nous serons arrivés en France.**
> *Tomorrow at this time, we will have arrived in France.*

The future perfect tense is used especially after the conjunctions **quand, après que, aussitôt que, dès que,** and **tant que** with the future or future perfect in the main clause.

> **Après qu'elle sera partie, nous nous coucherons.**
> *After she has left, we'll go to bed.*

Like the future tense, the future perfect tense is often used to express probability. It is often used in this way with all verbs. See page 146.

Il n'est pas ici. Il **sera parti**.
He is not here. He must have left.
Qu'est-ce que j'ai fait de mon journal?   Je l'**aurai jeté!**
What did I do with my newspaper? I must have thrown it away!

187. Complete the following sentences with the appropriate form of the future perfect of the indicated verb.

1. Nous _____ déjà_____ avec le directeur. *parler*
2. Vous _____ avant minuit. *rentrer*
3. Elles _____ le travail avant notre arrivée. *faire*
4. Tu_____ cela avant lundi. *apprendre*
5. Elle _____ ces disques avant la soirée. *acheter*
6. Elle _____ de Paris avant samedi. *rentrer*
7. Je_____ déjà _____ quand vous reviendrez. *partir*
8. Nous _____ cette exposition avant votre départ. *voir*
9. Vous _____ votre composition avant la fin de juin. *écrire*
10. Vous _____ quand ils reviendront. *se coucher*
11. Téléphonez-moi dès que vous _____ l'histoire. *lire*
12. Je vous le dirai aussitôt que j'_____ la voiture. *acheter*

188. Follow the model.

> **Il part. Vous venez.**
> **Il partira quand vous serez venu(e)(s)(es).**

1. Les élèves partent. Ils entendent la cloche.
2. Vous vous couchez. Elle revient.
3. Tu es content. Tu comprends ce livre.
4. Nous comprenons l'exercice. Nous parlons au professeur.
5. Les légendes renaissent. Les gens en parlent.
6. Ils vont mieux. Ils prennent le médicament.

Conditional Past Tense (*Passé du Conditionnel*)

The conditional past tense (*passé du conditionnel*) is formed by using the conditional tense of the auxiliary verb **avoir** or **être** and the past participle.

attendre	partir	se laver
j'aurais attendu	je serais parti(e)	je me serais lavé(e)
tu aurais attendu	tu serais parti(e)	tu te serais lavé(e)
il, elle, on aurait attendu	il, on serait parti	il, on se serait lavé
nous aurions attendu	elle serait partie	elle se serait lavée
vous auriez attendu	nous serions parti(e)s	nous nous serions lavé(e)s
ils, elles auraient attendu	vous seriez parti(e)(s)(es)	vous vous seriez lavé(e)(s)(es)
	ils seraient partis	ils se seraient lavés
	elles seraient parties	elles se seraient lavées

The conditional past tense is used to describe what would have taken place if something else had not interfered.

Dans ce cas-là, j'aurais refusé.
In that case, I would have refused.
Ils auraient fait le voyage, mais ils n'avaient pas assez d'argent.
They would have taken the trip, but they didn't have enough money.
Elle serait venue, mais elle n'avait pas d'auto.
She would have come, but she didn't have a car.
Il se serait rasé, mais il n'avait pas de rasoir.
He would have shaved, but he didn't have a razor.

Like the conditional, the conditional perfect is used to express a possible action in the past.

J'ai trouvé sa lettre. Serait-il venu en mon absence?
I found his letter. Could it be that he came in my absence?

It is also used to describe an action that is unsure. Like the present conditional, it is used by journalists and reporters.

Dix avions auraient été abattus hier.
It is reported that ten planes were brought down yesterday.

See pages 150–151.

189. Complete the following sentences with the correct form of the conditional past tense of the indicated verb.

1. Ils _____, mais il a commencé à pleuvoir. *finir*
2. Nous _____, mais nous n'avions pas faim. *manger*
3. Nous _____ hier, mais il n'y avait pas de vol. *rentrer*
4. Elle_____ le petit, mais elle ne pouvait pas. *accompagner*
5. Tu_____ tes amis, mais ils ne sont pas venus. *voir*
6. Vous _____ de l'eau, mais vous n'avez pas eu soif. *boire*
7. Elle_____ le médicament, mais elle n'était pas malade. *prendre*
8. Dans ce cas-là, elle_____ venir. *pouvoir*
9. Dans ce cas-là, je _____. *se coucher*
10. Tu _____ en noir. *s'habiller*

190. Follow the model.

> Elle/venir/auto
> Elle serait venue, mais elle n'avait pas d'auto.

1. Il/se raser/rasoir
2. Elles/manger au restaurant/argent
3. Vous/faire un voyage/temps
4. Nous/écrire la lettre/papier
5. Je/partir/parapluie
6. Tu/ouvrir le paquet/couteau

The Past Anterior (*Passé Antérieur*) and the *Passé Surcomposé*

The *passé antérieur* is formed by using the *passé simple* of the auxiliary verb **avoir** or **être** and the past participle.

finir	venir
j'eus fini	je fus venu(e)
tu eus fini	tu fus venu(e)
il, elle, on eut fini	il, on fut venu
nous eûmes fini	elle fut venue
vous eûtes fini	nous fûmes venu(e)s
ils, elles eurent fini	vous fûtes venu(e)(s)(es)
	ils furent venus
	elles furent venues

The *passé surcomposé* is a double compound tense formed by using the *passé composé* of the auxiliary verb **avoir** and the past participle. It is rarely used with verbs conjugated with **être** except when these verbs imply result, not action.

finir	arriver
j'ai eu fini	j'ai été arrivé(e)
tu as eu fini	tu as été arrivé(e)
il, elle, on a eu fini	il, on a été arrivé
nous avons eu fini	elle a été arrivée
vous avez eu fini	nous avons été arrivé(e)s
ils, elles ont eu fini	vous avez été arrivé(e)(s)(es)
	ils ont été arrivés
	elles ont été arrivées

Like the *plus-que-parfait*, the *passé antérieur* expresses a past action that occurred before another past action. It is usually used in subordinate clauses after **quand, lorsque, après que, aussitôt que, dès que,** or **à peine** which indicate a past action immediately preceding another.

Quand il eut fini, il partit.
When he had finished, he left.
Lorsqu'elle fut arrivée, nous partîmes.
When she had arrived, we left.

Note that the subject and verb are inverted after **à peine.**

A peine eut-elle fini qu'elle partit.
She had hardly finished when she left.

The *passé antérieur* is only used in written language. In spoken language, it is replaced by the *passé surcomposé*.

Quand il a eu fini, il est parti.
When he had finished, he left.

191. Rewrite the following sentences in spoken language.

1. Quand il eut mangé, il partit.
2. Lorsqu'elles furent réunies, elles élurent un président.
3. Lorsque le professeur eut fini le discours, il descendit de l'estrade.
4. A peine eut-il fini que nous arrivâmes.
5. Après qu'ils furent guéris, ils retournèrent au travail.
6. Quand il fut arrivé, la conférence commença.

192. Rewrite the following sentences in written language.

1. Dès qu'elle a eu appris la nouvelle, elle a décidé de partir.

2. A peine a-t-elle eu reçu l'invitation qu'elle y a répondu.
3. A peine a-t-elle été entrée qu'elle a compris la situation.
4. Aussitôt qu'ils ont été partis, ils ont soupiré.

SI CLAUSES

Si (*if*) clauses are used to express conditions contrary to fact. For such clauses, there is a definite sequence of tenses to be followed.

Si *clause*	Result *clause*
Present indicative or passé composé	Future or imperative
Imperfect	Conditional
Pluperfect	Past conditional

Study the following examples.

Si vous n'<u>avez</u> pas <u>compris</u>, <u>dites</u>-le-moi.
If you didn't understand, tell me.
Si vous n'<u>avez</u> pas <u>compris</u>, vous me le <u>direz</u>.
If you didn't understand, you will tell me.
Si j'<u>ai</u> assez d'argent, je <u>ferai</u> le voyage.
If I have enough money, I will take the trip.
Si j'<u>avais</u> assez d'argent, je <u>ferais</u> le voyage.
If I had enough money, I would take the trip.
Si j'<u>avais eu</u> assez d'argent, j'<u>aurais fait</u> le voyage.
If I had had enough money, I would have taken the trip.

Si vous <u>venez</u>, nous <u>resterons</u>.
If you come, we will stay.
Si vous <u>veniez</u>, nous <u>resterions</u>.
If you came, we would stay.
Si vous <u>étiez venu</u>, nous <u>serions restés</u>.
If you had come, we would have stayed.

193. Complete the following sentences with the appropriate form of the indicated verb.

1. Elles y iront si elles _____ le temps. *avoir*
2. Si vous _____ à l'heure, je vous attendrai. *être*
3. Je _____ s'il ne pleut pas. *partir*
4. S'il fait beau, nous _____ une promenade. *faire*
5. S'ils _____ assez de temps, ils viendraient. *avoir*
6. Il paierait ses dettes s'il _____ de l'argent. *avoir*
7. Si j'avais le temps, je le _____. *faire*
8. Nous _____ chez nous s'il pleuvait. *rester*
9. S'il _____ des billets, il serait allé au théâtre. *prendre*
10. J'aurais été content si vous _____. *venir*
11. S'il avait fait froid, il _____ son manteau. *mettre*
12. Vous _____ à l'heure si vous étiez parti de bonne heure. *arriver*

194. Answer the following questions according to the model.

> S'il fait beau, que ferez-vous? *marcher dans le parc*
> S'il fait beau, je marcherai dans le parc.

1. Si vous avez sommeil, que ferez-vous? *dormir*
2. Si vous aviez sommeil, que feriez-vous? *dormir*
3. Si vous aviez eu sommeil, qu'est-ce que vous auriez fait? *dormir*
4. Si elle vient, que ferez-vous? *partir*
5. Si elle venait, que feriez-vous? *partir*
6. Si elle était venue, qu'est-ce que vous auriez fait? *partir*
7. Si vous êtes en retard, que ferez-vous? *se dépêcher*
8. Si vous étiez en retard, que feriez-vous? *se dépêcher*
9. Si vous aviez été en retard, qu'est-ce que vous auriez fait? *se dépêcher*
10. Si nous allons au Québec, que ferons-nous? *voir le Château Frontenac*
11. Si nous allions au Québec, que ferions-nous? *voir le Château Frontenac*
12. Si nous étions allés au Québec, qu'est-ce que nous aurions fait? *voir le Château Frontenac*
13. Si elles passent deux semaines à la plage, que feront-elles? *se baigner*
14. Si elles passaient deux semaines à la plage, que feraient-elles? *se baigner*
15. Si elles avaient passé deux semaines à la plage, qu'est-ce qu'elles auraient fait? *se baigner*

SUBJUNCTIVE

The indicative mood is used to report an action which is taking, has taken, or will take place. The action is not dependent upon an opinion or condition. When the statement implies a truth, fact, or probability, the indicative mood is used.

Marie mange beaucoup.
Mary eats a lot.
Je sais qu'il est parti.
I know he left.
Il est probable qu'il ira à New York.
It is probable that he will go to New York.
Il est vrai que la terre est ronde.
It is true that the earth is round.

The subjunctive is used to express an action which is dependent upon a subjective idea, opinion, or condition. The idea in the dependent clause is either contrary to fact, or possible, but not probable.

Le père veut que son fils devienne médecin.
The father wants his son to become a doctor.
Il faut qu'elle se réveille tôt.
It is necessary for her to wake up early.
Je doute qu'il vienne.
I doubt that he is coming.

In the first example, even though the father wants his son to become a doctor, it is not certain that the boy will carry out the father's desire. Therefore, the action is expressed in the subjunctive. In English an infinitive, rather than the subjunctive, is used.

> *The father wants his son to become a doctor.*

In French, however, a clause must be used.

PRESENT SUBJUNCTIVE

Regular Forms

The present subjunctive is formed by dropping the **-ent** ending from the third person plural of the present indicative and adding the endings **-e, -es, -e, -ions, -iez, -ent.**

	parler	**finir**	**attendre**
Base:	**ils parlent**	**ils finissent**	**ils attendent**
	je parl**e**	je finiss**e**	j'attend**e**
	tu parl**es**	tu finiss**es**	tu attend**es**
	il, elle, on parl**e**	il, elle, on finiss**e**	il, elle, on attend**e**
	nous parl**ions**	nous finiss**ions**	nous attend**ions**
	vous parl**iez**	vous finiss**iez**	vous attend**iez**
	ils, elles parl**ent**	ils, elles finiss**ent**	ils, elles attend**ent**

Note that for **-er** verbs, there is no difference between the subjunctive and the present indicative in the **je, tu, il, on, elle, ils, elles** forms. The same is true for the third person plural of all regular subjunctive forms. Note that unlike the present indicative of regular **-ir** and **-re** verbs, there is no audible difference between the third person plural and the singular forms.

Present indicative	*Subjunctive*
il finit	**il finisse**
ils finissent	**ils finissent**
il attend	**il attende**
ils attendent	**ils attendent**

Note that verbs ending in **-ier** such as **étudier** and **oublier** and the verbs **rire** and **sourire** have a double **i** in the **nous** and **vous** forms since the base ends in **-i.**

Base	*Subjunctive*
ils étudient	**nous étudiions**
	vous étudiiez

Other verbs that are regular in the subjunctive are:

	Verb	*Base*
Verbs like	ouvrir	**ils ouvrent**
Verbs like	courir	**ils courent**
	rire	**ils rient**
	conclure	**ils concluent**
	rompre	**ils rompent**
	battre	**ils battent**
	mettre	**ils mettent**
	partir	**ils partent**
Verbs like	connaître	**ils connaissent**
	plaire	**ils plaisent**
	se taire	**ils se taisent**
	lire	**ils lisent**
	dire	**ils disent**
	conduire	**ils conduisent**
	traduire	**ils traduisent**
	dormir	**ils dorment**

servir	ils servent
suivre	ils suivent
vivre	ils vivent
vaincre	ils vainquent
craindre	ils craignent
joindre	ils joignent
peindre	ils peignent
s'asseoir	ils s'asseyent

195. Complete the following sentences with the correct form of the subjunctive of each indicated verb.

1. Il faut qu'elles _____.
   (parler, entrer, finir, réussir, attendre, répondre)
2. Il ne veut pas qu'elle _____.
   (partir, sortir, mentir, se repentir, dormir)
3. Il veut que je _____.
   (rompre les liens, vaincre mes passions, craindre cet homme, peindre ce portrait)
4. Il est nécessaire que tu _____.
   (écrire la lettre, suivre la route, vivre ici, décrire la vue, servir le déjeuner)
5. Elle désire que nous _____.
   (parler, lire, dormir, disparaître, s'asseoir)
6. Il veut que vous _____.
   (sourire, étudier, rire, oublier ceci)

Spelling Changes in the Present Subjunctive

Verbs ending in **-yer** such as **employer, envoyer, nettoyer, essayer, payer,** etc., and **croire** and **voir** change the **i** of the third person plural base to **y** in the **nous** and **vous** forms. The vowel changes are the same as those for the present indicative.

	envoyer		**croire**
Base:	**ils envoient**		**ils croient**
	j'envoie		je croie
	tu envoies		tu croies
	il, elle, on envoie		il, elle, on croie
	ils, elles envoient		ils, elles croient
	nous envoyions		nous croyions
	vous envoyiez		vous croyiez

Verbs with Internal Vowel Changes in the Present Subjunctive

Verbs with -é- in the Infinitive

Verbs with -é- in the infinitive such as **céder, compléter, considérer, espérer, préférer, répéter,** etc., change the **è** of the third person plural stem to **-é-** in the **nous** and **vous** forms.

	céder		
Base:	**ils cèdent**		
	je cède		
	tu cèdes	*But:*	**nous cédions**
	il, elle, on cède		**vous cédiez**
	ils, elles cèdent		

Verbs with -e- in the Infinitive

Verbs with -e- in the infinitive such as **acheter, appeler, jeter, lever, mener,** etc., change the base in the **nous** and **vous** forms. Verbs which in the present indicative change -e- to -è- in the singular and the third person plural forms retain the **e** in the **nous** and **vous** forms.

acheter

Base: **ils achètent**
But: **nous achetions**
        vous achetiez

Verbs which double the consonant in the third person plural have only one consonant in the **nous** and **vous** forms.

jeter

Base: **ils jettent**
But: **nous jetions**
        vous jetiez

In other words, the spelling changes are the same as those for the present indicative.

196. Complete the following sentences with the correct form of the present subjunctive of the indicated verb.

1. Il est essentiel qu'ils _____ le paquet. *envoyer*
2. Il est nécessaire que nous _____ la salle. *nettoyer*
3. Je veux qu'elles _____ l'histoire. *croire*
4. Elle veut que vous _____ ce film. *voir*
5. Il faut qu'ils _____ ce problème. *considérer*
6. Il faut que nous _____ nos places. *céder*
7. Il est important qu'ils _____ ce livre. *acheter*
8. Il est important que nous _____ le rideau. *lever*
9. Il faut qu'ils _____ leurs amis. *appeler*
10. Il est nécessaire que vous _____ ce papier. *jeter*

Prendre, tenir, venir

Prendre, tenir, and **venir** also undergo an internal vowel change in the present subjunctive.

prendre

Base: **ils prennent**
But: **nous prenions**
        vous preniez

tenir

Base: **ils tiennent**
But: **nous tenions**
        vous teniez

venir

Base: **ils viennent**
But: **nous venions**
        vous veniez

One way to remember the subjunctive forms for spelling change verbs and verbs with internal vowel changes is the following:

1. Add the endings to the third person present indicative base for the singular and third person plural forms.
2. Drop the ending **-ant** from the present participle before adding the endings to the **nous** and **vous** forms.

Example: **prendre**

Singular and third person plural

Base form	*Subjunctive*
ils prenn/ent	**je prenne**
	tu prennes
	il/elle/on prenne
	ils/elles prennent

Nous and *vous*

Base form	*Subjunctive*
pren/ant	**nous prenions**
	vous preniez

Verbs with Variable Bases in the Present Subjunctive

The following verbs have variable bases in the present subjunctive.

mourir

Base: **ils meurent**
But: **nous mourions**
vous mouriez

recevoir (décevoir, concevoir), devoir

recevoir		**devoir**	
Base:	**ils reçoivent**	*Base:*	**ils doivent**
But:	**nous recevions**	*But:*	**nous devions**
	vous receviez		**vous deviez**

boire

Base: **ils boivent**
But: **nous buvions**
vous buviez

Note that the base changes are the same for these verbs in the present indicative and the present subjunctive.

Present indicative	*Subjunctive*
nous mourons	**nous mourions**
nous recevons	**nous recevions**
nous buvons	**nous buvions**

197. Complete the following sentences with the correct form of the present subjunctive of the indicated verb.

1. Il faut qu'ils_____ leur temps. *prendre*

2. Il est important que vous_____ l'autobus. *prendre*
3. Il est possible qu'elle_____ à l'heure. *venir*
4. Il est important que vous_____ les places maintenant. *retenir*
5. Il est possible que le malade_____. *mourir*
6. Il est possible que vous_____de fatigue. *mourir*
7. Il faut qu'ils_____ de l'argent. *recevoir*
8. Il est possible que nous _____ de l'argent. *recevoir*
9. Il faut que tu _____ le médicament. *boire*
10. Il vaut mieux que nous _____du lait. *boire*

Verbs with Irregular Bases in the Present Subjunctive

The following verbs have irregular bases in the present subjunctive.

avoir	être
j'aie	je sois
tu aies	tu sois
il, elle, on ait	il, elle, on soit
ils, elles aient	ils, elles soient
nous ayons	nous soyons
vous ayez	vous soyez

pouvoir	faire
je puisse	je fasse
tu puisses	tu fasses
il, elle, on puisse	il, elle, on fasse
ils, elles puissent	ils, elles fassent
nous puissions	nous fassions
vous puissiez	vous fassiez

savoir	vouloir
je sache	je veuille
tu saches	tu veuilles
il, elle, on sache	il, elle, on veuille
ils, elles sachent	ils, elles veuillent
nous sachions	nous voulions
vous sachiez	vous vouliez

aller	valoir
j'aille	je vaille
tu ailles	tu vailles
il, elle, on aille	il, elle, on vaille
ils, elles aillent	ils, elles vaillent
nous allions	nous valions
vous alliez	vous valiez

falloir	pleuvoir
il faille	il pleuve

198. Change the following sentences, substituting the words given.

1. Il est nécessaire que nous soyons à l'heure. (vous, ils, elle, tu, je)
2. Il faut que tu aies de la patience. (je, il, elles, nous, vous)
3. Il est bon que je puisse venir. (nous, vous, ils, tu, elle)
4. Il est important que tu fasses le travail. (je, il, elles, nous, vous)
5. Il faut que tu saches la vérité. (vous, nous, ils, elle, je)
6. Il est possible qu'il veuille partir. (nous, vous, tu, elles, je)
7. Il faut que j'aille au supermarché. (tu, ils, elle, nous, vous)
8. Il est important que ça vaille la peine. (elle, nous, vous, tu, ils)

Uses of the Subjunctive

Subjunctive in Noun Clauses

The subjunctive is required in clauses following verbs which denote desire, doubt, denial, necessity, fear, etc. The subjunctive verb usually appears in a clause introduced by **que**.

Some common expressions requiring the subjunctive are:

1. wish, preference or desire

vouloir	*to want*
désirer	*to wish, to desire*
préférer	*to prefer*
souhaiter	*to wish*

Je veux qu'il parte.
I want him to leave.

Note that **espérer** (*to hope*) is followed by the indicative.

J'espère qu'il viendra.
I hope he will come.

2. doubt

douter   *to doubt*

Je doute qu'il vienne.
I doubt he is coming. (will come)

3. denial

nier   *to deny*

Elle nie qu'elle vous connaisse.
She denies that she knows you.

4. emotions

être heureux	*to be happy*
être triste	*to be sad*
être fâché	*to be angry*
être désolé	*to be sorry*
être surpris	*to be surprised*
avoir peur	*to be afraid*
avoir crainte	*to be afraid*
craindre	*to fear*
regretter	*to be sorry*
se fâcher	*to be angry*
se réjouir	*to rejoice, to be happy*

Je suis heureux que vous puissiez venir.
I am happy that you can come.
Elle est triste que nous partions.
She is sad that we are leaving.
Elle craint que nous n'attendions pas.
She is afraid that we will not wait.

5. an order, command, or requirement (See page 175.)

commander	*to ask, to order*
exiger	*to demand*
ordonner	*to command, to order*

Il exige que nous soyons à l'heure.
He demands that we be on time.

6. permission or refusal of permission (See page 175.)

permettre	*to permit*
consentir	*to consent*
défendre	*to forbid*
empêcher	*to prevent*

Il permet que nous fassions cela.
He permits us to do that.
Il défend que nous fumions en classe.
He forbids us to smoke in class.

199. Complete the following sentences with the correct form of the present subjunctive of each indicated verb.

1. Je veux qu'ils _____.
   (parler, manger, écrire, dormir, venir, sortir, conduire)
2. Elle préfère que nous _____.
   (payer, céder, appeler le garçon, venir, boire, aller, être ici)
3. Pourquoi commandes-tu que je _____?
   (travailler, lire, venir, finir, sortir)
4. Elle craint que vous ne_____.
   (venir, comprendre, manger, attendre)

200. Rewrite the following according to the model.

> **Je veux que: Vous travaillez.**
> **Je veux que vous travailliez.**

A. Je veux que:

1. Tu dis la vérité.
2. Tu attends une heure.
3. Elle peint ce portrait.
4. Ils partent à l'heure.
5. Vous étudiez la leçon.
6. Nous le complétons.

B. Elle doute que:

1. J'envoie la lettre.
2. Tu crois l'histoire.

    3. Elle cède sa place.

    4. Ils achètent cette maison.

    5. Nous considérons ce projet.

    6. Vous prenez votre temps.

C. Il est heureux que:

    1. Nous venons ici.

    2. Elle prend l'avion.

    3. Elles reçoivent le paquet.

    4. Il ne meurt pas de faim.

    5. Nous buvons du lait.

    6. Vous recevez le prix.

D. J'exige que:

    1. Elle est à l'heure.

    2. Il a de la patience.

    3. Tu le fais.

    4. Elles savent les réponses.

    5. Vous avez le temps.

    6. Vous êtes ici tous les jours.

E. Je regrette que:

    1. Vous ne voulez pas venir.

    2. Tu ne veux pas le faire.

    3. Elle ne peut pas venir.

    4. Il pleut.

    5. Ils ne savent pas nager.

201. Complete the following sentences with the appropriate form of the indicated verb.

    1. Je préfère que tu _____ l'auto. *conduire*

    2. Elle craint que vous _____ en retard. *arriver*

    3. Mes parents défendent que je _____. *fumer*

    4. Il nie qu'il la _____. *connaître*

    5. Je suis triste que vous _____ malade. *être*

    6. Il ordonne que je _____ le travail. *faire*

    7. Il permet que nous y _____. *aller*

    8. Elle doute que vous le _____. *savoir*

    9. Nous sommes contents qu'elles _____ venir. *vouloir*

   10. Il veut que nous _____ son œuvre. *traduire*

   11. Ils commandent que je _____ de bonne heure. *rentrer*

   12. Nous sommes désolés qu'il ne _____ pas ce soir. *venir*

   13. Il désire que je _____ la leçon. *comprendre*

   14. Nous voulons que tout _____ bien. *aller*

   15. Je préfère que vous ne _____ pas ce soir. *sortir*

Subjunctive with Impersonal Expressions

The subjunctive is also required after many impersonal expressions that denote an element of subjectivity.

il est temps que	*it is time that*
il vaut mieux que	*it is better that*
il est préférable que	*it is better that*
il faut que	*it is necessary that*
il est nécessaire que	*it is necessary that*
il est essentiel que	*it is essential that*
il importe que	*it is important that*
il est important que	*it is important that*
il suffit que	*it is enough that, it suffices that*
il convient que	*it is fitting that, it is proper that*
il est convenable que	*it is fitting that, it is proper that*
il est possible que	*it is possible that*
il se peut que	*it is possible that*
il est impossible que	*it is impossible that*
il est douteux que	*it is doubtful that*
il est peu probable que	*it is unlikely that*
il n'est pas certain que	*it is uncertain that*
il est heureux que	*it is fortunate that*
il est bon que	*it is good that*
c'est (il est) dommage que	*it is a pity that*
il semble que	*it seems that*
il est honteux que	*it is shameful that*
il est triste que	*it is sad that*
il est surprenant que	*it is surprising that*
il est étonnant que	*it is surprising that*
il est urgent que	*it is urgent that*

Il est temps que vous veniez.
It is time for you to come.
Il faut que vous étudiiez.
It is necessary for you to study.
Il est douteux qu'il réussisse.
It is doubtful that he will succeed.
C'est dommage qu'elle ne vienne pas.
It's a pity that she is not coming.

The indicative is used with the following expressions.

il est certain que	*it is certain that*
il est sûr que	*it is sure that*
il est probable que	*it is probable that*
il est évident que	*it is evident that*
il est exact que	*it is exact that*
il est clair que	*it is clear that*
il est vrai que	*it is true that*
il est vraisemblable que	*it is conceivable that*
il paraît que	*it seems that*

Although **il semble que** is followed by the subjunctive, **il me semble que** is followed by the indicative.

Il semble qu'il maigrisse.
It seems he is getting thin.
Il me semble que je fais votre connaissance pour la première fois.
It seems to me that I am meeting you for the first time.

202. Complete the following sentences with the correct form of the present subjunctive of each indicated verb.

    1. Il est possible qu'il le _____.
       (préparer, lire, recevoir, faire, savoir, perdre)
    2. Il est nécessaire que nous le _____.
       (finir, manger, comprendre, suivre, faire, répéter, retenir)
    3. Il est douteux que vous _____.
       (comprendre, venir, finir, sortir, savoir la réponse)
    4. Il n'est pas certain qu'il _____.
       (réussir, comprendre, arriver, finir, répondre)

203. Introduce each of the following by the indicated expression.

    1. Nous recevons ces lettres. *Il est essentiel*
    2. Je te le dis. *Il suffit*
    3. Tu es ici. *Il vaut mieux*
    4. Vous voulez venir. *Il est bon*
    5. Elle écrit ses devoirs. *Il est important*
    6. Ils vont au marché. *Il faut*
    7. Vous venez. *Il est temps*
    8. Vous êtes malade. *C'est dommage*
    9. Elles partent tout de suite. *Il vaut mieux*
   10. Tu réussis à l'examen. *Il est heureux*
   11. Paul peut venir. *Il est douteux*
   12. Tu mens. *Il est honteux*
   13. Ils savent la vérité. *Il est bon*
   14. On le craint. *Il est possible*
   15. Ils viendront demain. *Il convient*

Subjunctive with Expressions of Doubt

The indicative is used with expressions that denote certainty in the affirmative.

il est sûr que	*it is sure that*
il est certain que	*it is certain that*
il est probable que	*it is probable that*

The subjunctive is used in the negative and interrogative forms of the above expressions, since uncertainty is implied.

Indicative	*Subjunctive*
Il est sûr qu'il viendra.	**Il n'est pas sûr qu'il vienne.** **Est-il sûr qu'il vienne?**
Il est certain qu'elle comprend.	**Il n'est pas certain qu'elle comprenne.** **Est-il certain qu'elle comprenne?**
Il est probable qu'il le fera.	**Il n'est pas probable qu'il le fasse.** **Est-il probable qu'il le fasse?**

The indicative is used with affirmative forms of **croire** and **penser** since there is no uncertainty.

Je pense qu'il vient.
Je crois qu'elle comprend.

The subjunctive is used with the negative and interrogative forms of **croire** and **penser** when they express doubt or uncertainty.

Je ne crois pas qu'il vienne.
I don't believe he is coming. (but I don't know for sure)
Croyez-vous qu'il vienne?
Do you think he is coming? (The answer is unknown for sure.)

You will note that many expressions that take the indicative are followed by a future tense.

Indicative	*Subjunctive*
Il est certain qu'il viendra.	**Il n'est pas certain qu'il vienne.**
Je crois qu'elles seront ici.	**Je ne crois pas qu'elles soient ici.**

Note that the conditional can also be used if the clause expresses a supposition or eventuality.

Je ne crois pas qu'il pourrait le faire.
I don't think he could do it.

204. Complete the following sentences with the correct form of the indicated verb.

1. Il est sûr qu'il _____ ici demain. *être*
2. Il n'est pas sûr qu'elle le _____. *faire*
3. Est-il sûr qu'ils _____? *venir*
4. Il est certain qu'elles _____ demain. *venir*
5. Il n'est pas certain que nous _____ les résultats aujourd'hui. *savoir*
6. Est-il certain que vous y _____? *aller*
7. Il est probable qu'elle le _____. *faire*
8. Il n'est pas probable qu'il _____ les billets. *obtenir*
9. Est-il probable que nous _____ le travail? *finir*
10. Je pense qu'elle _____ raison. *avoir*
11. Je ne pense pas qu'elle _____ la réponse. *savoir*
12. Pensez-vous qu'il le _____? *croire*
13. Je crois qu'elle _____ venir. *vouloir*
14. Je ne crois pas qu'elles _____ le faire. *vouloir*
15. Croyez-vous que nous _____ le faire? *pouvoir*

205. Answer the following questions, according to the indicated cue.

1. Crois-tu que Jean le sache? *Non*
2. Etes-vous certain que Pierre le sache? *Non*
3. Est-il probable qu'il conduise une auto? *Non*
4. Est-il sûr qu'ils viennent? *Non*
5. Croyez-vous qu'elles arrivent demain? *Non*
6. Est-il sûr qu'elle parte tout de suite? *Non*
7. Est-il probable qu'il vienne? *Non*
8. Etes-vous certain que Jean vienne? *Non*

Subjunctive with Subordinate Conjunctions

The following conjunctions require the subjunctive.

1. of time

avant que	*before*
en attendant que	*until*
jusqu'à ce que	*until*
aussi (de si) loin que	*far from*

On lui dira au revoir avant qu'il (ne) parte.
We will tell him goodbye before he leaves.

2. of cause or negation

non que	*not that*
non pas que	*not that*
sans que	*without*

Elle est partie sans que je la voie.
She left without my seeing her.

3. of purpose or result

afin que	*in order that*
pour que	*in order that*
de manière que	*so that*
de façon que	*so that*
de sorte que	*so that*
de crainte que	*for fear that*
de peur que	*for fear that*

Elle ne vous parle pas de peur que vous la réprimandiez.
She does not speak to you for fear that you will scold her.

You will note that in certain cases, **de manière que, de façon que,** and **de sorte que** are followed by the indicative, particularly when the result is an accomplished and presumably irreversible deed or fact.

Les étudiants se taisaient **de sorte que** personne ne **pouvait** entendre le moindre bruit.
The students were so quiet you couldn't hear the slightest noise.

4. of concession

bien que	*although*
quoique	*although*
encore que	*although*
malgré que	*although*

Bien qu'il soit chez lui, il ne répond pas au téléphone.
Although he is at home, he does not answer the telephone.

5. of condition

en cas que	*in case*
pourvu que	*provided that*
supposé que	*supposing that*
à moins que	*unless*
soit que. . .soit que	*whether . . . or*

Ils iront à la plage à moins qu'il (ne) pleuve.
They will go to the beach unless it rains.

Ne is usually used after **à moins que, avant que, de peur que, de crainte que, de manière que, de sorte que** when the verb in the dependent clause is affirmative. When the verb is negative, **ne . . . pas** is used.

> **Nous nous réveillons tôt de peur qu'elle ne parte sans nous.**
> *We are getting up early for fear that she will leave without us.*
> **Nous nous réveillons tôt de peur qu'elle ne nous attende pas.**
> *We are getting up early for fear that she will not wait for us.*

The following conjunctions do not take the subjunctive.

aussitôt que	*as soon as*
dès que	*as soon as*
après que	*after*
pendant que	*while*
parce que	*because*

Review the use of conjunctions with the future and conditional tenses on pages 144–145 and 149.

206. Complete the following sentences with the correct form of each indicated expression.

1. A moins que tu ne _____, le professeur se fâchera.
   (savoir la leçon, faire tes devoirs, lire le roman, écrire la composition)
2. Quoiqu'il _____, je m'en irai.
   (neiger, faire froid, pleuvoir)
3. Il se couchera aussitôt qu'il _____.
   (être fatigué, arriver, rentrer, revenir)

207. Complete the following sentences with the correct form of the subjunctive of the indicated verb.

1. Je le verrai avant qu'il ne _____. *partir*
2. Je lui répondrai avant qu'elle ne _____. *sortir*
3. Je lirai en attendant qu'elle _____. *venir*
4. Il m'aidera jusqu'à ce que je _____ une meilleure note. *recevoir*
5. Je les attendrai jusqu'à ce qu'ils _____. *revenir*
6. Elle part sans qu'on lui _____ au revoir. *dire*
7. Je parlerai lentement pour que vous _____. *comprendre*
8. Je partirai tôt afin que je _____ arriver à l'heure. *pouvoir*
9. Il fera cela de sorte que nous _____ contents. *être*
10. De peur qu'il ne _____, je prendrai un parapluie. *pleuvoir*
11. Je resterai ici de crainte que mes amis n'_____. *arriver*
12. Quoiqu'il _____ riche, je ne l'aime pas. *être*
13. Bien qu'elles _____, elles ne réussissent pas. *étudier*
14. Nous sortirons ce soir à moins qu'il ne _____. *neiger*
15. Je vous attendrai pourvu que vous n'_____ pas trop en retard. *arriver*
16. A moins qu'il ne _____ beau, je ne sortirai pas. *faire*
17. A moins que tu ne _____ la leçon, il se fâchera. *savoir*

208. Complete the following sentences with the correct form of the indicated verb.

1. Aussitôt qu'il _____, nous partirons. *arriver*
2. Je me dépêche de peur qu'elle ne m'_____ pas. *attendre*
3. Dès qu'elle _____, nous mangerons. *venir*

4. Je vous l'expliquerai afin que vous le _____ mieux.   *comprendre*
5. Ils chantaient pendant que je _____ de la guitare.   *jouer*
6. Elle me verra avant que je ne _____.   *partir*

The Subjunctive as an Imperative

The subjunctive may be used as an imperative when not talking to the person to whom the command is directed.

Qu'il parte tout de suite!
Let him leave immediately!
Qu'elle ne revienne jamais!
May she never return!
Vive le roi!
Long live the king!
Ainsi soit-il!
So be it!

The Subjunctive after an Affirmation

The subjunctive is used after the following expressions of affirmation.

que je sache	*that I know*
pas que je sache	*not that I know*
autant que je sache	*as much as I know*

Personne n'est à la porte que je sache.
No one is at the door so far as I know.

209. Change the sentence according to the model.

> **Il part maintenant.**
> **Qu'il parte maintenant!**

1. Elle vient tout de suite.
2. Il conduit sagement.
3. Il répond au professeur.
4. Ils obéissent à leurs parents.
5. Elle apprend la leçon.
6. Elles disent la vérité.
7. Il sait la réponse.
8. Elles finissent leurs devoirs.

Subjunctive in Relative Clauses

Indefinite antecedent

The subjunctive is used in relative clauses when the antecedent (the word the clause modifies) is indefinite. If the antecedent is definite, the indicative is used.

Je connais un médecin qui peut m'aider.
I know a doctor who can help me.
Je cherche un médecin qui puisse m'aider.
I am looking for a doctor who can help me. (but I haven't found him yet)

Je connais un homme qui sait parler français.
I know someone who knows how to speak French.

Je cherche un homme qui sache parler français.
I am looking for a man who knows how to speak French. (but I haven't found him yet)

210. Complete the following sentences with the correct form of each indicated expression.

    1. Je connais une dactylographe qui _____.
       (parler français, écrire bien, savoir taper à la machine)
    2. J'ai besoin d'une dactylographe qui _____.
       (parler français, écrire bien, savoir taper à la machine)

211. Rewrite the following sentences according to the model.

    Je connais une fille. Elle sait parler français.
    Je connais une fille qui sait parler français.

    1. Je cherche un homme. Il connaît la route.
    2. J'ai trouvé un homme. Il connaît cette chanson.
    3. Je veux acheter une blouse. Elle me va bien.
    4. J'ai une blouse. Elle me va bien.
    5. Je cherche un poste. Il est intéressant.
    6. J'ai un poste. Il est intéressant.

After *rien, personne, quelqu'un*

    The subjunctive is also used after **rien, personne,** or **quelqu'un** when doubt is implied.

    Il n'y a personne qui puisse m'aider.
    Il n'y a rien qu'il puisse faire.
    Y a-t-il quelqu'un qui puisse le faire?

    But:

    Il y a quelqu'un qui peut le faire.

212. Complete the following sentences with the correct form of the indicated verb.

    1. Y a-t-il quelqu'un qui _____ la réponse? *savoir*
    2. Il n'y a personne qui _____ le faire. *vouloir*
    3. Il n'y a rien qui _____ m'aider. *pouvoir*
    4. Il y a quelqu'un qui _____ le français. *lire*
    5. Il n'y a personne qui _____ aider cet enfant. *pouvoir*

With the superlative and *seul, unique*

    The subjunctive is used in a relative clause after a superlative expression, and **seul, unique** since the superlative expression is considered to be an exaggeration.

    C'est le plus beau poème qu'il connaisse.
    It is the most beautiful poem that he knows.
    C'est le seul livre que je comprenne.
    It is the only book that I understand.

213. Complete the following sentences with the appropriate form of the indicated verb.

    1. C'est le meilleur livre que j'_____. *avoir*
    2. C'est le seul livre que je _____. *vouloir*

3. Pierre est le garçon le plus gentil que je _____.   *connaître*

4. C'est la ville la plus cosmopolite qui _____ dans le monde.   *exister*

5. C'est la seule chose que je _____.   *comprendre*

The Subjunctive after Indefinite Words *si . . . que, quelque . . . que, quel . . . que, qui que . . .* , etc.

The subjunctive is used after certain indefinite words.

Si . . . que	*However*
Quelque	*However*
Quel que	*Whatever*
Qui que	*Whoever*
Quoi que	*Whatever*
Où que	*Wherever*
Soit que . . . soit que	*Whether . . . or*
De quelque manière que	*However*

Si intelligent qu'il soit, il ne pourra pas comprendre.
However intelligent he may be, he will not understand.
Quelque fort qu'il soit, il ne pourra pas le faire.
However strong he is, he won't be able to do it.
Quelques fautes que les élèves fassent, il faut les encourager.
Whatever mistakes the students make, you must encourage them.
Quels que soient vos problèmes, vous pourrez les résoudre.
Whatever your problems are, you can resolve them.
Qui que vous soyez, je ne vous connais pas.
Whoever you may be, I don't know you.
Quoi que tu dises, je te croirai.
Whatever you say, I'll believe you.
Où que vous alliez, je vous suivrai.
Wherever you go, I'll follow.
Soit qu'il vienne, soit qu'il ne vienne pas, j'irai quand même.
Whether he comes or not, I'll go.
De quelque manière qu'elle agisse, vous l'aimerez.
However she acts, you will like her.

214. Complete the following sentences with the appropriate form of the indicated verb.

1. Quelque difficulté que vous _____, perséverez.   *avoir*

2. Qui que vous _____, travaillez bien.   *être*

3. Quoi qu'il _____, il le fait bien.   *faire*

4. Où que nous _____, nous vous téléphonerons.   *aller*

5. Quels que _____ vos problèmes, je vous aiderai.   *être*

6. Quoi qu'on _____, vous êtes gentille.   *dire*

7. Si bon que je _____, elle ne m'aime pas.   *être*

8. Quelque méchamment qu'il _____, il a beaucoup d'amis.   *agir*

9. De quelque manière qu'il _____, on ne le comprend pas.   *parler*

10. Soit qu'elle _____, soit qu'elle ne _____ pas, nous commencerons la conférence.   *venir*

Avoiding the Subjunctive

When there is no change of subject in the relative clause, the infinitive is usually used.

Il est heureux qu'il vienne.
Il est heureux de venir.

Verbs indicating a command, permission, or refusal of permission (see page 165) are usually not used with a subjunctive clause. The clause is normally replaced by an indirect object introduced by **à** and followed by an infinitive introduced by **de**.

Il permet que son fils parte.
Il permet à son fils de partir.
He permits his son to leave.

You can also avoid the subjunctive by replacing a clause with a noun.

Je vais le voir **avant qu'il ne parte.**
I'm going to see him before he leaves.
Je vais le voir **avant son départ.**
I'm going to see him before his departure.

215. Rewrite the following sentences using an infinitive construction or a noun instead of the subjunctive.

1. Il se dépêche afin qu'il arrive à l'heure.
2. Il est content qu'il soit ici.
3. Il ordonne que son fils parte.
4. Il permet que l'avocat parle.
5. J'attends jusqu'à ce qu'il arrive.
6. Nous ferons cela avant que nous partions.

REVIEW

216. Complete the following sentences with the appropriate form of the indicated verb.

1. Je veux que vous y _____ aussi. *aller*
2. Je n'ai rien qui leur _____. *plaire*
3. Je crois qu'il _____. *venir*
4. Il va attendre jusqu'à ce que nous _____. *revenir*
5. Je connais quelqu'un qui _____ le faire. *pouvoir*
6. Il permet que je _____ du vin. *boire*
7. Il regrette que je ne _____ pas le faire. *pouvoir*
8. Il vaut mieux qu'il _____ de bonne heure. *partir*
9. Il est probable qu'il _____ la réponse. *savoir*
10. C'est le plus beau livre que je _____. *connaître*
11. Il faut que nous _____ le travail. *faire*
12. Il est certain qu'il _____ la vérité. *dire*
13. Croyez-vous qu'il _____ demain? *pleuvoir*
14. Si malades que nous _____, nous travaillerons. *être*
15. Je le ferai à moins que vous n'_____ le temps de le faire. *avoir*
16. Il se dépêche afin d'_____ à l'heure. *arriver*

THE PAST SUBJUNCTIVE

The past subjunctive is formed by using the subjunctive of the verb **avoir** or **être** and the past participle.

parler   **venir**

j'aie parlé   je sois venu(e)

tu aies parlé   tu sois venu(e)

il, elle, on ait parlé   il, on soit venu

nous ayons parlé   elle soit venue

vous ayez parlé   nous soyons venu(e)s

ils, elles aient parlé   vous soyez venu(e)(s)(es)

                                             ils soient venus

                                             elles soient venues

Je regrette qu'il n'ait pas attendu.
I am sorry that he didn't wait.
Je suis content qu'elle soit venue.
I am happy that she came.

217. Complete the following sentences with the correct form of the past subjunctive of the indicated verb.

1. Elle est contente que tu _____. *arriver*
2. Elle a peur que nous _____ cela à tout le monde. *dire*
3. Il est possible qu'elles vous _____. *reconnaître*
4. Je ne crois pas qu'elle _____. *venir*
5. Il est possible que vous _____. *rester*
6. Nous doutons qu'elle _____. *souffrir*
7. Je ne crois pas qu'ils _____ leurs devoirs. *faire*
8. Bien qu'il _____, il n'a pas réussi. *étudier*
9. Nous sommes heureux qu'elle _____. *s'amuser*
10. Quoique les enfants _____ de bonne heure, ils étaient fatigués le matin. *se coucher*

218. Rewrite the following sentences, putting the action of the dependent clause in the past.

1. Elle doute que nous comprenions.
2. Je regrette que tu arrives.
3. Il est possible que vous finissiez à l'heure.
4. Je ne crois pas qu'elles viennent.
5. Je doute qu'elle fasse le travail.
6. Pensez-vous qu'il se rase?

219. Follow the model.

> Elle est arrivée à l'heure. *Je doute que*
> Je doute qu'elle soit arrivée à l'heure.

1. Nous avons reconnu cet homme. *Il doute que*
2. Ils sont partis. *Je ne crois pas que*
3. Vous avez fait vos devoirs. *Il est important que*
4. Elle est revenue de bonne heure. *Il se peut que*
5. Il a su la réponse. *Je doute que*

THE IMPERFECT SUBJUNCTIVE

The imperfect subjunctive is formed by dropping the **s** from the second person singular form of the *passé simple* (literary past tense) and adding the endings **-sse, -sses, -ˆt, -ssions, -ssiez, -ssent.**

parler	**finir**	**attendre**
Base: **tu parlas**	**tu finis**	**tu attendis**
je parla**sse**	je fini**sse**	j'attendi**sse**
tu parla**sses**	tu fini**sses**	tu attendi**sses**
il, elle, on parl**ât**	il, elle, on fin**ît**	il, elle, on attend**ît**
nous parla**ssions**	nous fini**ssions**	nous attendi**ssions**
vous parla**ssiez**	vous fini**ssiez**	vous attendi**ssiez**
ils, elles parla**ssent**	ils, elles fini**ssent**	ils, elles attendi**ssent**

avoir	**être**
Base: **tu eus**	**tu fus**
j'eu**sse**	je fu**sse**
tu eu**sses**	tu fu**sses**
il, elle, on e**ût**	il, elle, on f**ût**
nous eu**ssions**	nous fu**ssions**
vous eu**ssiez**	vous fu**ssiez**
ils, elles eu**ssent**	ils, elles fu**ssent**

Study the following. For other verbs which have irregular forms in the *passé simple*, see pages 136–138.

Infinitive	*Passé simple*	*Imperfect subjunctive*
partir	tu partis	**je partisse, il partît**
rire	tu ris	**je risse, il rît**
dire	tu dis	**je disse, il dît**
prendre	tu pris	**je prisse, il prît**
avoir	tu eus	**j'eusse, il eût**
boire	tu bus	**je busse, il bût**
connaître	tu connus	**je connusse, il connût**
courir	tu courus	**je courusse, il courût**
croire	tu crus	**je crusse, il crût**
devoir	tu dus	**je dusse, il dût**
lire	tu lus	**je lusse, il lût**
paraître	tu parus	**je parusse, il parût**
plaire	tu plus	**je plusse, il plût**
pouvoir	tu pus	**je pusse, il pût**
recevoir	tu reçus	**je reçusse, il reçût**
savoir	tu sus	**je susse, il sût**
se taire	tu te tus	**je me tusse, il se tût**
vivre	tu vécus	**je vécusse, il vécût**
vouloir	tu voulus	**je voulusse, il voulût**
battre	tu battis	**je battisse, il battît**
rompre	tu rompis	**je rompisse, il rompît**
offrir	tu offris	**j'offrisse, il offrît**
ouvrir	tu ouvris	**j'ouvrisse, il ouvrît**

couvrir	tu couvris	je couvrisse, il couvrît
souffrir	tu souffris	je souffrisse, il souffrît
vaincre	tu vainquis	je vainquisse, il vainquît
écrire	tu écrivis	j'écrivisse, il écrivît
conduire	tu conduisis	je conduisisse, il conduisît
traduire	tu traduisis	je traduisisse, il traduisît
naître	tu naquis	je naquisse, il naquît
voir	tu vis	je visse, il vît
craindre	tu craignis	je craignisse, il craignît
joindre	tu joignis	je joignisse, il joignît
peindre	tu peignis	je peignisse, il peignît
faire	tu fis	je fisse, il fît
mourir	tu mourus	je mourusse, il mourût
être	tu fus	je fusse, il fût
tenir	tu tins	je tinsse, il tînt
venir	tu vins	je vinsse, il vînt

Use of the Imperfect Subjunctive

The imperfect subjunctive is used only in written language when the verb in the main clause is in the past of the indicative or in the conditional. In spoken language, the present subjunctive replaces the imperfect subjunctive.

Spoken and written:	**Je veux qu'il vienne me voir.** *I want him to come to see me.*
Written: Spoken:	**Je voulais qu'il vînt me voir.** **Je voulais qu'il vienne me voir.** *I wanted him to come to see me.*

220. Complete the following sentences with the correct form of the imperfect subjunctive of the indicated verb.

    1. Je doutais qu'il _____ me voir. *venir*
    2. Elle cherchait quelqu'un qui _____ le faire. *pouvoir*
    3. Je voudrais qu'il _____ à l'heure. *être*
    4. Je ne croyais pas qu'ils _____ à l'heure. *finir*
    5. Il doutait que nous _____ malades. *être*
    6. Elle était heureuse que vous _____ la vérité. *savoir*
    7. Il était content que nous _____ le travail. *faire*
    8. Elle était heureuse qu'il _____ la lettre. *écrire*
    9. Elle voulait que vous _____ tout de suite. *venir*
    10. On craignait que les enfants ne _____ pas à l'heure. *rentrer*
    11. Il avait peur que tu ne _____ fâché. *devenir*
    12. Il fallait que les enfants _____ de bonne heure. *se coucher*

221. Rewrite the following sentences in spoken language.

    1. Il voulait que nous vinssions.
    2. J'étais heureux qu'elles fussent à l'heure.
    3. Il fallait qu'elle le fît.
    4. Elle était trop fatiguée pour que la soirée fût agréable.
    5. Je cherchais quelqu'un qui pût le faire.
    6. Je craignais que l'équipe ne gagnât pas le prix.

THE PLUPERFECT SUBJUNCTIVE

The pluperfect subjunctive is formed by using the imperfect subjunctive of **avoir** or **être** and the past participle.

<table>
<tr><td align="center">**parler**</td><td align="center">**partir**</td></tr>
<tr><td align="center">j'eusse parlé</td><td align="center">je fusse parti(e)</td></tr>
<tr><td align="center">tu eusses parlé</td><td align="center">tu fusses parti(e)</td></tr>
<tr><td align="center">il, elle, on eût parlé</td><td align="center">il, on fût parti</td></tr>
<tr><td align="center">nous eussions parlé</td><td align="center">elle fût partie</td></tr>
<tr><td align="center">vous eussiez parlé</td><td align="center">nous fussions parti(e)s</td></tr>
<tr><td align="center">ils, elles eussent parlé</td><td align="center">vous fussiez parti(e)(s)(es)</td></tr>
<tr><td align="center"></td><td align="center">ils fussent partis</td></tr>
<tr><td align="center"></td><td align="center">elles fussent parties</td></tr>
</table>

Use of the Pluperfect Subjunctive

The pluperfect subjunctive is a literary tense. In conversation, the past subjunctive replaces the pluperfect subjunctive.

Spoken and   **Il regrette que nous ne soyons pas venus.**
   written: *He is sorry we didn't come.*

Written: **Il regrettait que nous ne fussions pas venus.**
Spoken: **Il regrettait que nous ne soyons pas venus.**
            He was sorry we didn't come.

If the subjunctive is obligatory, the sentence can usually be rewritten to avoid it.

Bien qu'il eût déjà mangé, il alla au restaurant.
Il avait déjà mangé, mais il est allé au restaurant.

222. Complete the following sentences with the correct form of the pluperfect subjunctive of the indicated verb.

   1. Il doutait qu'elle _____ malade. *être*
   2. Je regrettais qu'elles ne _____ pas _____. *venir*
   3. Elle était heureuse que vous _____ la vérité. *savoir*
   4. Elle était triste qu'il _____. *partir*
   5. J'étais heureux qu'il _____ la lettre. *écrire*
   6. Il était content que tu _____. *réussir*
   7. Il était possible qu'elles _____ cela. *savoir*
   8. Elles ne croyaient pas que j'_____ tant de chance. *avoir*
   9. Nous préférions attendre jusqu'à ce qu'ils _____. *revenir*
   10. Elle avait peur qu'il n'_____ pas _____ le travail. *finir*
   11. Il semblait que nous _____ des efforts inutiles. *faire*
   12. Elle était contente que nous _____. *se débrouiller*

223. Rewrite the following sentences in spoken language.

   1. Je regrettais qu'elle ne fût pas venue à l'heure.
   2. Bien qu'elles eussent déjà compris, ils continuaient à leur expliquer.
   3. J'étais contente qu'il eût connu mon ami.
   4. Il fallait que vous eussiez dit cela.
   5. Il semblait que nous eussions fait des efforts.
   6. Il avait peur que le pain ne fût devenu trop dur.

SI CLAUSES IN THE SUBJUNCTIVE

The subjunctive is used in *if* clauses in literary style. The pluperfect subjunctive can be used in the *if* clause to replace the pluperfect indicative and in the main clause to replace the past conditional. It is in reality "a literary past conditional."

Spoken: S'il l'avait cru, il serait parti.
Written: S'il l'eût cru, il fût parti.
            S'il l'avait cru, il fût parti.
            S'il l'eût cru, il serait parti.

224. Rewrite the following sentences, putting all verbs in literary style.

1. S'il avait eu assez d'argent, il serait allé au cinéma.
2. Si vous étiez venu, vous auriez vu Paul.
3. S'il avait été prêt, il serait parti.
4. Si vous étiez venu, vous auriez appris la nouvelle.
5. S'il avait fait beau, nous serions partis.
6. Si elle était revenue, elle serait venue nous revoir.

225. Rewrite the following sentences in spoken language.

1. Le nez de Cléopâtre s'il eût été plus court, toute la face de la terre eût changé.
2. Si elle eût eu assez d'argent, elle fût venue nous voir.
3. Si nous eussions su cela, nous l'eussions dit.
4. S'il eût fait beau, elle fût partie.
5. S'il eût plu, elles ne fussent pas venues.
6. Si j'eusse su cela, je ne vous eusse pas répondu.

USES OF THE INFINITIVE

After Prepositions

The infinitive is used after most prepositions, such as **avant de, pour, afin de,** and **sans.** The present participle is sometimes used in English.

avant de partir   *before leaving*
pour aller   *in order to go*
afin de venir   *in order to come*
sans comprendre   *without understanding*

Je lui ai parlé **avant de partir.**
I spoke to him before leaving.

En is followed by the present participle.

en parlant   *while speaking*
en sortant   *upon leaving*

En sortant, il nous a dit au revoir.
Upon leaving, he told us goodbye.
En faisant ses courses, elle a vu son ami.
While shopping, she saw her friend.

See the use of the present participle, page 113.

After the preposition **après,** the infinitive of **avoir** or **être** plus the past participle of the verb is used.

après avoir parlé	*after having spoken*
après être parti(e)(s)(es)	*after having left*
après s'être habillé(e)(s)(es)	*after having gotten dressed*

As a Noun

Vouloir c'est pouvoir.
To want to is to be able to.

As an Imperative

Ne pas marcher sur le gazon.
Do not walk on the grass.
Laisser cuire pendant trente minutes.
Cook for thirty minutes.

In an Interrogative Phrase Expressing Deliberation

Que faire?
What shall I (we) do?
Où aller?
Where shall I (we) go?

In an Exclamatory Phrase

Oh! être jeune encore!
Oh, to be still young!

226. Substitute each indicated infinitive in the following sentences. Make all necessary changes.

1. Je lui parlerai avant de partir. (manger, chanter, danser, décider, revenir, finir, commencer)
2. Que faut-il faire afin de comprendre? (venir, réussir, finir à l'heure, savoir la leçon)
3. Il part sans dire au revoir. (manger, attendre, faire ses devoirs, parler)
4. Après avoir chanté, il est parti. (parler, finir, manger, dire au revoir)
5. Après être arrivé, il est venu me voir. (rentrer, entrer, retourner, descendre)

227. Translate the following into French, using an infinitive.

1. before arriving
2. after arriving
3. upon arriving
4. while eating
5. after eating
6. before eating
7. Do not translate.
8. Beat three eggs.
9. What shall we do?
10. Oh, to be rich!

228. Combine the following sentences according to the model.

> Il a fini la leçon. Ensuite, il est allé au théâtre.
> Après avoir fini la leçon, il est allé au théâtre.

1. Il a mangé. Ensuite, il est parti.
2. Nous avons déjeuné. Ensuite, nous sommes allés au musée.
3. Nous sommes arrivées. Ensuite, nous avons décidé de partir.
4. Elle est rentrée.   Ensuite, elle s'est couchée.

Faire in Causative Construction

An important use of the verb **faire** is in causative construction. In this construction, the subject causes an action to be done by someone or something else.   **Faire** is followed by the infinitive.

> **Je fais chanter les enfants.**
> *I have (make) the children sing.*
> **J'ai fait réciter les élèves.**
> *I had (made) the students recite.*
> **Il fait faire ce travail.**
> *He has this work done.*
> **Il a fait faire ce travail.**
> *He had this work done.*

When there is one object, it is a direct object. If it is a noun, it follows the infinitive. If it is a pronoun, it precedes **faire**.

> **Il fait chanter la fille.**
> *He has the girl sing.*
> **Il la fait chanter.**
> *He has her sing.*
> **Elle fait faire une robe.**
> *She has a dress made.*
> **Elle la fait faire.**
> *She has it made.*
> **Elle a fait construire une maison.**
> *She had a house built.*
> **Elle l'a fait construire.**
> *She had it built.*

In the above sentence, the object of **faire** is **construire**. **Faire** does not agree with the direct object pronoun.

When there are two noun or pronoun complements, one will be the direct object and the other will be the indirect object. The person or thing doing the action is the indirect object. Again, all pronoun objects precede **faire**.

> **Il fait réciter le poème aux étudiants.**
> *He has the students recite the poem.*
> **Il le fait réciter aux étudiants.**
> *He has the students recite it.*
> **Il leur fait réciter le poème.**
> *He has them recite the poem.*
> **Il le leur fait réciter.**
> *He has them recite it.*

The past participle of **faire** is always invariable when followed by an infinitive.

La maison que nous avons **fait** construire
The house we had built

If necessary, review object pronouns in Chapter 7.

To avoid possible ambiguity with the indirect object, the person or thing doing the action can be introduced by **par** instead of **à**. For example; **Il fait chanter une chanson à Marie** can mean (1) *He has Mary sing a song* or (2) *He has a song sung to Mary*. If the first meaning is intended, **par** can replace **à**.

Il fait chanter une chanson par Marie.
He has Mary sing a song.

A reflexive pronoun can be used with the verb **faire** in causative construction.

Elle s'est fait faire une robe.
She had a dress made (for herself).
Je me fais couper les cheveux.
I have my hair cut.
Je me suis fait couper les cheveux.
I had my hair cut.
Je me les ai fait couper.
I had it cut.

229. Answer the following, using the causative construction, according to the model.

Qui chante une chanson? *la fille*
On fait chanter une chanson à la fille.

1. Qui étudie la leçon? *les étudiants*
2. Qui peint le tableau? *l'artiste*
3. Qui écrit le poème? *le poète*
4. Qui construit le pont? *les ouvriers*
5. Qui lit le roman? *les élèves*

230. Rewrite the following sentences, substituting **par** for **à**.

1. Le professeur a fait écrire le devoir à la classe.
2. Elle fait chanter la chanson aux garçons.
3. Nous faisons écrire une lettre à notre ami.
4. Je fais jouer du piano à l'enfant.

231. Rewrite the following sentences, replacing the direct object by a pronoun, according to the model.

Le professeur fait expliquer la leçon.
Le professeur la fait expliquer.

1. Le professeur fera réciter les élèves.
2. La fille a fait faire la robe.
3. Nous ferons faire les portraits.
4. Il fera construire la maison.
5. Vous avez fait venir le médecin.
6. Elle s'est fait laver les cheveux.

232. Rewrite the following sentences, replacing the direct and indirect objects by pronouns, according to the model.

> **Il fait lire le poème aux étudiants.**
> **Il le leur fait lire.**

1. Il fera écrire la lettre à son fils.
2. Elle s'est fait faire un chandail.
3. Il fait écrire le résumé aux élèves.
4. Il fera faire la robe par la couturière.
5. Il fait apprendre les verbes à Marie.
6. On a fait jouer le jeu aux enfants.

Laisser and Verbs of Perception plus the Infinitive

After the verb **laisser** and after verbs of perception **entendre, voir, écouter, regarder,** and **sentir,** the infinitive is used. Unlike in English, the infinitive precedes the noun. The pronoun precedes the main verb. These verbs function similarly to the verb **faire** in causative construction.

> **Je laisse Marie finir le travail.**
> *I let Mary finish the work.*
> **Je la (lui) laisse finir le travail.**
> *I let her finish the work.*
> **Je la laisse le finir.**
> *or*
> **Je le lui laisse finir.**
> *I let her finish it.*
> **Je vois coudre Hélène.**
> *I see Helen sewing.*
> **Je la vois coudre.**
> *I see her sewing.*
> **J'ai entendu chanter Marie.**
> *I heard Mary singing.*
> **Je l'ai entendue chanter.**
> *I heard her singing.*
> **J'ai entendu chanter la chanson.**
> *I heard the song sung.*
> **Je l'ai entendu chanter.**
> *I heard it sung.*

Note that the past participle agrees with the preceding direct object if the object performs the action expressed by the infinitive. In the expression: **La femme que j'ai entendue chanter,** the woman did the singing and, therefore, the past participle agrees. However, in the expressions: **La chanson que j'ai entendu chanter,** the past participle does not agree since **chanson** is the object of **chanter.**

233. Translate the following sentences into French.

1. I saw Mary walking on the boulevard.
2. I see her arriving.
3. I let Peter leave.
4. I let him play.
5. I heard the baby cry.

6. I heard them (f.) sing.
7. I listen to them singing.
8. He looks at the painters painting.

The Use of the Prepositions *à* and *de* before an Infinitive

à

The following verbs are followed by the preposition **à** before an infinitive.

aider à	continuer à (de)	se mettre à	se résigner à
aimer (à)	se décider à	obliger à (de)	se résoudre à
s'amuser à	demander à (de)	parvenir à	réussir à
apprendre à	destiner à	passer (du temps) à	servir à
arriver à	encourager à	penser à	songer à
s'attendre à	engager à	persister à	suffire à
avoir à	enseigner à	se plaire à	tarder à
chercher à	forcer à (de)	pousser à	tendre à
commencer à (de)	s'habituer à	se préparer à	tenir à
condamner à	hésiter à	recommencer à (de)	travailler à
consentir à	inviter à	renoncer à	trouver à

de

The following verbs are followed by the preposition **de** before an infinitive.

accepter de	dispenser de	inspirer de	proposer de
(s')accuser de	douter de	interdire de	refuser de
achever de	écrire de	jurer de	regretter de
s'agir de	s'efforcer de (à)	manquer de	se réjouir de
s'arrêter de	empêcher de	menacer de	remercier de
blâmer de	s'ennuyer de (à)	mériter de	se repentir de
cesser de	entreprendre de	négliger de	résoudre de
charger de	envisager de	obliger de (à)	rêver de
choisir de	essayer de	offrir de (à)	rire de
commander de	s'étonner de	ordonner de	risquer de
se contenter de	éviter de	oublier de	souhaiter de
continuer de (à)	s'excuser de	parler de	soupçonner de
convenir de	feindre de	se passer de	se souvenir de
craindre de	féliciter de	permettre de	supplier de
décider de (à)	finir de	persuader de	supporter de
défendre de	forcer de (à)	plaindre de	tâcher de
demander de (à)	se garder de	se plaindre de	tenter de
se dépêcher de	se hâter de	prier de	trembler de
dire de	s'indigner de	promettre de	venir de

Demander à is used when there is no indirect object.

Il **demande à** venir.
He asks to come.

Demander de is used when there is an indirect object.

Il **me demande de** venir.
He asks me to come.

See pages 105 and 119 for uses of **venir de.**

The following verbs have direct objects before **de**.

accuser quelqu'un de	**féliciter** quelqu'un de
avertir quelqu'un de	**menacer** quelqu'un de
blâmer quelqu'un de	**persuader** quelqu'un de
charger quelqu'un de	**prier** quelqu'un de
empêcher quelqu'un de	**remercier** quelqu'un de

The following group of verbs have an indirect object complement and are followed by **de** plus an infinitive.

commander à quelqu'un de	**ordonner** à quelqu'un de
conseiller à quelqu'un de	**permettre** à quelqu'un de
défendre à quelqu'un de	**promettre** à quelqu'un de
demander à quelqu'un de	**proposer** à quelqu'un de
dire à quelqu'un de	**refuser** à quelqu'un de
écrire à quelqu'un de	**reprocher** à quelqu'un de
interdire à quelqu'un de	**suggérer** à quelqu'un de
offrir à quelqu'un de	**téléphoner** à quelqu'un de

The following verbs are followed directly by an infinitive.

aimer	devoir	paraître	revenir
affirmer	écouter	partir	savoir
aller	entendre	penser	sembler
assurer	envoyer	pouvoir	sentir
avouer	espérer	préférer	souhaiter
compter	faire	prétendre	supposer
courir	falloir	se rappeler	valoir mieux
croire	laisser	reconnaître	venir
déclarer	mener	regarder	voir
descendre	monter	rentrer	vouloir
désirer	oser	retourner	

Some transitive verbs that are intransitive in English are not followed by a preposition.

attendre	*to wait for*
chercher	*to look for*
demander	*to ask for*
envoyer chercher	*to send for*
espérer	*to hope for*
payer	*to pay for*
regarder	*to look at*

Il **a attendu** l'autobus pendant un quart d'heure.
He waited for the bus for a quarter of an hour.
Il **paie** les billets.
He pays for the tickets.

Some verbs have a thing as a direct object and a person as an indirect object.

acheter quelque chose à quelqu'un	**enseigner** quelque chose à quelqu'un
apprendre quelque chose à quelqu'un	**ôter** quelque chose à quelqu'un
arracher quelque chose à quelqu'un	**pardonner** quelque chose à quelqu'un
cacher quelque chose à quelqu'un	**prendre** quelque chose à quelqu'un
dire quelque chose à quelqu'un	**refuser** quelque chose à quelqu'un
emprunter quelque chose à quelqu'un	**souhaiter** quelque chose à quelqu'un
enlever quelque chose à quelqu'un	**voler** quelque chose à quelqu'un

Infinitives following a Noun or Adjective

Generally infinitives following a noun or adjective are followed by **de**.

> **Je suis heureux d'être ici.**
> **Elle a peur de sortir la nuit.**

After the impersonal pronoun **il** + **être** + an adjective, **de** precedes the infinitive.

> **Il est bon de se reposer.**

The infinitive depending on a noun, pronoun, or adjective is preceded by **à** to indicate function, result, or tendency.

une machine à coudre	*a sewing machine*
une maison à vendre	*a house for sale*
C'est à recopier.	*It's to be recopied.*

234. Complete the following sentences with the correct preposition when it is necessary.

1. Il apprend _____ chanter.
2. Elle lui a dit _____ le faire.
3. Je vous demande _____ venir me voir.
4. Nous avons essayé _____ faire du ski.
5. Savez-vous _____ jouer de la guitare?
6. Il a commencé _____ neiger.
7. Tu veux _____ parler avec moi.
8. Il refuse _____ m'aider.
9. Elle a peur _____ voir ce film.
10. Il préfère _____ rester ici.
11. Je vous prie _____ m'aider.
12. Nous espérons _____ réussir.
13. Tu réussis _____ le faire.
14. Il faut _____ commencer le travail.
15. Nous envoyons _____ chercher le médecin.
16. Elle m'a empêché _____ venir.
17. Je vous invite _____ aller au cinéma.
18. Venez _____ voir le spectacle!
19. Je dois _____ rentrer à la maison.
20. Il vous permet _____ l'aider.
21. C'est une machine _____ coudre.
22. Je le persuade _____ ne pas partir.
23. Il me promet _____ être sage.
24. J'espère _____ voir ce film bientôt.
25. Regardez _____ ce beau tableau.
26. Je suis étonné _____ vous voir.
27. Cet exercice est _____ refaire.
28. Il est heureux _____ apprendre la nouvelle.

PASSIVE VOICE

Forms of the Passive Voice

Infinitive	être aimé (avoir été aimé)
Present participle	étant aimé (e)
Past participle	aimé(e) (ayant été aimé)
Present	je suis aimé(e)
Present subjunctive	que je sois aimé(e)
Imperfect	j'étais aimé(e)
Future	je serai aimé(e)
Conditional	je serais aimé(e)
Imperative	sois aimé(e), soyons aimé(e)s, soyez aimé(e)(s)(es)
Passé composé	j'ai été aimé(e)
Pluperfect	j'avais été aimé(e)
Conditional past	j'aurais été aimé(e)
Past subjunctive	que j'aie été aimé(e)
Literary past	je fus aimé(e)
Imperfect subjunctive	je fusse aimé(e)
Past anterior	j'eus été aimé(e)
Pluperfect subjunctive	j'eusse été aimé(e)
Passé surcomposé	j'ai eu été aimé(e)

True Passive with *être*

The passive voice is used less frequently in French than in English. When the true passive voice is used, however, it is formed by using a form of the verb **être** plus the past participle.

Passive: **Les lettres ont été distribuées par le facteur.**
          The letters were delivered by the mailman.
Active: **Le facteur a distribué les lettres.**
          The mailman delivered the letters.

The agent or person who performed the action is usually introduced by the preposition **par.**

Cette lettre a été envoyée par Marie.
This letter was sent by Mary.

De is used with verbs expressing condition or emotion.

Le professeur est aimé de ses étudiants.
The teacher is liked by his students.
La montagne est couverte de neige.
The mountain is covered with snow.

The passive voice should be avoided, if possible. If the agent is expressed, simply rewrite the sentence actively.

Passive: **Ce livre sera écrit par un grand auteur.**
Active: **Un grand auteur écrira ce livre.**

When the agent is not expressed, the passive voice can be replaced by **on** and an active verb.

Passive: **La lettre a été envoyée.**
Active: **On a envoyé la lettre.**
Passive: **J'ai été admiré.**
Active: **On m'a admiré.**

The passive voice cannot be used with intransitive verbs. In English we can say:

The letter was answered.

But in French, we must say:

On a répondu à la lettre.

In English, an indirect object can be the subject of a passive verb. This cannot be done in French.

English: *John was given a present.*
French: **Un cadeau a été donné à Jean.**
On a donné un cadeau à Jean.

235. Rewrite the following sentences in the active voice, according to the models.

La carte a été envoyée par Marie.
Marie a envoyé la carte.

La carte a été envoyée.
On a envoyé la carte.

1. Le roman a été écrit par Balzac.
2. Ce monument a été construit par les Romains.
3. Le bâtiment a été détruit par un incendie.
4. Le repas a été préparé par la bonne.
5. Cette maison sera construite par un grand architecte.
6. J'ai été aimé.
7. Le travail a été fini.
8. Cette ville a été détruite pendant la guerre.

The Passive Voice with *se*

A common way to form the passive voice in French is by using the reflexive pronoun **se** with the third person singular or plural form of the verb. This construction is most common when the action is habitual or normal or when the person by whom the action is carried out (the agent) is unimportant.

Les cravates se vendent ici.
Ties are sold here.
Le gouvernement se compose de trois parties.
The government is composed of three parts.
Le français se parle ici.
French is spoken here.
Cela ne se fait pas.
That is not done.

236. Rewrite the following sentences in the passive voice, using the reflexive form.

1. On parle français au Québec.
2. On n'écrit pas ce mot sans *s*.
3. On verra le plus beau monument au centre de la ville.
4. Autrefois, on faisait cela à la main.
5. On a modernisé la ville.
6. On ouvrira les portes à huit heures.
7. On fabriquait ces autos dans cette usine.
8. On ne dit pas cela.

Chapter 5

Interrogative Words and Constructions

FORMING QUESTIONS

Questions are formed in French in the following way:

1. by changing the period of a statement to a question mark and using a rising intonation.

Statement	*Question*
Marie parle français.	**Marie parle français?**
Vous avez bien dormi.	**Vous avez bien dormi?**
Il se réveille.	**Il se réveille?**

2. by adding **n'est-ce pas?** to an affirmative sentence.

Statement	*Question*
Tu vas au musée.	**Tu vas au musée, n'est-ce pas?**
Il est arrivé.	**Il est arrivé, n'est-ce pas?**
Elle se débrouille.	**Elle se débrouille, n'est-ce pas?**

3. by adding **est-ce que** or **est-ce qu'** (before vowels) at the beginning of the statement and by adding a question mark at the end.

Statement	*Question*
Pierre nous parlera.	**Est-ce que Pierre nous parlera?**
Il se rase.	**Est-ce qu'il se rase?**
Elle s'est bien habillée.	**Est-ce qu'elle s'est bien habillée?**

1. Form questions according to the model.

> **Elle parle français.**
> **Elle parle français, n'est-ce pas?**
> **Est-ce qu'elle parle français?**

1. Marie travaille bien.
2. Il écrit une lettre.
3. Pierre se couche.

191

4. Elle s'habillait bien.
5. Ils viendront à l'heure.
6. Ils sont allés au cinéma hier soir.
7. Ces étudiants ont lu ce livre.
8. Pierre s'est reposé.

INTERROGATIVE FORMS BY INVERSION—SIMPLE TENSES

Questions may be formed by inverting a pronoun subject and the verb of declarative sentences. The subject is connected to the verb with a hyphen.

Statement	*Question*
Tu vas à Londres.	**Vas-tu à Londres?**
Vous parlez français.	**Parlez-vous français?**
Nous nous levons.	**Nous levons-nous?**
Vous vous débrouillez bien.	**Vous débrouillez-vous bien?**

When inverting a third person singular subject and a verb, a **t** must be inserted between the inverted verb and the subject if the verb ends in a vowel.

Statement	*Question*
Il parle français.	**Parle-t-il français?**
Il se lève.	**Se lève-t-il?**

But:

Il écrit.	**Ecrit-il?**

Inversion is usually not used with **je**. Instead, use **est-ce que**.

Est-ce que je suis content?

Inversion with **je** is permitted with certain often-used verbs.

Suis-je
Ai-je
Puis-je

Note that **peux** becomes **puis** in inversion with **je**.

When inverting with a noun subject, state the noun, then the verb, then the pronoun.

Statement	*Question*
Marie parle français.	**Marie parle-t-elle français?**
Pierre s'habille.	**Pierre s'habille-t-il?**

After interrogative adverbs, either simple or complex inversion can be used.

Quand viendront les invités?
Quand les invités viendront-ils?

Complex inversion is obligatory

1. after **pourquoi** when the subject is a noun;

Pourquoi les élèves font-ils du bruit?

2. when the verb is followed by an adjective or direct object.

Pourquoi Pierre est-il paresseux?
A qui la fille doit-elle donner l'argent?

2. Form questions according to the model.

> **Tu regardes le film.**
> **Regardes-tu le film?**

1. Tu regardes la peinture.
2. Vous allez à Paris.
3. Nous savons la réponse.
4. Ils écoutent la radio.
5. Elle court.
6. Tu te dépêches.
7. Nous nous lèverons de bonne heure.
8. Elles se couchent à dix heures.
9. Je suis amusant.
10. Je peux le faire.

3. Form questions according to the model.

> **Il parle français.**
> **Parle-t-il français?**

1. Elle pleure beaucoup.
2. Il ouvre la porte.
3. Elle rencontre une amie au café.
4. Il se dépêche.
5. Elle se lave la figure.
6. Elle s'amuse bien.

4. Form questions according to the model.

> **Marie parle français.**
> **Marie parle-t-elle français?**

1. Les enfants prennent des bonbons.
2. Marie aime la peinture moderne.
3. Hélène lit un roman.
4. Les invités viendront à l'heure.
5. Pierre se rase.
6. Hélène se reposera dimanche.
7. Ces hommes se débrouillent bien.
8. Marc et Pierre se retrouvent à l'école tous les jours.

INTERROGATIVE FORMS BY INVERSION—COMPOUND TENSES

In compound tenses, the subject pronoun and the auxiliary verb are inverted.

Statement	Question
Il a travaillé.	**A-t-il travaillé?**
Vous êtes arrivé.	**Etes-vous arrivé?**
Ils se sont rasés.	**Se sont-ils rasés?**
Elle s'est couchée.	**S'est-elle couchée?**

5. Rewrite the following in the interrogative form, according to the model.

> **Il a chanté.**
> **A-t-il chanté?**

1. Nous avons fait nos devoirs.
2. Elle a dit la vérité.
3. Louise est vite montée.
4. Nous sommes arrivés à l'heure.
5. Ils se sont couchés.
6. Elles se sont moquées de vous.
7. Nous nous sommes dépêchées.
8. Hélène s'est lavée.

INTERROGATIVE ADVERBS AND ADVERBIAL EXPRESSIONS

Following are common interrogative words used to introduce questions.

Où?	*Where?*	**Combien?**	*How many?*
Quand?	*When?*	**Pourquoi?**	*Why?*
Comment?	*How?*	**A quelle heure?**	*At what time?*

Study the following.

Où va-t-elle?	*Where is she going?*
Quand arrive-t-elle?	*When is she arriving?*
Comment va-t-il?	*How is he?*
Combien de livres y a-t-il sur la table?	*How many books are there on the table?*
Combien coûte le bifteck?	*How much does the steak cost?*
Pourquoi pleure-t-elle?	*Why is she crying?*
A quelle heure vient-il?	*At what time is he coming?*

6. Complete the following with an appropriate question word.

1. Elles partent demain.
   _____ partent-elles?
2. L'auto coûte deux mille dollars.
   _____ coûte l'auto?
3. Marie va au musée.
   _____ va Marie?
4. L'église est moderne.
   _____ est l'église?
5. Elle arrivera à trois heures.
   _____ arrivera-t-elle?
6. Elle met un chandail parce qu'elle a froid.
   _____ met-elle un chandail?
7. Elles vont à la plage en été.
   _____ vont-elles à la plage?
8. Elles vont à la plage en été.
   _____ vont-elles en été?
9. Elle a trois disques.
   _____ de disques a-t-elle?
10. Elle est heureuse.
    _____ est-elle?

INTERROGATIVE PRONOUNS

The interrogative pronouns are:

Subject

Qui?		**Qui** vient?	*Who is coming?*
Qui est-ce qui?	*Who?*	**Qui est-ce qui** vous parle?	*Who is speaking to you?*
Qu'est-ce qui?	*What?*	**Qu'est-ce qui** se passe?	*What is happening?*
		Qu'est-ce qui est arrivé?	*What happened?*

Note that there is no short form for **qu'est-ce qui.**

Object

Qui?	
Qui est-ce que?	*Whom?*
Que?	
Qu'est-ce que?	*What?*
Qui voyez-vous?	*Whom do you see?*
Qui est-ce que vous voyez?	*Whom do you see?*
Que voyez-vous?	*What do you see?*
Qu'est-ce que vous voyez?	*What do you see?*

Qui is never joined to a following word beginning with a vowel. **Que** becomes **qu'** before a word beginning with a vowel.

Qui avez-vous vu?	*Whom did you see?*
Qu'avez-vous vu?	*What did you see?*

Que can be used as a predicate.

Qu'est-il sans sa famille?
What is he without his family?
Qu'est-ce qu'un dîner sans vin?
What's a dinner without wine?

Object of a preposition

qui?	*whom?*
quoi?	*what?*
Avec qui avez-vous parlé?	*With whom did you speak?*
Avec quoi écrit-il?	*With what does he write?*

A qui, meaning *whose*, is used to denote ownership for persons.

A qui sont ces livres?	*Whose books are these?*

De qui is used to denote relationship to someone.

De qui est-il le fils?	*Whose son is he?*

Quoi can be used without a verb in certain idiomatic expressions.

Quoi de neuf?	
Quoi de nouveau?	*What's new?*

Quoi can also be used alone.

Quoi? Vous voulez me voir?
What? You want to see me?

The third person singular form of the verb is usually used with **qui, qui est-ce qui,** and **qu'est-ce qui** even when a plural answer is expected.

Qui vient?
Paul et Marie viennent.

When **qui** is a predicate nominative, the verb can be in the plural.

Qui êtes-vous?

7. Complete the following with an appropriate question word.

1. Marie est venue nous voir.
   _____ est venu nous voir? (short form)
   _____ est venu nous voir? (long form)
2. Le tonnerre a fait ce bruit.
   _____ a fait ce bruit?
3. C'est Pierre que je vois.
   _____ vous voyez?
   _____ voyez-vous?
4. C'est Marie qu'il a vue.
   _____ il a vu?
   _____ a-t-il vu?

5. Elle fait une promenade.
   _____ elle fait?
   _____ fait-elle?
6. Il a cherché un hôtel.
   _____ il a cherché?
   _____ a-t-il cherché?
7. Il a parlé de Marie.
   De _____ a-t-il parlé?
8. Il a parlé de ses livres.
   De _____ a-t-il parlé?

8. Form questions, using the interrogative word that will elicit the italicized element in the response.

    Marie vient.
    Qui vient?   Qui est-ce qui vient?

1. *Quelqu'un* parle.
2. Elle est la sœur d'*Hélène*.
3. Il a vu *le film*.
4. Il écrit sa composition sur *l'architecture moderne*.
5. *Le vent* a fermé la porte.
6. Il parle à *Marie*.
7. *Quelque chose* se passe.
8. Elle parle de *ses peintures*.
9. Il regarde *son amie*.
10. Il fait *une promenade*.
11. Ces livres sont à *Pierre*.
12. Elle est la fille de *Madame Leblanc*.
13. *Marie et Pierre* vont à la bibliothèque.
14. *Les avions* font ce bruit.

9. Translate the following into French.

1. Whose records are these?
2. Whose son is he?
3. Whose books are these?
4. Whose mother is she?
5. What's new?

QU'EST-CE QUE C'EST?

Qu'est-ce que c'est is used in explanations or definitions and means *what is*.

Qu'est-ce que c'est?	*What's that?*
Qu'est-ce que c'est que cela?	*What's that?*
Qu'est-ce que c'est que le jeu de boules?	*What's the game of boules?*

10. Translate the following into French.

    1. What's the Louvre?

    2. What's the *Tour de France?*

    3. What's a symbol?

    4. What's the Sorbonne?

INTERROGATIVE ADJECTIVE *QUEL*

The interrogative adjective **quel** (*what*) agrees with the noun it modifies.

	Masculine	Feminine
Singular	**quel**	**quelle**
Plural	**quels**	**quelles**

Quel est votre nom?	*What is your name?*
Quels livres lisez-vous?	*What books are you reading?*
Quelle heure est-il?	*What time is it?*
Quelles sont vos idées?	*What are your ideas?*

The interrogative adjective can be the subject of the verb **être** except when it refers to a person. Then **qui** is used.

Quel est votre adresse?	*What is your address?*
Qui est votre amie?	*Who is your friend?*

Quel can be used with persons when meaning *what kind of*.

    Quels sont ces hommes? Ce sont des médecins.
    What kind of men are they? They are doctors.
    Quel est cet homme? C'est un écrivain.
    What kind of man is he? He is a writer.

Quel can be used in indirect address.

    Je voudrais savoir **quel** livre vous lisez.
    I want to know what book you are reading.

The interrogative adjective can also mean *what a . . .!*

Quel garçon!	*What a boy!*
Quelle fille!	*What a girl!*

11. Form questions, using **quel.**

    1. Les robes rouges sont dans l'armoire.

    2. J'aime bien ces peintures-là.

    3. Le tableau au coin est grand.

    4. Les restaurants là-bas sont bons.

    5. Mon adresse est 15, rue de Prony.

12. Complete the following with the correct form of **quel** or **qui.**

    1. _____ heure est-il?

    2. _____ sont ces hommes? Ce sont des avocats.

    3. _____ est cette fille?

    4. _____ livres lisez-vous?

    5. _____ est votre adresse?

    6. _____ robes préférez-vous?

13. Follow the model.

> Regarde le garçon!
> Quel garçon!

1. Regarde le paysage!
2. Regarde la peinture!
3. Regarde les livres!
4. Regarde les animaux!
5. Regarde l'arbre!

INTERROGATIVE PRONOUN *LEQUEL*

Lequel is the interrogative word which corresponds to the English *which one*.

	Singular		*Plural*	
Masculine	**lequel**	*which one*	**lesquels**	*which ones*
Feminine	**laquelle**	*which one*	**lesquelles**	*which ones*

The forms of **lequel** must agree with the noun to which they refer.

> **Lequel** de ces livres voulez-vous?
> *Which one of these books do you want?*
> **Lesquels** de ces livres voulez-vous?
> *Which ones of these books do you want?*
> **Laquelle** de ces peintures préférez-vous?
> *Which one of these paintings do you prefer?*
> **Lesquelles** de ces peintures préférez-vous?
> *Which ones of these paintings do you prefer?*

The forms of **lequel** make the normal contractions with **à** or **de**.

à + lequel = auquel	de + lequel = duquel
à + lesquels = auxquels	de + lesquels = desquels
à + lesquelles = auxquelles	de + lesquelles = desquelles
à + laquelle do not contract.	de + laquelle do not contract.

> **Auquel** de ces garçons parlez-vous?
> *To which one of these boys are you speaking?*
> **Desquelles** a-t-il parlé?
> *Of which ones did he speak?*

14. Complete the following with the correct form of **lequel**.

1. Marie a deux livres. _____ des deux voulez-vous?
2. Hélène a deux peintures. _____ des deux voulez-vous?
3. Voilà des livres. _____ voulez-vous? (plural)
4. Voilà des robes. _____ voulez-vous? (plural)

15. Complete the following with the correct form of **à** plus **lequel**.

1. Il parle à une fille. _____ parle-t-il?
2. Elle parle à un garçon. _____ parle-t-elle?

3. Il parle aux filles. _____ parle-t-il?

4. Elles parlent aux garçons. _____ parlent-elles?

16. Complete the following with the correct form of **de** plus **lequel.**

1. Il a parlé d'un garçon. _____ a-t-il parlé?

2. Elle a parlé d'une fille. _____ a-t-elle parlé?

3. Il a parlé des filles. _____ a-t-il parlé?

4. Elle a parlé des garçons. _____ a-t-elle parlé?

Chapter 6

Negative Words and Constructions

NEGATION OF SIMPLE TENSES

Verbs in simple tenses are made negative by placing **ne** before the verb and **pas** after it. Note that **ne** becomes **n'** before words beginning with a vowel.

Affirmative	*Negative*
Il parle français.	Il **ne** parle **pas** français.
Nous lisons beaucoup.	Nous **ne** lisons **pas** beaucoup.
Elle écrira le poème.	Elle **n'**écrira **pas** le poème.
Dans ce cas-là, elle viendrait.	Dans ce cas-là, elle **ne** viendrait **pas.**

To form the negative of reflexive verbs in simple tenses, **ne** is placed before the reflexive pronoun and **pas** is placed after the reflexive verb.

Affirmative	*Negative*
Je me réveille.	Je **ne** me réveille **pas.**
Il s'habillera bien.	Il **ne** s'habillera **pas** bien.
Nous nous couchions de bonne heure.	Nous **ne** nous couchions **pas** de bonne heure.

In sentences with verbs followed by a complementary infinitive, **ne** is placed before and **pas** after the main verb.

Affirmative	*Negative*
Il veut venir.	Il **ne** veut **pas** venir.
Je vais me lever.	Je **ne** vais **pas** me lever.

1. Rewrite the following sentences in the negative.

    1. Il va au théâtre.
    2. Vous lirez le roman.
    3. Je crains cet homme.
    4. J'écoute le professeur.
    5. Tu habitais à Paris en ce temps-là.
    6. Vous arriveriez en retard.

7. Je me reposerai dimanche.
8. Elles se couchaient à onze heures tous les soirs.
9. Vous vous retrouverez à la gare.
10. Ils se moquent de lui.
11. Nous nous débrouillons bien.
12. Il s'habille bien.

2. Rewrite the following sentences in the negative, according to the model.

> Je veux travailler.
> Je ne veux pas travailler.

1. Nous voulons partir.
2. Elle aime chanter.
3. Elle veut se lever.
4. Tu vas t'habiller.

NEGATION OF COMPOUND TENSES

Verbs in compound tenses are made negative by adding **ne** before and **pas** after the auxiliary verb **avoir** or **être**.

Affirmative	*Negative*
J'ai fini.	Je n'ai pas fini.
Elle est venue.	Elle n'est pas venue.
Nous serons arrivés.	Nous ne serons pas arrivés.
Elles étaient venues.	Elles n'étaient pas venues.
Nous aurions fait cela.	Nous n'aurions pas fait cela.

To form the negative of reflexive verbs in compound tenses, **ne** is added before the reflexive pronoun and **pas** is added after the auxiliary verb.

Affirmative	*Negative*
Elle s'est levée.	Elle ne s'est pas levée.
Je me serai bien habillé.	Je ne me serai pas bien habillé.

3. Rewrite the following sentences in the negative.

1. J'ai acheté la robe.
2. Vous aviez compris la situation.
3. Ils ont écrit leurs devoirs.
4. Nous sommes restés ici.
5. Elle est tombée du cheval.
6. Ils seront venus à l'heure.
7. Elle s'est bien reposée.
8. Nous nous serons dépêchées.
9. Elles se sont plaintes de tout.
10. Vous vous êtes levés de bonne heure.

4. Answer the following questions in the negative.

1. Avez-vous reçu la lettre?
2. A-t-il lu l'histoire?
3. Etes-vous allée au cinéma hier?

4. Sont-elles parties de bonne heure?
5. Vous êtes-vous levé de bonne heure?
6. S'est-elle endormie?

THE NEGATIVE INTERROGATIVE

The negative interrogative is formed by placing **ne** before the verb and **pas** after it when using intonation, **est-ce que**, or **n'est-ce pas**.

Affirmative	*Negative*
Marie travaille?	Marie **ne** travaille **pas**?
Est-ce qu'Hélène se réveille?	Est-ce qu'Hélène **ne** se réveille **pas**?
Pierre se rasera, n'est-ce pas?	Pierre **ne** se rasera **pas**, n'est-ce pas?

In compound tenses, **ne** is placed before the auxiliary verb and **pas** after it.

Affirmative	*Negative*
Est-ce qu'il a parlé?	Est-ce qu'il **n'**a **pas** parlé?
Elle s'est amusée, n'est-ce pas?	Elle **ne** s'est **pas** amusée, n'est-ce pas?

In interrogative sentences by inversion, **ne** is placed before the verb and **pas** is placed after the pronoun.

Affirmative	*Negative*
Travaille-t-il?	**Ne** travaille-t-il **pas**?
Georges va-t-il à Paris?	Georges **ne** va-t-il **pas** à Paris?

In compound tenses, **ne** is placed before the auxiliary verb and **pas** is placed after the subject pronoun.

Affirmative	*Negative*
A-t-il fini?	**N'**a-t-il **pas** fini?
Es-tu parti?	**N'**es-tu **pas** parti?

For reflexive verbs, **ne** precedes the reflexive pronoun and **pas** follows the subject pronoun.

Affirmative	*Negative*
Vous couchez-vous?	**Ne** vous couchez-vous **pas**?
Se lève-t-il?	**Ne** se lève-t-il **pas**?
Vous êtes-vous réveillé?	**Ne** vous êtes-vous **pas** réveillé?

5. Rewrite the following in the negative.

1. Est-ce que Georges vous parlera?
2. Lit-il le livre?
3. Ouvre-t-elle la fenêtre?
4. Se dépêche-t-il?
5. Vous réveillez-vous?
6. Avez-vous fini?
7. Ont-elles craint cet homme?
8. Sont-elles rentrées de bonne heure?
9. Se sont-ils couchés?
10. T'es-tu blessé?

6. Rewrite the following sentences in the inverted interrogative form.

1. Tu ne vis pas bien ici.
2. Il ne saura pas la vérité.
3. Nous ne nous dépêchons pas.
4. Vous ne vous levez pas de bonne heure.
5. Elle n'a pas cru l'histoire.
6. Elles ne sont pas revenues de bonne heure.
7. Il ne s'est pas rasé.
8. Vous ne vous êtes pas bien débrouillé.

SI IN ANSWER TO A NEGATIVE QUESTION

When answering a negative question in the affirmative, **si** is used instead of **oui**.

Ne parles-tu pas français?	*Don't you speak French?*
Si, je parle francais.	*Yes, I speak French.*
Tu ne viendras pas, n'est-ce pas?	*You won't come, will you?*
Si, je viendrai.	*Yes, I will come.*

If the answer is affirmative to an affirmative question, **oui** is used.

Parles-tu français?	*Do you speak French?*
Oui, je parle français.	*Yes, I speak French.*

7. Answer the following questions, using **si** or **oui.**

1. Parlez-vous français?
2. Ne parlez-vous pas français?
3. Viendront-ils à l'heure?
4. Ne viendront-ils pas à l'heure?
5. A-t-il fini?
6. Il n'a pas fini, n'est-ce pas?
7. Se réveille-t-elle?
8. Elle ne se réveille pas, n'est-ce pas?

8. Answer the following questions, using **si** or **oui.**

1. Vit-il bien ici?
2. Ne sont-ils pas venus?
3. Elle ne prendra pas le déjeuner ici?
4. A-t-il lu ce roman?
5. N'ont-ils pas craint le criminel?

OMISSION OF *PAS*

Pas may be omitted in the negative after **savoir, pouvoir, oser,** and **cesser** when they are accompanied by an infinitive.

Il ne sait que faire.	*He doesn't know what to do.*
Il ne peut la comprendre.	*He can't understand her.*
Il n'ose le faire.	*He doesn't dare do it.*
Il ne cesse de neiger.	*It doesn't stop snowing.*

9. Rewrite the following sentences, putting the first verb in the negative, omitting **pas.**

    1. Il sait ce qu'il veut.
    2. Il cesse de pleuvoir.
    3. Elle ose le dire.
    4. Elle peut le faire.

NEGATION OF THE INFINITIVE

To make an infinitive negative, place **ne pas** before the infinitive.

Il me dit de **ne pas pleurer.**	*He tells me not to cry.*

When there is a pronoun, **ne pas** precedes the pronoun.

Il m'a dit de **ne pas le faire.**	*He told me not to do it.*
Il m'a dit de **ne pas me coucher.**	*He told me not to go to bed.*
Il m'a dit de **ne pas y aller.**	*He told me not to go there.*

With the past infinitive, **pas** can come before or after the auxiliary.

Elle affirme **ne pas** avoir fait ses devoirs.
Elle affirme **n'**avoir **pas** fait ses devoirs.
Elle affirme **ne pas** les avoir faits.
Elle affirme **ne** les avoir **pas** faits.

10. Rewrite the following sentences, making the infinitive negative.

    1. Il vous dit d'avoir peur.
    2. Elle vous demande de venir.
    3. Elle vous dit d'être heureux.
    4. Je vous demande de leur parler.
    5. Elle vous dit de le faire.
    6. Elle affirme avoir vu ce film.

NEGATIVE WORDS AND PHRASES

Many negative expressions function like **ne . . . pas.**

    1. **ne . . . pas du tout** *not at all*

        Il n'est **pas du tout** bête.
        He is not at all stupid.

    2. **ne . . . point** *not* (emphatic)

        Il **ne** le **dit** point.
        He does not say it.

    3. **ne . . . plus** *no longer, no more*

        Je **ne** travaille **plus.**
        I am no longer working.
        Je **n'**ai **plus** de livres.
        I have no more books.

4. ne . . . jamais *never*

> Il **n'**oubliera **jamais** ce film.
> *He will never forget this film.*

Jamais without **ne** means *ever*.

> Etes-vous **jamais** allé ici?
> *Did you ever go here?*

It can also stand alone, meaning *never*.

> Avez-vous vu ce film?   **Jamais!**
> *Did you see this film?   Never!*

5. ne . . . guère *hardly*

> Il **n'**a **guère** le temps.
> *He hardly has the time.*

6. ne . . . aucun(e) *not any*

> Il **n'**a **aucun** livre.
> *He does not have any book.*

7. Aucun(e) . . . ne *none*

> **Aucun n'**est vrai.
> *None is true.*

8. ne . . . plus aucun(e) *no longer any*

> Il **n'**a **plus aucun** livre.
> *He no longer has any book.*

9. ne . . . que *only*

> Il **n'**a **que** deux chambres.
> *He has only two rooms.*
> Il **n'**a lu **que** des journaux.
> *He read only newspapers.*

Note that **que** follows the past participle in compound tenses.

10. ne . . . rien *nothing, anything*

> Il **ne** voit **rien**.
> *He sees nothing. (He doesn't see anything.)*
> Qu'est-ce qu'il voit?   **Rien.**
> *What does he see?   Nothing.*
> Il **n'**a **rien** vu.
> *He saw nothing. (He didn't see anything.)*

Note that **rien** precedes the past participle in compound tenses.

11. Rien ne . . . *nothing*

> **Rien ne** peut m'aider.
> *Nothing can help me.*

12. ne . . . personne *no one, anyone*

> Elle **ne** regarde **personne**.
> *She is not looking at anyone. (She is looking at no one.)*

> Elle n'a vu **personne.**
> *She saw no one. (She didn't see anyone.)*

Note that **personne** follows the past participle in compound tenses.

13. Personne ne . . .   *No one*

> **Personne n'**est venu.
> *No one came.*
> Qui est arrivé? **Personne.**
> *Who arrived? No one.*

Note that **personne** and **rien** can stand alone.

14. nul (nulle) ne . . .   *no one*

> **Nul ne** sait la vérité.
> *No one knows the truth.*

15. ne . . . ni . . . ni   *neither . . . nor*

> Il n'a **ni** père **ni** mère.
> *He has neither a father nor a mother.*
> Il n'a écrit **ni** à son père **ni** à sa mère.
> *He wrote neither to his father nor to his mother.*

Ni may be used more than twice.

> Il **ne** veut **ni** lire, **ni** écrire, **ni** étudier.
> *He wants neither to read, to write, nor to study.*

16. ni l'un(e) ni l'autre ne . . .   *neither one*

> **Ni l'un ni l'autre n'**est venu.
> *Neither one came.*

When used as a direct object, **ni l'un ni l'autre** means *either one.*

> Il **ne** veut **ni l'un ni l'autre.**
> *He doesn't want either one.*

17. non plus   *neither, either*

Non plus is the negative word which replaces **aussi.**

> Il le sait. Je le sais **aussi.**
> *He knows it. I know it too.*
> Il ne le sait pas. Je ne le sais pas **non plus.**
> *He doesn't know it. I don't know it either.*

> Elle travaille beaucoup. **Moi aussi.**
> *She works a lot. Me too (also). (So do I.)*
> Elle ne travaille pas beaucoup. **Ni moi non plus.**
> *She doesn't work much. Neither do I.*

Note that the pronoun used is the disjunctive pronoun.

> **Ni lui non plus.**
> *Nor he either.*

Note that **de** is used instead of the partitive after **ne . . . pas, ne . . . plus,** and **ne . . . jamais.**

> Je n'ai **pas de** livres.
> *I don't have any books.*
> Elle n'a **plus** d'argent.
> *She doesn't have any more money.*
> Il **ne** mange **jamais de** tomates.
> *He never eats tomatoes.*

The partitive is used after **ne . . . que.**

> Je n'ai **que des** livres.
> *I have only books.*

No article or partitive is used after **ne . . . ni . . . ni.**

> Il n'a **ni** frères **ni** sœurs.
> *He has neither brothers nor sisters.*

When **jamais** and **personne** are in conditional or interrogative sentences, they may appear without the **ne. Jamais** then means *ever* and **personne** means *anyone.*

> A-t-elle **jamais** fait du ski?
> *Has she ever skied?*
> Y a-t-il **personne** d'intéressant ici?
> *Is there anyone interesting here?*

Study the following:

Affirmative	*Negative*
Elle y va **toujours.**	Elle n'y va **jamais.**
Toujours, je le ferai.	**Jamais,** je ne le ferai.
Il a **quelque** problème.	Il n'a **aucun** problème.
Je vois **quelque chose.**	Je **ne** vois **rien.**
Quelque chose arrive.	**Rien** n'arrive.
Je vois **quelqu'un.**	Je ne vois **personne.**
Quelqu'un est venu.	**Personne** n'est venu.
Avez-vous **un** dictionnaire ou **un** roman?	Je n'ai **ni** dictionnaire **ni** roman.
Tous les deux sont venus.	**Ni l'un ni l'autre** n'est venu.

Unlike English, many negative words can be used in the same sentence.

> Il **ne** dit **jamais rien** à **personne.**
> *He never says anything to anyone.*

11. Rewrite the following sentences replacing the italicized words with a negative phrase.

1. Elle dit *toujours* la même chose.
2. *Toujours,* elle le fait.
3. Elle a *toujours* chanté.
4. J'ai *quelque* espoir.
5. Marie trouve *quelque chose.*
6. Marie a perdu *quelque chose.*
7. *Quelque chose* est dans la cuisine.
8. *Quelque chose* s'est passé.
9. Il y a *quelqu'un* dans la boutique.

   10. Il a vu *quelqu'un*.
   11. *Quelqu'un* frappe à la porte.
   12. *Quelqu'un* est arrivé.
   13. J'ai *un* crayon et *un* stylo.
   14. *Il parle* à son père et à sa mère.
   15. Elle veut *du* pain et *du* beurre.
   16. *Tous les deux* sont partis.
   17. Pierre parle *toujours* de *quelque chose* à *quelqu'un*.

12. Rewrite the following sentences, adding the French equivalent of the English words.

   1. J'ai vu ce film. *never*
   2. Nous avons dansé. *not at all*
   3. Il oubliera cette leçon. *never*
   4. Il prend du vin. *hardly*
   5. Est-ce qu'il va étudier? *ever*
   6. Il a un disque. *no longer any*
   7. Elle a des amis et des ennemis. *neither . . . nor*
   8. Il a écrit des poèmes. *only*
   9. Il a du temps. *hardly*
  10. Elle a deux frères. *only*
  11. Elle chante des chansons. *no longer*

13. Answer the following questions, using the cue provided.

   1. Est-ce qu'il y a quelque chose d'intéressant à faire? *ne . . . rien*
   2. Va-t-elle travailler? *ne . . . jamais*
   3. Y a-t-il quelqu'un ici? *ne . . . personne*
   4. Qui est venu? *Personne ne . . .*
   5. A-t-il des livres? *ne . . . aucun*
   6. A-t-il des livres ou des journaux? *ne . . . ni . . . ni*
   7. Avez-vous le temps de le faire? *ne . . . guère*
   8. Est-elle riche? *pas du tout*

14. Replace **aussi** with **non plus** in the following sentences and make necessary changes.

   1. Il est riche aussi.
   2. Elles aussi, elles ont beaucoup d'argent.
   3. Marie le sait aussi.
   4. Moi aussi, je viens.
   5. Lui aussi, il la verra.
   6. Elles mangent ici aussi.
   7. Il l'a fait aussi.

Chapter 7

Pronouns

SUBJECT PRONOUNS

The subject pronouns in French are as follows.

je	*I*	**nous**	*we*
tu	*you*	**vous**	*you*
il	*he*	**ils**	*they*
elle	*she*	**elles**	*they*
on	*one, they, people, we*		

There are several ways to express *you* in French. **Tu** is used to address a friend, relative, or close associate. **Vous** is used to address someone you do not know well or someone older than yourself. To address two or more people, either friends or relatives, **vous** is used.

Tu es gentil, **Pierre.**
Vous êtes gentil, **Monsieur Leclerc.**
Vous êtes gentils, **Pierre et Marie.**
Vous êtes gentils, **Monsieur et Madame Leclerc.**

When referring to two people, one male and one female, the pronoun **ils** is used.

Pierre et Marie vont au cinéma.
Ils vont au cinéma.

In spoken language, the pronoun **on** can replace the pronoun **nous.**

Nous sommes heureux ici.
On est heureux ici.

The pronoun **on** can also mean *people, they, one.*

On est malheureux.
They (People, One) are (is) unhappy.

See pages 188 to 189 for the uses of **on** to replace a passive voice.

1. Change the italicized words to a pronoun.

    1. *Marie* parle français.
    2. *Pierre* chante bien.

3. *Georges et André* jouent de la guitare.
4. *Hélène et Anne* étudient à la Faculté de Médecine.
5. *Yvonne et Georges* vont en vacances.

2. Follow the model. Use **tu** or **vous**.

> heureux/Pierre
> **Es-tu heureux, Pierre?**

1. content/Monsieur
2. malheureuse/Marie
3. paresseux/Jean et Georges
4. fatigué/Jean
5. contents/Monsieur et Madame Leblanc

3. Rewrite the following sentences replacing the italicized words with **on**.

1. *Nous* sommes paresseux.
2. *Ils* sont innocents.
3. *Nous* y allons tout de suite.
4. *Ils* sont intelligents.

DIRECT OBJECT PRONOUNS

Le, la, l', les

The third person direct object pronouns in French are **le** (*it, him*), **la** (*it, her*), **l'** (*it, him, her*), and **les** (*them*). The direct object pronoun **le** replaces masculine singular nouns: **la** replaces feminine singular nouns; **l'** is used before verbs beginning with a vowel; **les** replaces plural nouns. **Les** connects with a **z** sound to a word beginning with a vowel. Note that the pronouns can refer to either persons or things and that they immediately precede the conjugated form of the verb.

Jean lit **le livre.**	*John reads the book.*
Jean **le** lit.	*John reads it.*
Pierre regarde **les nuages.**	*Peter looks at the clouds.*
Pierre **les** regarde.	*Peter looks at them.*
Marie voit **Pierre.**	*Mary sees Peter.*
Marie **le** voit.	*Mary sees him.*
Le garçon voit **l'arbre.**	*The boy sees the tree.*
Le garçon **le** voit.	*The boy sees it.*
Pierre regarde **les enfants.**	*Peter looks at the children.*
Pierre **les** regarde.	*Peter looks at them.*
André écoute **le disque.**	*Andrew listens to the record.*
André **l'**écoute.	*Andrew listens to it.*
Hélène achète **les disques.**	*Helen buys the records.*
Hélène **les** achète.	*Helen buys them.*
Jacques cherche **la photo.**	*James looks for the photo.*
Jacques **la** cherche.	*James looks for it.*

| Georges regarde **les peintures.** | *George looks at the paintings.* |
| Georges **les** regarde. | *George looks at them.* |

| Nous lisons **l'histoire.** | *We are reading the story.* |
| Nous **la** lisons. | *We are reading it.* |

| Jean regarde **Marie.** | *John is looking at Mary.* |
| Jean **la** regarde. | *John is looking at her.* |

| Pierre regarde **les peintures.** | *Peter is looking at the paintings.* |
| Pierre **les** regarde. | *Peter is looking at them.* |

| Claire achète **la voiture.** | *Claire buys the car.* |
| Claire **l'**achète. | *Claire buys it.* |

| Pierre aide **les filles.** | *Peter helps the girls.* |
| Pierre **les** aide. | *Peter helps them.* |

4. Complete the following sentences with the appropriate object pronoun.

1. Pierre regarde Marie. Pierre _____ regarde.
2. André prend les photos. André _____ prend.
3. La mère aide la fille. La mère _____ aide.
4. Elles considèrent ce voyage. Elles _____ considèrent.
5. Ils lisent les romans. Ils _____ lisent.
6. Le professeur écrit le discours. Le professeur _____ écrit.
7. Nous croyons l'histoire. Nous _____ croyons.
8. Il achète le disque. Il _____ achète.
9. Elle voit le problème. Elle _____ voit.
10. Nous achetons les billets. Nous _____ achetons.

5. Rewrite the following, substituting the italicized object with a pronoun.

1. Il comprend *la leçon.*
2. Il aime *Marie.*
3. Tu cherches *le livre.*
4. Tu as *l'argent.*
5. Ils aiment *les disques.*
6. Ils font *les devoirs.*
7. J'écris *la composition.*
8. Nous lisons *l'histoire.*
9. Il remplit *le verre.*
10. Ils dessinent *les montagnes.*

Special Use of the Pronoun *le*

Le can be used to replace a complete idea.

Croyez-vous qu'il arrive ce soir?
Oui, je **le** crois. *Yes, I think so.*

Je suis content et elle **l'**est aussi.
I am happy and she is (happy) too.

Le can also replace an adjective in the second part of a comparison.

Il est moins intelligent que je **ne** le pensais.

6. Answer the following questions according to the model.

> Pensez-vous qu'il va inviter Marie? *Oui*
> Oui, je le pense.

1. Pensez-vous qu'il aime l'art moderne? *Oui*
2. Croyez-vous qu'il fasse le travail? *Non*
3. Pensez-vous qu'il arrive à l'heure? *Oui*
4. Croyez-vous qu'il vienne? *Non*
5. Savez-vous qu'il pleut? *Oui*

7. Complete the following sentences with the correct object pronoun.

1. Pierre est content et Marie _____ est aussi.
2. Je suis fatigué et elles _____ sont aussi.
3. Elle est heureuse et il _____ est aussi.
4. Je suis triste et ils _____ sont aussi.

DIRECT AND INDIRECT OBJECT PRONOUNS

Me, te, nous, vous

The pronouns **me** (*me*), **te** (*you*, familiar), **nous** (*us*), and **vous** (*you*, formal, singular and plural) can be used as both direct and indirect object pronouns. The position is the same as for the object pronouns **le, la, l'**, and **les.**

Direct:	Il **me** voit.	*He sees me.*
Indirect:	Il **me** parle.	*He speaks to me.*
Direct:	Elle **te** regarde.	*She looks at you.*
Indirect:	Elle **te** répond.	*She answers you.*
Direct:	Elle **nous** comprend.	*She understands us.*
Indirect:	Elle **nous** donne le livre.	*She gives us the book.*
Direct:	Je **vous** regarde.	*I am looking at you.*
Indirect:	Je **vous** parle.	*I am speaking to you.*

Me becomes **m'** and **te** becomes **t'** before a vowel.

Il **m'**aime.
Il **t'**écoute.

There is a liaison between **nous** or **vous** and a word beginning with a vowel.

Il nous̬ écoute.
Il vous̬ aime.

8. Answer the following questions in the affirmative.

1. Est-ce que Paul te parle?
2. Est-ce que Jean t'écoute?
3. Est-ce qu'il me dit bonjour?

4. Est-ce qu'il m'invite?
5. Est-ce qu'elle nous voit?
6. Est-ce qu'elle nous appelle?
7. Pierre, est-ce qu'elle vous répond?
8. Hélène, est-ce qu'il vous écoute?
9. Pierre et André, est-ce qu'ils vous regardent?
10. Marie et Anne, est-ce qu'ils vous écrivent?

9. Rewrite the following sentences, putting the object pronoun in the plural.

1. Il me répond.
2. Il te dit la vérité.
3. Elle me voit.
4. Ils t'écrivent.
5. Elle te cherche.
6. Elle m'envoie le paquet.

INDIRECT OBJECT PRONOUNS

Lui, leur

The third person indirect object pronouns are **lui** (*him, her*) in the singular and **leur** (*them*) in the plural. Note that they refer only to people. Note that in the third person there is a difference between the direct and indirect object pronouns. The direct object pronouns are **le (l'), la (l')**, and **les.** With the indirect object pronouns, there is no gender differentiation.

Je parle **à Pierre.**	*I speak to Peter.*
Je **lui** parle.	*I speak to him.*
Je donne le livre **à Marie.**	*I give the book to Mary.*
Je **lui** donne le livre.	*I give the book to her. (I give her the book.)*
Je parle **aux garçons.**	*I speak to the boys.*
Je **leur** parle.	*I speak to them.*
Je donne la lettre **aux filles.**	*I give the letter to the girls.*
Je **leur** donne la lettre.	*I give the letter to them. (I give them the letter.)*

10. Rewrite the following sentences, substituting the italicized indirect object with a pronoun.

1. Il dit la vérité *à Marie.*
2. Le facteur donne les lettres *à Jean.*
3. Il parle *à ses enfants.*
4. J'envoie un cadeau *à ma sœur.*
5. Il écrit *à son frère.*
6. Il répond *à ses amis.*
7. Le professeur explique la leçon *aux étudiants.*
8. Il parle *à Jean et à Marie.*

11. Complete the following sentences with the appropriate direct or indirect object pronoun.

1. Marie visite son amie. Marie _____ visite.
2. Le père lit le conte à son fils. Le père _____ lit le conte.

3. Marie voit Charles à la plage. Marie _____ voit à la plage.
4. La fille sait les verbes. La fille _____ sait.
5. L'enfant répond à ses parents. L'enfant _____ répond.
6. Pierre dit bonjour à Marie. Pierre _____ dit bonjour.
7. Le garçon voit son amie et il donne la main à son amie.
   Le garçon _____ voit et il _____ donne la main.

THE PRONOUN *Y*

The pronoun **y** replaces a prepositional phrase introduced by any preposition other than **de** when the noun object is a thing. When **y** replaces the name of a place, it means *there*.

Je vais **à la gare**.	*I am going to the railroad station.*
J'**y** vais.	*I am going there.*
Elle est **dans le salon**.	*She is in the living room.*
Elle **y** est.	*She is there.*
Elle met l'argent **sur la table**.	*She puts the money on the table.*
Elle **y** met l'argent.	*She puts the money there.*

When **y** stands for things or ideas and follows verbs which require **à**, it is translated by *it* or *them*.

Il répond **à la lettre**.	*He answers the letter.*
Il **y** répond.	*He answers it.*
Il obéit **aux lois**.	*He obeys the laws.*
Il **y** obéit.	*He obeys them.*

Remember that **lui** and **leur** are used when the object of the preposition is a person.

Elle dit bonjour **à Marie**.
Elle **lui** dit bonjour.

12. Rewrite the following sentences, replacing the italicized words by a pronoun.

1. Il va *à la gare*.
2. Le livre est *sur l'étagère*.
3. Elle sera *devant le cinéma*.
4. Il montera *dans le train*.
5. Il répond *à la lettre*.
6. Il obéit *aux lois*.

13. Complete the following sentences with **y, lui,** or **leur.**

1. Il répond à l'invitation. Il _____ répond.
2. Elle obéit à ses parents. Elle _____ obéit.
3. Il obéit aux lois. Il _____ obéit.
4. Elle répond au professeur. Elle _____ répond.
5. Nous réfléchissons aux problèmes. Nous _____ réfléchissons.

THE PRONOUN *EN*

The pronoun **en** replaces a prepositional phrase introduced by **de.** It means *of it, of them, from it, from them, from there, some,* or *any.* It is used:

1. in a prepositional sense.

> Nous venons **de New York.** We come from New York.
> Nous **en** venons. We come from there.

2. in the partitive sense.

> J'ai **du pain.** I have some bread.
> J'**en** ai. I have some.

3. with expressions followed by **de.**

> Elle parle **de ce livre.** She speaks about this book.
> Elle **en** parle. She speaks about it.

> Elle est fière **de sa robe.** She is proud of her dress.
> Elle **en** est fière. She is proud of it.

4. with expressions of quantity.

> Il a **beaucoup d'argent.** He has a lot of money.
> Il **en** a **beaucoup.** He has a lot of it.

> Elle a **trop de livres.** She has too many books.
> Elle **en** a **trop.** She has too many of them.

> Elle a **dix livres.** She has ten books.
> Elle **en** a **dix.** She has ten of them.

> Elle a **plusieurs amis.** She has several friends.
> Elle **en** a **plusieurs.** She has several (of them).

> J'ai **quelques disques.** I have several (a few) records.
> J'**en** ai **quelques-uns.** I have several (a few) (of them).

> J'ai **quelques peintures.** I have several (a few) paintings.
> J'**en** ai **quelques-unes.** I have several (of them).

14. Rewrite the following sentences, replacing the italicized words by a pronoun.

1. Nous sortons *du théâtre.*
2. Elle vient *de Paris.*
3. Ils sortiront *de ce restaurant.*
4. Il a *du pain.*
5. Elle choisit *des fleurs.*
6. Elle achète *de la viande.*
7. Il parle *de son travail.*
8. Il est fier *de son appartement.*
9. Elles ont beaucoup *de livres.*
10. Il a un peu *d'argent.*
11. Elle achète une douzaine *de poires.*
12. Il prend quatre *billets.*

    13. Il a plusieurs *amis*.

    14. Elle a quelques *livres*.

    15. Il a quelques *cravates*.

15. Rewrite the following sentences, replacing the italicized objects with the correct pronoun, **y, en, lui,** or **leur.**

    1. Nous allons *à l'aéroport*.

    2. Il répond *à ses amis*.

    3. Nous avons besoin *de ces journaux*.

    4. Les valises sont *sous le lit*.

    5. Elle répond *aux questions*.

    6. J'ai plusieurs *robes*.

    7. Il parle *au professeur*.

    8. Elle a quelques *fleurs*.

    9. Il y a beaucoup *de peintures* ici.

DOUBLE OBJECT PRONOUNS

    When two pronouns are used, both precede the verb in the following order except in the affirmative command.

me				
te	le	lui		
se	precede la precede	leur precede **y** precede **en**		
nous	les			
vous				

Il **me le** donne.	*He gives it to me.*
Il **te la** dit.	*He tells it to you.*
Elle **se le** rappelle.	*She remembers it.*
Elle **se le** fait faire.	*She has it made.*
Il **nous les** montre.	*He shows them to us.*
Je **vous l'**écris.	*I write it to you.*
Je **le lui** donne.	*I give it to him.*
Elle **la leur** apporte.	*She brings it to them.*
Il **m'en** donne.	*He gives some to me.*
Elle **lui en** donne.	*She gives some to him.*
Il **nous y** rencontre.	*He meets us there.*
Il **y en** a beaucoup.	*There are a lot of them.*

16. Rewrite the following sentences, substituting the direct object with a pronoun.

    1. Elle me montre les photos.

    2. Il nous sert le déjeuner.

    3. Elle t'envoie la lettre.

    4. Il nous dit la vérité.

    5. Il vous apporte le bifteck.

    6. Il lui envoie la cadeau.

    7. Elle leur donne les billets.

    8. Elle te donne du pain.

    9. Il vous pose des questions.
10. Il lui donne plusieurs livres.
11. Il m'apporte de la soupe.
12. Elle m'attend sur le boulevard.
13. Il nous rencontre au théâtre.
14. Il y a quatre livres.

17. Rewrite the following sentences, substituting noun objects with pronouns.

    1. Elle se rappelle la leçon.
    2. Il se brosse les dents.
    3. Vous vous lavez la figure.
    4. Elles se lavent les cheveux.
    5. Elle se souvient du concert.
    6. Il se fait faire la chemise.

18. Rewrite the following sentences, replacing noun objects with object pronouns.

    1. Nous envoyons le paquet à nos amis.
    2. Le professeur explique la leçon aux élèves.
    3. Il demande la lettre à son père.
    4. Ils donnent des billets à Marie.
    5. Il attend ses amis devant le cinéma.
    6. Elle parle de son travail à Pierre.
    7. Nous donnons les jouets aux enfants.
    8. Pierre donne les fleurs à son amie.
    9. Il cherche Pierre à la gare.
10. Il demande de l'argent à son père.
11. Elle demande du dessert au garçon.
12. Le touriste donne le billet au conducteur.
13. Elle rencontre son ami au café.
14. Nous apportons des cadeaux à nos amis.

POSITION OF OBJECT PRONOUNS

With Conjugated Verbs

    The object pronouns always precede the conjugated form of the verb. If the sentence is negative, **ne** precedes the object pronoun and **pas** follows the verb or auxiliary. In compound tenses the pronoun precedes the auxiliary verb.

Affirmative sentence: Je **la** regarde.
                    Je **le lui** dis.
                    Il **l'**a regardé.

Negative sentence: Je ne **l'**écoute pas.
                    Je ne **le lui** donne pas.
                    Je ne **le lui** ai pas donné.

Affirmative question: **Les** voyez-vous? Est-ce que vous **les** voyez?
                    Leur en parlez-vous? Est-ce que vous **leur en** parlez?
                    Leur en avez-vous parlé? Est-ce que vous **leur en** avez parlé?

Negative question: Ne l'entendez-vous pas? Est-ce que vous ne l'entendez pas?

Ne l'avez-vous pas attendu? Est-ce que vous ne l'avez pas attendu?

Ne **la lui** apportez-vous pas? Est-ce que vous ne **la lui** apportez pas?

Ne **la lui** avez-vous pas apportée? Est-ce que vous ne **la lui** avez pas apportée?

Negative command: Ne **le** regarde pas!

Ne **la lui** donne pas!

With semiauxiliary verbs and verbs of perception followed by an infinitive, object pronouns are placed before the verb.

Je l'ai fait venir.
Nous ne **les** entendons pas chanter.

The pronouns always precede **voici** and **voilà**.

Les voici.
Le voilà.

Remember that when a direct object precedes the verb in compound tenses, the past participle agrees with the preceding direct object. See pages 125–126.

Il a écrit la lettre.
Il l'a écrite.

The past participle does not agree with **en**.

Il a regardé des peintures.
Il **en** a regardé.

19. Rewrite the following sentences, substituting pronouns for the direct and indirect objects.

1. Il ne fait pas le travail.
2. Cherchez-vous vos amis à la gare?
3. N'entend-il pas ce bruit?
4. Ne mange pas la pomme dans le salon!
5. Voilà les livres.
6. Elle m'expliquera la situation.
7. Il ne nous répète pas la question.
8. J'avais donné des disques à Jean.
9. N'a-t-elle pas attendu son ami devant le cinéma?
10. Elle écrivait des cartes à ses parents.
11. Il n'aurait pas lu ce roman.
12. Il a cru l'histoire.
13. As-tu écrit les devoirs?
14. Elles ont pris les photos devant la statue.
15. Elle aura dit la vérité au professeur.
16. Il a écouté le chanteur chanter.
17. J'ai fait venir le médecin.

With an Infinitive

When a pronoun is the direct or indirect object of the infinitive, it always precedes the infinitive.

Je vais acheter **le disque.**
Je vais l'acheter.
Je vais parler **de cela à Jean.**
Je vais **lui en** parler.
Il me dit d'acheter **le disque.**
Il me dit de l'acheter.
Il me demande de ne pas faire **le travail.**
Il me demande de ne pas **le** faire.

20. Rewrite the following, substituting pronouns for the direct and indirect objects.

    1. Je voudrais acheter la peinture.
    2. Je voudrais donner le cadeau à Marie.
    3. Je vais parler aux bouquinistes.
    4. Je vais mettre les livres sur l'étagère.
    5. Elle va avoir honte de ses actions.
    6. Il me dit de ne pas acheter cette robe.
    7. Il me demande de ne pas parler de cela à Georges.

With Affirmative Commands

In affirmative commands, the pronouns follow the verb and are attached to it and to each other with a hyphen. **Le, la, les** precede **me, te, nous, vous, lui** and **leur.** All precede **en.**

    Donne-lui-en!
    Donne-le-lui!
    Vas-y!

Note that **me** becomes **moi** and **te** becomes **toi** in an affirmative command.

    Donne-la-moi!   *But:* **Donnez-m'en!**
    Achète-le-toi!   *But:* **Achète-t'en!**

Note that all commands that end in a vowel add **s** when followed by the pronouns **y** or **en.**

    Donne du pain. **Donnes-en.**
    Va au parc. **Vas-y.**

21. Rewrite the following in the affirmative.

    1. Ne me parlez pas!
    2. Ne la lisez pas!
    3. Ne le lui donne pas!
    4. Ne lui en parle pas!
    5. N'y allez pas!
    6. Ne te l'achète pas!

22. Rewrite the following, substituting pronouns for direct and indirect objects.

    1. Lisez l'histoire!
    2. Parlez-nous de ce sujet!
    3. Ecrivez les lettres à Pierre!
    4. Réponds à la lettre!
    5. Va au parc!
    6. Parle de ce sujet!
    7. Donnez-moi des livres!

REVIEW

23. Rewrite the following sentences, replacing the italicized words with pronouns.

1. Il n'obéit pas *à sa mère*.
2. Il a trop *de livres*.
3. Elle est allée *à l'aéroport*.
4. Elle a mis *les livres sur la table*.
5. Il ne dit pas *la vérité à ses parents*.
6. Elle ne répond pas *à la lettre*.
7. N'écoute pas *cet homme*!
8. Il se rappelle *le film*.
9. Il y a beaucoup *de gens*.
10. Elle a mis douze *pommes dans son panier*.
11. Donnez-moi *du beurre*!
12. Parlez-vous *de cela à votre ami*?
13. Je vais donner *les livres à Marie*.
14. Donnez *les jouets aux enfants*.
15. As-tu donné *la montre à Marie*?
16. Ne parle-t-elle pas *de son voyage à Jean*?

REFLEXIVE PRONOUNS

Reflexive pronouns are used when the action in the sentence is both executed and received by the subject. For a complete review of reflexive verbs, see Chapter 4.

The réflexive pronouns are:

Singular	*Plural*
me	**nous**
te	**vous**
se	**se**

Reflexive pronouns can be direct or indirect objects.

Direct: Je **me** lève.
Indirect: Je **me** lave les cheveux.

Me, te, and **se** become **m'**, **t'** and **s'** before verbs beginning with a vowel. There is a liaison between **nous** or **vous** and a word beginning with a vowel.

Il **se** lève.
Il **s'**habille.
Nous **nous** débrouillons.
Nous **nous** habillons.

24. Complete the following sentences with the appropriate reflexive pronoun.

1. Je _____appelle Marie.
2. Nous_____lavons la figure.
3. A quelle heure _____ lèves-tu?
4. Pourquoi est-ce qu'elle ne _____ peigne pas?
5. Elles_____débrouillent bien.

6. Vous _____ asseyez ici.

7. Je _____ dépêche pour arriver à l'heure.

8. Nous _____ couchons tard.

9. Elle _____ habille bien.

10. Tu _____ arrêtes un moment.

DISJUNCTIVE PRONOUNS

The disjunctive pronouns or stressed pronouns are the same as the subject pronouns **elle, elles, nous,** and **vous.** The other forms change.

Singular		*Plural*	
Subject	*Disjunctive*	*Subject*	*Disjunctive*
je	moi	nous	nous
tu	toi	vous	vous
il	lui	ils	eux
elle	elle	elles	elles
on	soi		

The pronouns occur:

1. after **c'est** and **ce sont.**

C'est is used with all the disjunctive pronouns except **eux** and **elles** which can use **ce sont.** Note that the verb in the **qui** clause must agree with the subject.

> **C'est moi. C'est moi** qui parle.
> *It is I. It is I who am speaking.*
> **C'est nous. C'est nous** qui l'avons fait.
> *It is we. It is we who did it.*
> **C'est (Ce sont) eux. C'est (Ce sont) eux** qui mentent.
> *It is they. It is they who are lying.*
> **C'est (Ce sont) elles. C'est (Ce sont) elles** qui arrivent.
> *It is they. It is they who are arriving.*

2. after a preposition.

> Elle parle **de lui.**   *She speaks about him.*
> Nous allons **avec elle.**   *We are going with her.*

Remember that when the object of a preposition is a thing rather than a person, **y** or **en** must be used.

> Je pense **à Marie.** Je pense **à elle.**
> *I am thinking about Mary. I am thinking about her.*
> Je pense **aux examens.** J'**y** pense.
> *I am thinking about the examinations. I am thinking about them.*
> Je parle **de Pierre.** Je parle **de lui.**
> *I am speaking about Peter. I am speaking about him.*
> Je parle **de ce livre.** J'**en** parle.
> *I am speaking about this book. I am speaking about it.*

When the direct object pronoun is **me, te, se, nous,** or **vous,** the indirect object is expressed by **à** plus a disjunctive pronoun.

Il **se** présente **à elle.**
He presents himself to her.
Vous **me** recommandez **à lui.**
You recommend me to him.

3. after a comparison.

Elle est **plus** intelligente **que lui.**
She is more intelligent than he.
Il est **plus** beau **que moi.**
He is more handsome than I.

4. alone for emphasis.

Qui est là? **Moi.**   *Who's there?   I am.*
Qui regarde-t-elle?   **Lui.**   *Who is she looking at?   Him.*

5. to add emphasis to a non-accentuated pronoun.

Moi, je prépare la salade, **toi,** tu prépares les sandwiches.

6. after **ne . . . que.**

Elle **n'aime que lui.**   *She likes only him.*

7. as a part of a compound subject.

Vous et moi, nous le ferons.   *You and I will do it.*
Pierre et lui, ils arrivent.   *Peter and he arrive.*

8. in combination with **même.**

moi-même	*myself*	**nous-mêmes**	*ourselves*
toi-même	*yourself*	**vous-même(s)**	*yourself, yourselves*
lui-même	*himself*	**eux-mêmes**	*themselves*
elle-même	*herself*	**elles-mêmes**	*themselves*

Je le ferai **moi-même.**   *I'll do it myself.*

Soi is used when the subject is general: *on, chacun, nul, personne.*

Chacun pour **soi.**   *Each one for himself.*

25. In the following sentences, change the plural disjunctive pronouns to the singular and the singular disjunctive pronouns to the plural.

> **Qui est là? Moi.**
> **Qui est là? Nous.**

1. Marie l'a acheté pour eux.
2. Je vais partir sans elles.
3. Ils parlent de nous.
4. Le cadeau est pour vous.
5. Il va avec moi.
6. Il viendra chez toi.
7. Elle y va avec lui.
8. Il ne veut pas partir sans elle.
9. Il est plus intelligent que nous.
10. Qui vient? Nous.

26. Follow the model.

> **Qui le fera?** *je*
> **C'est moi qui le ferai.**

1. Qui est là? *je*
2. Qui est là? *elle*
3. Qui l'a fait? *vous*
4. Qui l'a fait? *il*
5. Qui va répondre? *ils*
6. Qui viendra? *je*
7. Qui sortira? *Hélène, tu*
8. Qui attend? *il, je*

27. Translate the following sentences into French.

1. I'll do it myself.
2. He'll do it himself.
3. The boys will do it themselves.
4. We'll do it ourselves.
5. Each one for himself.

28. Answer the following questions with the disjunctive pronoun, **y,** or **en.**

1. Pensez-vous à ce livre?
2. Avez-vous peur de cet homme?
3. Partirez-vous sans vos camarades?
4. Avez-vous honte de vos actions?
5. Pensez-vous à Hélène?
6. Allez-vous à la gare?
7. Est-ce que ce sont Hélène et Marie qui parlent?
8. Vont-ils chez Marianne?
9. Va-t-elle avec Pierre?
10. Avez-vous besoin de votre argent?
11. Je me présente à Pierre.

POSSESSIVE PRONOUNS

Possessive pronouns are used to replace a possessive adjective plus a noun. The possessive pronoun must agree with the noun it replaces and is accompanied by the appropriate definite article or its contracted forms **au, aux, du, des.**

	Masculine		Feminine	
	Singular	*Plural*	*Singular*	*Plural*
mine	le mien	les miens	la mienne	les miennes
yours (fam.)	le tien	les tiens	la tienne	les tiennes
his, hers, its	le sien	les siens	la sienne	les siennes
ours	le nôtre	les nôtres	la nôtre	les nôtres
yours	le vôtre	les vôtres	la vôtre	les vôtres
theirs	le leur	les leurs	la leur	les leurs

J'ai **mon livre** et non pas **le tien.**
I have my book and not yours.
J'aime **ma blouse** et non pas **la tienne.**
I like my blouse and not yours.
Voici **tes billets.** Où sont **les miens?**
Here are your tickets. Where are mine?
Voici **vos valises.** Où sont **les miennes?**
Here are your suitcases. Where are mine?
Je préfère **mon livre au tien.**
I prefer my book to yours.
J'ai expliqué la situation **à ma mère.** As-tu expliqué la situation **à la tienne?**
I explained the situation to my mother. Did you explain the situation to yours?
J'ai besoin **de mes livres.** Ont-ils besoin **des leurs?**
I need my books. Do they need theirs?
Je parle **de mon professeur.** Parle-t-il **du sien?**
I am speaking about my teacher. Is he speaking about his?

When the possessor is an indefinite pronoun subject such as **on, personne, tout le monde, chacun,** the pronouns **le sien, la sienne, les siens, les siennes** are used.

On aime sa **famille.** **On** aime **la sienne.**
Tout le monde a ses **valises.** **Tout le monde** a **les siennes.**

If a plural subject is modified by **chacun,** the possessive pronoun agrees with the subject.

Nous avons apporté **chacun les nôtres.**

In the masculine plural, the possessive pronoun designates relatives, friends, allies, etc.

Il est **des nôtres.**
He's one of us.

29. Replace the italicized phrase with the appropriate possessive pronoun.

1. Ce sont *mes livres.* Où sont *tes livres?*
2. Je n'aime pas *ma voiture.* Aimez-vous *votre voiture?*
3. Il a pensé à *ses amis* et elles ont pensé à *leurs amis.*
4. J'ai besoin de *mes livres* et vous avez besoin de *vos livres.*
5. *Notre piscine* est plus petite que *ta piscine.*
6. Nous avons *nos billets.* Avez-vous *vos billets?*
7. Il a parlé de *sa situation* et tu as parlé de *ta situation.*
8. J'ai besoin de *leur voiture.*
9. Pierre va chercher *ses valises* et *mes valises.*
10. Vous mettez *votre manteau* et je mets *mon manteau.*
11. Nous sommes fiers de *notre pays* et ils sont fiers de *leur pays.*
12. Elle préfère *nos meubles* à *vos meubles.*
13. Il a cherché *son passeport* et les filles ont cherché *leur passeport.*
14. *Ton appareil photographique* est meilleur que *mon appareil photographique.*
15. Il a téléphoné à *sa mère* et nous avons téléphoné à *notre mère.*

30. Follow the model.

A qui sont ces livres? *à moi*
Ce sont les miens.

1. A qui sont ces disques? *à vous*
2. A qui est ce livre? *à moi*
3. A qui est cette bicyclette? *à toi*
4. A qui est cette maison? *à nous*
5. A qui est cette pomme? *à lui*
6. A qui est ce parapluie? *à elle*
7. A qui sont ces robes? *à moi*
8. A qui sont ces peintures? *à eux*

DEMONSTRATIVE PRONOUNS

The demonstrative pronouns *this one, that one, these, those* are as follows:

	Singular	Plural
Masculine	celui	ceux
Feminine	celle	celles

When followed by a relative pronoun, the demonstrative pronouns mean *the one, the ones, he (she) who, these or those.*

Celui qui travaille ici est mon ami.
The one who works here is my friend.

The demonstrative pronouns followed by **de** can indicate possession.

La bicyclette de Pierre et **celle** de Marie
Peter's bicycle and Mary's

To distinguish between *this one* and *that one* and between *these* and *those*, the suffixes -**ci** (*this*) and -**là** (*that*) are added.

J'aime **celui-ci**.   *I like this one.*
J'aime **celle-là**.   *I like that one.*

When two things are mentioned, **celui-ci** means *the latter* and **celui-là** means *the former.*

J'ai parlé avec M. Dupont et M. Leclerc.
Celui-ci (Leclerc) est médecin et **celui-là** (M. Dupont) est homme d'affaires.
The latter is a doctor and the former is a businessman.

Celui-ci can be replaced by **ce dernier** and **celui-là** by **le premier.**

Ce dernier est médecin et **le premier** est homme d'affaires.

31. Answer the following questions, using a demonstrative pronoun according to the model.

> C'est ton livre? *mon frère*
> Non, c'est celui de mon frère.

1. C'est ta bicyclette? *ma sœur*
2. C'est ton chien? *mon ami*
3. Ce sont tes livres? *mon frère*
4. Ce sont tes fleurs? *ma mère*
5. C'est ton cahier? *mon amie*
6. C'est ta maison? *mon oncle*

32. Complete the following sentences with the appropriate demonstrative pronoun, according to the model.

> **Ce disque est meilleur que** _____.
> **Ce disque est meilleur que** *celui-là.*

1. Ce roman est intéressant, mais je préfère _____.
2. Cette rue est plus large que _____.
3. Ces robes sont plus jolies que _____.
4. Ces légumes sont plus frais que _____.
5. J'aime ces peintures autant que _____.
6. Ces restaurants-ci sont meilleurs que _____.
7. Je préfère ce disque à _____.
8. Ces photos-ci sont meilleures que _____.

INDEFINITE DEMONSTRATIVE PRONOUNS

Ce, ceci, cela (ça)

Ce

Ce (c') is used mainly with the verb **être** and sometimes with the verbs **aller, devoir,** and **pouvoir.** Sometimes **ce** may be replaced by **cela.**

It is used with the verb **être**

1. before a noun that is modified.

> Regardez cet homme. **C'**est un grand pianiste.
> *Look at this man. He's a great pianist.*
> Qui est cette fille? **C'**est ma sœur.
> *Who is this girl? She's my sister.*

2. before a proper noun.

> Voilà un jeune homme. **C'**est André Pierron.
> *There is a young man. It is Andrew Pierron.*

3. before a pronoun.

> J'ai trouvé ce paquet. Est-**ce** le vôtre?
> *I found this package. Is it yours?*

4. before a superlative.

> **Ce** sont les meilleures cerises de la ville.
> *These are the best cherries in the city.*

5. before an infinitive.

> Le problème **c'**est de savoir où commencer.
> *The problem is to know where to begin.*

6. before an adverb.

> **C'**est aujourd'hui un jour de congé.
> *Today is a holiday.*
> **C'**est maintenant ou jamais.
> *It's now or never.*

7. as a neuter subject.

Il est vrai que deux et deux font quatre. Oui, c'est vrai.
It is true that two and two are four. Yes, it's true.

Note that **ce** is used to represent something that has preceded. The pronoun **il** is used to announce something that follows.

33. Complete the following sentences with **ce (c')**, **il** or **elle**.

    1. _____ est inutile de me parler.
    2. Manger _____ est vivre.
    3. Voilà mon amie. _____ est intelligente.
    4. Voilà mon amie. _____ est une grande artiste.
    5. Ne me parlez pas. _____ est inutile.
    6. _____ sont les meilleures peintures de l'artiste.

Ceci, cela (ça)

When the demonstrative pronoun replaces an indefinite expression or an idea, **ceci** or **cela** are used. **Ça** is used in familiar style. **Cela** is used when the expression has already been mentioned. **Ceci** is used to introduce the expression.

Ceci est bon. Vous avez bien réussi.
This is good. You have succeeded well.
Vous avez réussi. Cela est bon.
You have succeeded. That is good.

Like **celui-ci** and **celui-là**, **ceci** refers to the closest thing mentioned and **cela** to the farthest thing.

Du cinéma ou du théâtre, **ceci** me plaît plus que **cela**.

34. Complete the following sentences with **ce, c', ceci** or **cela**.

    1. _____ est bon. Vous avez bien fait.
    2. Vous avez bien fait. _____ est bon.
    3. _____ est mon ami.
    4. J'ai un gant. Est-_____ le vôtre?
    5. _____ m'est égal.
    6. Ne touchez pas au feu! _____ ne se fait pas.
    7. Retenez bien _____.

RELATIVE PRONOUNS

Qui, que

The relative pronoun is used to introduce a clause which modifies a noun.

Qui Who, which, that

Qui functions as the subject of the clause and may refer to either a person or a thing.

La femme **qui** parle est ma mère.
The woman who is speaking is my mother.
Le livre **qui** est sur la table est rouge.
The book which is on the table is red.

Qui is used in proverbs to replace **celui qui**.

Qui aime bien châtie bien.
He (The one) who loves punishes well.

Qui can also be used in certain archaic idiomatic expressions to replace **ce qui**.

Qui plus est	*What's more is*
Qui pis est	*What's worse is*
Qui mieux est	*What's better is*

Il est désagréable et **qui pis est** méchant.
He is disagreeable and what's worse is he's naughty.

Que   Whom, which, that

Que functions as the direct object of a clause and may refer to either persons or things. Note that **que** becomes **qu'** before a vowel.

Le garçon **que** nous avons vu hier est mon frère.
The boy whom we saw yesterday is my brother.
Les livres **qu'**elle écrit sont intéressants.
The books she writes are interesting.

Que is sometimes used to replace **où** after certain expressions of time.

L'année **que** je reviendrai
The year when I will return

35. Complete the following sentences with **qui** or **que**.

    1. La fille _____ parle est intelligente.
    2. Le film _____ j'ai vu est merveilleux.
    3. Les livres _____ il regarde sont les miens.
    4. Le restaurant _____ est au coin de la rue est excellent.
    5. L'homme _____ nous avons vu hier est avocat.
    6. Les garçons _____ viennent d'entrer sont mes amis.
    7. Les poèmes _____ elle a écrits sont beaux.
    8. Les tableaux _____ sont dans le salon sont jolis.

36. Combine the following pairs of sentences, according to the model.

    L'homme fait un discours. Il est avocat.
    L'homme qui fait un discours est avocat.

    1. Voilà un garçon. Il est sportif.
    2. La dame entre. Elle est la femme de mon professeur.
    3. L'église est au centre de la ville. Elle est grande.
    4. La jeune fille danse. Elle est très intelligente.
    5. Je connais cette femme. Elle donne de bons discours.

37. Combine the following pairs of sentences, according to the model.

> **Il écrit les livres. Les livres sont intéressants.**
> **Les livres qu'il écrit sont intéressants.**

1. Voilà le restaurant. Pierre préfère le restaurant.
2. Je lis le journal. Le journal est parisien.
3. Elle a acheté cette robe. La robe est très chère.
4. Nous avons vu le film. Le film est américain.
5. C'est un médecin. Je connais ce médecin.

Ce qui and ce que

Ce qui   What, that which

Ce qui is used as the subject of the clause when there is no antecedent.

> Comprenez-vous **ce qui** se passe?
> *Do you understand what is happening?*
> **Ce qui** est arrivé est presque impossible.
> *What happened is almost impossible.*

Ce que   What, that which

Ce que is used as the object of a verb in a relative clause when there is no antecedent.

> Je ne comprends pas **ce que** vous dites.
> *I don't understand what you are saying.*
> **Ce qu'**il écrit est difficile à comprendre.
> *What he writes is difficult to understand.*

Ce qui and **ce que** can be combined with **tout**.

> **Tout ce qui** est bon est beau.
> *All that is good is beautiful.*
> **Tout ce qu'**elle fait est bon.
> *All that she does is good.*

38. Complete the following sentences with **ce qui** or **ce que**.

1. Je ne comprends pas _____ il dit.
2. Je ne comprends pas _____ se passe.
3. Je ne sais pas _____ va avoir lieu.
4. Je ne sais pas _____ Pierre fait.
5. Je ne comprends pas _____ est arrivé.
6. Je ne comprends pas _____ on lit.

Relative Pronouns with Prepositions Other than *de*: *qui, lequel*

Qui

Qui as object of a preposition refers to persons only.

> La fille **à qui** vous parlez est gentille.
> *The girl to whom you are speaking is nice.*

La femme **pour qui** je travaille est intelligente.
The woman for whom I work is intelligent.

Lequel, laquelle, lesquels, lesquelles   Which

Lequel is the relative pronoun used after a preposition and refers to things or to persons.
Lequel must agree with the antecedent.

La maison **dans laquelle** Pierre habite est grande.
The house in which Peter lives is big.
Le restaurant **devant lequel** j'ai attendu mon ami est merveilleux.
The restaurant before which I waited for my friend is marvelous.
Les raisons **pour lesquelles** je fais cela sont évidentes.
The reasons why I do that are evident.

After **parmi** and **entre**, the forms of **lequel** are obligatory when referring to persons. The pronoun **qui** cannot be used.

Les gens **parmi lesquels** il vit sont gentils.
The people among whom he lives are nice.
Les femmes **entre lesquelles** elle se tient debout sont ses amies.
The women between whom she stands are her friends.

When preceded by the preposition **à**, **lequel** contracts with it to form **auquel, auxquels, auxquelles**. **À** plus **laquelle** do not contract.

Le concert **auquel** il a assisté a été bon.
The concert which he attended was good.
L'école **à laquelle** elle va est vieille.
The school where (to which) she goes is old.
Les garçons **auxquels** nous parlons sont gentils.
The boys to whom we are speaking are nice.
Les filles **auxquelles** nous parlons sont intelligentes.
The girls to whom we are speaking are intelligent.

39. Complete the following sentences with the correct relative pronoun.

1. La fille à _____ je parle est une bonne artiste.
2. L'homme avec _____ je sors est intelligent.
3. La boutique derrière _____ se trouve un arbre est une boutique moderne.
4. Le bâtiment dans _____ je travaille est un gratte-ciel.
5. Les villes vers _____ nous nous dirigeons sont de véritables musées.
6. Voilà les pinceaux avec _____ il a peint ce tableau.
7. Les garçons entre _____ il est assis sont gentils.

40. Combine the two sentences into one, according to the models.

J'ai parlé à l'homme. Il est intéressant.
L'homme à qui j'ai parlé est intéressant.
Je pense à ce travail. Il est difficile.
Le travail auquel je pense est difficile.

1. Voilà le garçon. Je suis sorti avec le garçon.
2. Voilà la maison. J'ai habité dans cette maison.
3. J'ai écrit à ces hommes. Ils sont mes anciens professeurs.

4. C'est le pinceau. L'artiste travaille avec le pinceau.
5. Voilà un morceau de papier. Il a dessiné sur ce morceau de papier.
6. Paul entre dans le restaurant. Le restaurant est très petit.
7. Nous allons chez cette fille. Elle est gentille.
8. Voilà les tables. Marie a mis des fleurs sur les tables.
9. Il attend son ami devant le musée. Le musée est formidable.
10. Nous sommes allés au théâtre. Le théâtre est très vieux.
11. Elle a assisté à la conférence. La conférence était intéressante.
12. Il a répondu à ces lettres. Elles étaient urgentes.
13. Il a écrit à ces hommes. Ces hommes sont avocats.
14. Je suis allée aux musées. Les musées sont grands.

Où

A relative clause referring to a place or time is usually introduced by **où** to avoid using a preposition plus a form of **lequel**.

Voilà la maison **dans laquelle** Georges habite.
Voilà la maison **où** habite Georges.
There is the house where George lives.
Le siècle **pendant lequel** il vécut était intéressant.
Le siècle **où** il vécut était intéressant.
The century in which he lived was interesting.

41. Rewrite the following sentences according to the model.

> **L'école à laquelle nous allons est vieille.**
> **L'école où nous allons est vieille.**

1. L'appartement dans lequel j'habite est très petit.
2. La boulangerie dans laquelle j'entre est bonne.
3. Le bureau auquel je vais se trouve au centre de la ville.
4. Les restaurants dans lesquels nous dînons ne sont pas chers.
5. Les églises auxquelles nous allons sont vieilles.

Relative Pronouns with the Preposition *de*: *dont, lequel*

While the forms **de qui**, referring to persons, and **duquel, desquels, de laquelle, desquelles**, referring to things do occur, most French speakers use **dont**.

Dont may refer to persons or things and means *whose, of (about) which, of (about) whom*.

La femme **de qui** nous parlons est Marie Dupont.
La femme **dont** nous parlons est Marie Dupont.
The woman about whom we are speaking is Marie Dupont.

Le film **duquel** nous parlons est bon.
Le film **dont** nous parlons est bon.
The movie of which we are speaking is good.

Je connais une fille **dont** la mère est médecin.
I know a girl whose mother is a doctor.
L'homme **dont** le fils parle est avocat.
The man whose son is speaking is a lawyer.
Voilà un tableau **dont** j'admire la beauté.
There is a painting whose beauty I admire.

Dont cannot be followed by a possessive adjective.

Voilà la fille. Je connais **ses** parents.
Voilà la fille **dont** je connais **les** parents.

Dont can be used only when it immediately follows the noun to which it refers. If the noun is followed by a prepositional phrase, the appropriate form of **de** plus **lequel** must be used.

C'est le garçon avec la sœur **duquel** je suis sorti.
He is the boy whose sister I went out with.
Voilà la fille à la mère **de laquelle (de qui)** vous avez parlé.
There is the girl whose mother you spoke to.

42. Rewrite the following sentences, replacing **de qui** and the forms of **duquel** by **dont**.

1. Le garçon de qui le père est mort est mon ami.
2. Le musée duquel le nom m'échappe est célèbre.
3. La dame de qui nous cherchons le chien est une amie de ma mère.
4. L'homme de qui les usines sont à Lyon habite à Paris.
5. J'aime ce jardin duquel les fleurs l'embellissent.
6. Le crayon duquel vous vous servez n'est pas bon.
7. Les livres desquels vous m'avez parlé sont intéressants.
8. La peinture de laquelle vous avez envie est très chère.

43. Follow the model.

Voilà le garçon. Je connais ses parents.
Voilà le garçon dont je connais les parents.

1. Voilà une fille. Son père est médecin.
2. Voilà le mannequin. Ses robes sont jolies.
3. Voilà les garçons. Vous connaissez leur sœur.
4. Voilà un professeur. Sa fille est chimiste.
5. Voilà un garçon. Son père est mort.
6. Voilà une femme. J'admire la beauté de cette femme.
7. Voilà un peintre. Le tableau de ce peintre est cher.
8. C'est un beau tableau. Nous avons parlé de ce tableau.
9. C'est un livre. Vous avez envie de ce livre.
10. As-tu étudié le poème?   Il a parlé du poème.
11. C'est un livre. J'ai besoin de ce livre.
12. J'ai vu la jeune fille. Ils ont parlé de cette jeune fille.
13. C'est un beau poème. Nous avons lu quelques passages de ce poème.

44. Follow the model.

C'est le garçon. Je suis sorti avec sa sœur.
C'est le garçon avec la sœur duquel je suis sorti.

1. C'est la fille. J'ai parlé avec sa mère.
2. C'est un homme. Je suis sorti avec sa fille.
3. Il y a une boutique ici. Près de la boutique se trouve un bureau de tabac.
4. Il a fait un discours. A cause de ce discours j'ai pleuré.
5. Voilà les jeunes filles. Je suis sortie avec leur frère.

Quoi, ce dont

Quoi (*what*) is used after a preposition.

Je sais de **quoi** il s'agit.
I know what it is about.
Je sais **à quoi** vous avez pensé.
I know what you thought about.
Je sais **sur quoi** il écrit.
I know what he is writing about.

Ce dont (*what*) can be used before expressions requiring the preposition **de.**

Il sait **ce dont** vous avez besoin.
He knows what you need.

45. Complete the following sentences with **quoi, à quoi,** or **ce dont.**

1. Elle comprend _____ je m'étonne.
2. Il sait de _____ il parle.
3. Je sais _____ vous pensez.
4. Elles savent de _____ il s'agit.
5. Elle comprend _____ vous avez peur.

REVIEW

46. Complete the following sentences with the appropriate relative pronoun.

1. _____ vous voulez est impossible à avoir.
2. Voilà un homme _____ est avocat.
3. C'est une fille _____ je connais le frère.
4. Voilà la maison _____ nous demeurons.
5. Voilà les livres _____ Pierre cherche.
6. Avez-vous trouvé la lettre _____ j'ai besoin?
7. Savez-vous _____ est dans le tiroir?
8. Dites-moi _____ il vous a dit.
9. C'est l'homme avec la fille _____ je suis sorti.
10. Les femmes _____ ils parlent sont jolies.
11. Je comprends de _____ il s'agit.
12. Un boucher est un homme _____ vend de la viande.

INDEFINITE PRONOUNS

Following are some indefinite pronouns.

1. **aucun(e)** *anyone, none*
   aucun(e) . . . ne *none*

   Aucun d'eux n'est arrivé.
   None of them arrived.
   Aucune d'elles n'est arrivée.
   None of them arrived.

Y a-t-il **aucun** de vous qui puisse le faire?
Is there anyone of you who can do it?
Avez-vous des peintures? **Aucune.**
Do you have any paintings?   None

2. **l'autre**   *the other, the other one*
   les autres   *the others, the other ones*

   Deux filles sont restées. **Les autres** sont parties.
   Two girls stayed. The others left.
   J'ai perdu un foulard, mais j'en ai **d'autres.**
   I lost a scarf, but I have others (other ones).
   Il a quelque chose **d'autre.**
   He has something else.

Note that **d'autre** means *else* in the above sentence.

3. **l'un (l'une) . . . l'autre**   *the one . . . the other*
   les uns (les unes) . . . les autres   *the ones (some) . . . the others*

   Les uns dansaient; **les autres** bavardaient.
   Some danced; others talked.

4. **l'un (l'une) et l'autre**   *both, both of them*
   l'un (l'une) ou l'autre   *either one*
   ni l'un (l'une) ni l'autre   *neither one*
   l'un (l'une) à l'autre   *to each other*
   l'un (l'une) pour l'autre   *one for the other*

   Elles sont venues **l'une et l'autre.**
   Both of them came.
   Vous avez deux livres. Donnez-moi **l'un ou l'autre.**
   You have two books. Give me either one. (It makes no difference)
   Ni l'un ni l'autre n'est venu.
   Neither one came.
   Ils s'écrivent **l'un à l'autre.**
   They write to each other.
   Elles travaillent **l'une pour l'autre.**
   They work for each other.

5. **autre(s)**   *other(s)*

   Voici deux livres: je prends celui-ci; prenez **l'autre.**
   Here are two books: I'll take this one; take the other.

6. **autre chose**   *something else*

   Je voudrais **autre chose** de sucré.
   I would like something else sweet.

When an adjective modifies **autre chose,** the adjective is always masculine and is always preceded by **de.**

7. **autrui**   *others, other people*

   Il ne faut pas convoiter le bien d'**autrui.**
   You must not covet the well-being of others.

8. **certain, certaine** *a certain one*
   certains, certaines *certain ones*, *some*

   > **Certains** d'entre eux voulaient danser.
   > *Some of them wanted to dance.*

9. **chacun, chacune** *each one, everyone*

   > **Chacun** à son goût.
   > *Everyone to his own taste.*
   > **Chacun** des garçons apportera un cadeau.
   > *Each one of the boys will bring a gift.*

10. **grand-chose** *much*

   > Il n'a pas **grand-chose** à me dire.
   > *He does not have much to say to me.*

Grand-chose is always used in the negative.

11. **Je ne sais qui** *I don't know who*
    Je ne sais quoi *I don't know what*

    > **Je ne sais qui** a téléphoné.
    > *I don't know who telephoned.*
    > Elle a **je ne sais quoi** d'élégant.
    > *She has somewhat of an elegant air.*

12. **le même, la même** *the same (one)*
    les mêmes *the same (ones)*

    > C'est **la même.**
    > *It's the same one.*

13. **n'importe qui** *anyone*

    > **N'importe qui** pourra le faire.
    > *Anyone will be able to do it.*
    > Je parlerai à **n'importe qui.**
    > *I will speak to anyone.*

14. **n'importe quoi** *anything*

    > Il peut faire **n'importe quoi.**
    > *He can do anything.*

15. **nul** *no one*

    > **Nul** ne sait la réponse.
    > *No one knows the answer.*

Nul is used in the sense of **personne.**

16. **on** *one, they, people*

    > **On** a construit ce pont.
    > *They built this bridge.*
    > **On** n'emploie pas le passé simple dans la langue parlée.
    > *One doesn't use the passé simple in spoken language.*

On can be replaced by **l'on** after **et, ou, où, que, qui, quoi,** and **si.**

> Si **l'on** veut, on peut tout faire.
> *If one wants, one can do anything.*

17. **Personne ne . . .** *no one*
    ne . . . personne *anyone*

> **Personne n'**est venu.
> *No one came.*
> Je **ne** vois **personne.**
> *I don't see anyone.*

18. **plusieurs** *several*

> Il en a **plusieurs.**
> *He has several.*
> **Plusieurs** d'entre eux sont gentils.
> *Several of them are nice.*

19. **qui que** *whoever, whomever*
    qui que ce soit qui *whoever*
    quoi que *whatever*
    quoi que ce soit que *whatever*

> **Qui que** vous voyiez, ne me trahissez pas.
> *Whomever you see, don't betray me.*
> **Qui que ce soit qui** vous parle, ne dites rien.
> **Quoi que** vous disiez, je ne vous croirai pas.
> *Whatever you say, I won't believe you.*

Note that these expressions are followed by the subjunctive.

20. **quelqu'un** *someone*

> **Quelqu'un** frappe à la porte.
> *Someone is knocking at the door.*

Quelqu'un does not have a feminine form.

21. **quelqu'un d'autre** *someone else*

> **Quelqu'un d'autre** peut le faire.
> *Someone else can do it.*

22. **quelques-uns, quelques-unes** *some*

> Avez-vous des livres? Oui, j'en ai **quelques-uns.**
> *Do you have any books? Yes, I have some.*
> Avez-vous acheté des pommes? Oui, j'en ai acheté **quelques-unes.**
> *Did you buy any apples? Yes, I bought some.*

Note that **en** is used when **quelques-uns** and **quelques-unes** are used as a direct object.

23. **quelque chose** *something*

> Voulez-vous **quelque chose?**
> *Do you want something?*
> Je voudrais **quelque chose** de joli.
> *I want something pretty.*

Note that **de** precedes the adjective which refers to **quelque chose.** The adjective is always masculine.

24. **quiconque** *anyone*

> **Quiconque** travaille mangera.
> *Anyone who works will eat.*

25. **Rien ne . . .** *nothing*
    ne . . . rien *anything*

> **Rien ne** se passe.
> *Nothing is happening.*
> Je **ne** vois **rien.**
> *I don't see anything.*

26. **tel, telle** (designates an undetermined person)

> M. **un tel** *Mr. So-and-so*
> Mme **une telle** *Mrs. So-and-so*
> Mlle **une telle** *Miss So-and-so*

The form **un tel** is used when one doesn't want to or is unable to name the person.

> **Tel** qui rit vendredi dimanche pleurera.
> *He who laughs today cries tomorrow.*

27. **tout, toute, tous, toutes** *all, everything*

> **Tout** est bien ici.
> *Everything is fine here.*
> J'ai tous les billets. Je les ai **tous.**
> *I have all the tickets. I have all of them.*
> Il a vu toutes les peintures. Il les a **toutes** vues.
> *He saw all the paintings. He saw all of them.*

Note that **de** is never used with **tout,** although in English we say *all of them* or *all.* Note too that the **s** is pronounced in the pronoun form **tous.** Also, the pronoun **tout** precedes the past participle in compound tenses.

> Il les a **tous** lus.
> *He read them all.*

28. **tout ce qui, tout ce que** *everything, all that*

> On a vu **tout ce qui** est dans cette ville.
> *We saw everything in this city.*
> **Tout ce que** nous faisons est intéressant.
> *Everything we do is interesting.*
> **Tout ce qu'**elle dit est intéressant.
> *Everything she says is interesting.*

29. **tout le monde** *everyone*

> **Tout le monde** est ici.
> *Everyone is here.*

Tout le monde is used with a singular verb.

See chapter 6 for more study on negative indefinite pronouns.

47. Complete the following sentences with the correct French words for the English words in parentheses.

    1. _____(Anyone) peut le faire.

    2. _____(Someone) le fera.

    3. _____(Everyone) aime la beauté.

    4. _____(One) peut venir ici.

    5. Voudriez-vous_____ (something) de bon?

    6. Il a _____ (everything) compris.

    7. _____(The others) viendront plus tard.

    8. Je comprends les verbes. Je les comprends _____(all).

    9. As-tu des disques? Oui, j'en ai _____ (some).

  10. Elles viendront _____ (both of them).

  11. Je n'aime _____ (either one).

  12. _____(Certain ones) d'entre elles voudraient bavarder.

  13. Il dira _____ (anything).

  14. Voudriez-vous _____ (something else)?

  15. _____ (All that) Pierre fait est intéressant.

  16. Il en a_____ (several).

  17. Avez-vous des blouses? Oui, j'en ai _____ (some).

  18. _____(Each one) des mères apportera quelque chose.

  19. _____(Someone else) pourra le faire.

  20. _____(Some) voulaient danser; _____(the others) voulaient aller au cinéma.

  21. Ils parlent _____ (to each other).

  22. Vous avez deux robes. Donnez-moi _____ (either one).

  23. _____ (Anyone) le dira.

  24. Est-ce que c'est une autre robe? Non c'est _____ (the same).

  25. _____(None) d'elles ne viendra.

  26. _____(No one) ne sait la réponse.

  27. _____(Everything) est bien ici.

  28. _____ (Nothing) n'est arrivé.

  29. Allez voir _____ (Mr. So-and-so).

  30. _____ (Whoever) essaiera, réussira.

  31. Il ne faut pas dire du mal d'_____ (anyone).

  32. Avez-vous _____ (something else)?

Chapter 8

Special Meanings
of Certain Verbs

EXPRESSIONS WITH *ALLER*

Some idiomatic expressions with the verb **aller** are:

aller à la pêche *to go fishing*
aller à la chasse *to go hunting*
aller à pied *to go on foot, to walk*
aller à bicyclette *to go by bicycle*
aller en voiture, en avion, par le train *to go by car, by plane, by train*
aller loin *to succeed*
    Elle est intelligente. Elle ira loin.
aller trop loin *to go too far*
    Il va trop loin. Je suis très fâché.
aller bien, mal, mieux *to feel (be) well (fine), bad, better*
    Je vais bien.
aller à quelqu'un *to suit, to become*
    Cette robe vous va très bien.
Allez-y! *Go ahead!*
Comment allez-vous?
Comment vas-tu?   *How are you?*
Comment ça va? (fam.)
Comment va-t-il?   *How is he?*
Ça va? (informal)   *How are you?*

1. Translate the following sentences into French, using the verb **aller.**

    1. He is going by car.
    2. He will succeed.
    3. I feel bad.
    4. He feels better today.
    5. This hat is becoming to you.
    6. How are you?
    7. I am fine.
    8. He is going fishing.

EXPRESSIONS WITH *AVOIR*

The verb **avoir** is used in many idiomatic expressions.

avoir chaud   *to be warm*
     Elle a chaud en été.

avoir froid   *to be cold*
     Il a froid en hiver.

avoir faim   *to be hungry*
     J'ai très faim.

avoir soif   *to be thirsty*
     Elle a très soif.

avoir sommeil   *to be sleepy*
     Elle va se coucher. Elle a sommeil.

avoir peur de   *to be afraid*
     Il a peur du lion.

avoir honte de   *to be ashamed of*
     Il a honte de ses actions.

avoir raison   *to be right*
     Elle a raison.

avoir tort   *to be wrong*
     Cet élève a tort.

avoir mal à   *to have an ache in*
     Elle a mal à la tête.
     Elle a mal aux dents.

avoir lieu   *to take place*
     L'action a eu lieu dans une grande ville.

avoir beau   *to do something in vain*
     Il avait beau étudier; il n'a pas réussi à l'examen.
     He studied in vain; he didn't pass the exam.

avoir l'air . . .   *to look, to seem*
     Elle a l'air contente.

avoir de la chance   *to be lucky*
     Marie a de la chance.

avoir de la patience   *to be patient*
     Les mères ont de la patience.

avoir . . . de retard   *to be late by . . .*
     L'avion a quinze minutes de retard.

avoir . . . d'avance   *to be early by . . .*
     Ils ont dix minutes d'avance.

avoir envie de   *to want to*
     Il a envie d'aller au cinéma.

avoir besoin de   *to need*
     Il a besoin d'étudier.

avoir l'habitude de   *to be in the habit of*
     Elle a l'habitude de prendre du thé à quatre heures.

avoir l'occasion de   *to have the chance to*
     Il a l'occasion d'aller à Paris.

avoir l'intention de   *to intend to*
     J'ai l'intention d'étudier davantage.

avoir le temps de   *to have the time to*
     J'ai le temps de le faire.

avoir quelque chose   *to have something wrong*
　　Vous avez quelque chose?
avoir . . . ans   *to be . . . years old*
　　Quel âge avez-vous?
　　J'ai vingt ans.
avoir à   *to have to*
　　J'ai à faire ce travail.
avoir . . . de longueur, de hauteur, d'épaisseur   *to be . . . long, tall, thick*
　　La boîte a dix mètres de longueur.
　　La tour a cent mètres de hauteur.
　　Le mur a trente centimètres d'épaisseur.

2. Follow the model. Use an expression with the verb **avoir** in your answer.

　　　Je voudrais un sandwich.
　　　J'ai faim.

　　1. Je voudrais boire.
　　2. Je voudrais manger.
　　3. Je voudrais dormir.
　　4. Je porte un manteau.
　　5. J'ouvre la fenêtre.
　　6. Je prends de l'aspirine.
　　7. Je vais chez le dentiste.
　　8. Je demande pardon.

3. Translate the following sentences into French, using the verb **avoir**.

　　1. I came in vain. No one was there.
　　2. She is afraid of this man.
　　3. He is ashamed of his work.
　　4. We were right.
　　5. I have a headache.
　　6. The girls look tired.
　　7. Peter is lucky.
　　8. The train is a half hour late.
　　9. The plane is ten minutes early.
　　10. He has the chance to go to Martinique.
　　11. What's wrong with you?
　　12. How old are you?
　　13. He is fifty years old.
　　14. She needs the book.
　　15. The house is twenty meters high.
　　16. We are warm.
　　17. The children are sleepy.

EXPRESSIONS WITH *ETRE*

être en train de   *to be in the act of*
　　Je suis en train de travailler.

être à *to belong to*
Ces disques sont à moi.
être de *to be from*
Elle est de New York.
être égal à *to make no difference to*
Cela m'est égal.
être de retour *to be back*
Elle sera de retour lundi.
Ça y est *It's all right. It's done.*
Vous avez terminé? Oui, ça y est.

4. Translate the following sentences into French, using the verb **être**.

1. She's in the act of studying.
2. The boys are from Paris.
3. It makes no difference to me.
4. We will be back tomorrow.
5. These books belong to her.
6. It's all right.

EXPRESSIONS WITH *FAIRE*

The verb **faire** is used in many weather expressions.

Il fait chaud. *It is warm.*
Il fait froid. *It is cold.*
Il fait frais. *It is cool.*
Il fait mauvais. *The weather is bad.*
Il fait bon. *The weather is good.*
Il fait du soleil. *The sun is shining.*
Il fait du vent. *It is windy.*
Il fait du brouillard. *It is foggy.*

Some other idiomatic expressions with the verb **faire** are:

Il fait nuit. *It is night.*
Il fait jour. *It is daylight.*

faire l'impossible *to do the impossible*
faire de son mieux *to do one's best*
faire son possible *to do one's best*

faire du bien *to produce a good effect*
Le soleil vous fera du bien.
faire fortune *to become rich*
faire plaisir *to give pleasure*
faire mal *to hurt*
Ma jambe me fait mal. *My leg hurts.*
se faire du mal *to hurt oneself*
Elle s'est fait du mal. *She hurt herself.*
Elle s'est fait mal au bras. *She hurt her arm.*
faire attention *to pay attention*

faire la connaissance de quelqu'un *to meet someone*
faire des courses *to run errands*
faire la queue *to wait in line*
faire exprès *to do something on purpose*
    Je ne l'ai pas fait exprès.
faire semblant *to pretend*
    Elle fait semblant de dormir.
Ça ne fait rien. *It doesn't matter.*

5. Translate the following sentences into French, using the verb **faire.**

    1. It is warm.
    2. The weather is cool.
    3. The sun is shining.
    4. It is foggy.
    5. It is night.
    6. He does his best.
    7. This medicine will do you good.
    8. I hurt my arm.
    9. We waited in line for an hour.
   10. I did it on purpose.
   11. It doesn't matter.
   12. They pretended not to hear.

SPECIAL USES OF OTHER VERBS

Devoir, pouvoir, savoir, vouloir

The verbs **devoir, pouvoir, savoir,** and **vouloir** have special meanings in different tenses.

Devoir

present tense *to owe*
je dois *I owe*

    Je **dois** dix francs à Jean.   *I owe John ten francs.*

devoir plus infinitive *must, to have to*
je dois *I must, I have to*

    Il **doit** travailler.   *He must work.*
    Je **devrai** travailler.   *I shall have to work.*
    Elle **a dû** travailler.   *She had to work.*

present and imperfect tenses *to be supposed to, to be scheduled to*

    Elle **doit** partir demain.
    She is supposed to (is scheduled to) leave tomorrow.
    Il **devrait** partir lundi.
    He was supposed to leave on Monday.

present, *passé composé*, and imperfect tenses—to express probability—*must be*

    Il **doit** être malade.
    He must be (is probably) sick.
    Il **a dû** être malade.
    He must have been (was probably) sick.

Le film **devait** être bon.
The movie was probably good.

conditional tense to express an advice or reproach—*should, ought to*
je devrais *I should, I ought to*
j'aurais dû *I should have, I ought to have*

Vous **devriez** travailler.
You should (ought to) work.
Vous **auriez dû** travailler.
You should have (ought to have) worked.

Pouvoir

present tense *to be able to*
Je peux *I can, I am able*

Pouvez-vous jouer du violon?   *Can you play the violin?*

passé composé
j'ai pu *I was able, I could (I succeeded)*

J'**ai pu** m'échapper.   *I was able (succeeded in) escaping.*
Je **n'ai pas pu** le faire.   *I couldn't do it.* (but I tried)

conditional tense
je pourrais *I could, I would be able*

Je **pourrais** vous aider.   *I could help you.*

conditional perfect
j'aurais pu *I could have, I would have been able*

Elle **aurait pu** le faire.   *She could have done it (would have been able to do it).*

Savoir

present *to know, to know how to, to be able to*
je sais *I know, I know how, I can*

Je **sais** jouer du piano.   *I know how to play the piano.*
                        I can play the piano.

passé composé
j'ai su *I knew, I found out*

J'**ai su** la vérité.   *I found out the truth.*

conditional
je saurais *I would be able to, I can*

Je ne **saurais** pas cacher ma colère.   *I wouldn't be able to hide my anger.*

Vouloir

present *to want*
je veux *I want*

Je **veux** ce livre.   *I want this book.*

passé composé
j'ai voulu   *I tried*

> **J'ai voulu** le faire.   *I tried to do it.*

je n'ai pas voulu   *I refused*

> Je **n'ai pas voulu** le faire.   *I refused to do it.*

conditional tense
je voudrais   *I want, I would like*

> Je **voudrais** du beurre.   *I want some butter.*
> Je **voudrais** aller au cinéma.   *I would like to go to the movies.*

6. Translate the following sentences into French, using **devoir, pouvoir, savoir,** or **vouloir.**

    1. I owe Mary five dollars.
    2. He must come.
    3. She was supposed to leave for New York.
    4. He must be sick.
    5. You should have come.
    6. He ought to study.
    7. I can do it.
    8. We couldn't finish. (but we tried)
    9. I could have helped you.
   10. He succeeded in doing it.
   11. We found out the truth.
   12. She tried to open the door.
   13. He refused to go there.

Habiter, demeurer, vivre

Habiter, demeurer, and **vivre** all mean *to live.* **Habiter** and **demeurer** mean *to live, to dwell* and are used with names of places.

> Il **demeure** à Paris.   *He lives in Paris.*
> Elle **habite** à Paris.   *She lives in Paris.*

Habiter is sometimes used without a preposition.

> **Il habite** l'Angleterre.   *He lives in England.*
> **Il habite** Paris.   *He lives in Paris.*

Vivre means *to live, to be alive.*

> Il **vivra** longtemps.   *He'll live a long time.*

7. Complete the following sentences with the correct form of the present tense of **demeurer** or **vivre.**

    1. Elle _____ bien.
    2. Nous _____ en Suisse.
    3. Mon père _____ toujours.
    4. Vous _____ en Espagne.
    5. Ils _____ longtemps.

8. Rewrite the following sentences according to the model.

> Ils habitent en Angleterre.
> Ils habitent l'Angleterre.

1. Elle habite à Paris.
2. Ils habitent en Suisse.
3. Vous habitez à New York.
4. Nous habitons au Mexique.

Jouer, jouer à, jouer de

Jouer means *to play*. **Jouer à** means *to play* (*a game*). **Jouer de** means *to play* (*a musical instrument*).

> Ils **jouent** dans le jardin.
> *They are playing in the garden.*
> Elle **joue** un morceau de Beethoven.
> *She is playing a piece by Beethoven.*
> Il **joue au** football.
> *He plays soccer.*
> Elle **joue du** piano.
> *She plays the piano.*

9. Complete the following sentences with the correct form of the present tense of **jouer**, **jouer à**, or **jouer de**.

1. Il _____ le rôle de Rodrigue.
2. Nous _____ violon.
3. Ils _____ cartes.

4. Vous _____ la clarinette.
5. Ils _____ dans le parc.
6. Vous _____ football.

Manquer, manquer à, manquer de

The verb **manquer** means *to miss*. **Manquer de** means *to be lacking*. Study the following:

> Il a **manqué** son train.   *He missed his train.*
> André **manque à** Marie.   *Mary misses Andrew.*
> André **lui manque.**   *She misses Andrew.*
> Il **lui manque.**   *She misses him.*
> Cette ville **me manque.**   *I miss this city.*
>
> Nous **manquons d'**argent.   *We are lacking money.*
> Il **manque d'**intelligence.   *He is lacking in intelligence.*

10. Complete the following sentences with the correct form of the present tense of **manquer**, **manquer à**, or **manquer de**.

1. Il _____ l'autobus.
2. Marie _____ Paul.
3. Vous _____ patience.

4. Elles _____ le concert.
5. Les cafés _____ ces étudiants.

11. Translate the following sentences into French.

1. He missed the train.
2. I miss her.

3. She misses me.
4. They are lacking in patience.

Penser à, penser de

Penser à and **penser de** both mean *to think about*.   **Penser de** is used when *to think about* means *to have an opinion about something or someone.*

Elle **pense à** ses amis.
She is thinking about her friends.
Que **pensez-vous de** mes amis?
What do you think about (What is your opinion about) my friends?

After **penser à**, a stressed pronoun is used when talking about a person. When the object is a thing, **y** is used to replace **à** plus the noun.

Il pense **à sa mère.**
Il pense **à elle.**

Il pense **à cette lettre.**
Il **y** pense.

After **penser de**, a stressed pronoun is used when talking about a person. When talking about a thing, **en** replaces **de** plus the noun.

Que pensez-vous **de Pierre?**
Que pensez-vous **de lui?**

Que pensez-vous **du tableau?**
Qu'**en** pensez-vous?

12. Complete the following sentences with the correct form of the preposition **à** or **de**.

1. Que pensez-vous _____ projet?
2. Il pense toujours _____ Marie.
3. Que pense-t-elle _____ ce roman?
4. Elle pense _____ examens.
5. Nous pensons _____ cette fille.

13. Rewrite the following sentences, replacing the nouns with pronouns.

1. Je pense à Hélène.
2. Que pense-t-il du film?
3. Elle pense à Georges.
4. Que pense-t-elle de l'auteur?
5. Nous pensons à ces problèmes.
6. Que pensent-elles de mes amis?

Partir, sortir, s'en aller, laisser, quitter

Partir, sortir, s'en aller, laisser, and **quitter** all mean *to leave.*

Partir means *to leave, to go away.*

Nous **partons** pour Paris.   *We are leaving for Paris.*
Nous **partons** de Paris.   *We are leaving Paris.*

Note that **de** is used with **partir** in the above sentence.

Sortir means *to leave, to go out, to go out of a place, to come out, to go out with someone, to take out.*

Elle **sort** souvent.	*She goes out often.*
Elle **sort** de la salle.	*She leaves (goes out of) the room.*
Elle **sort** avec Pierre.	*She goes out with Peter.*
Elle **sort** du sucre.	*She takes out some sugar.*

S'en aller means *to leave, to go away.*

Je **m'en vais**.	*I'm going away.*

Laisser means *to leave, to leave a thing or person behind.*

Elle **a laissé** le livre à la bibliothèque.
She left the book in the library.
Elle **a laissé** sa sœur au cinéma.
She left her sister at the movies.

Quitter means *to leave, to leave a place or person.*

Elle **quitte** la maison à huit heures.
She leaves the house at eight o'clock.
Je vous **quitte** maintenant.
I am leaving you now.

14. Complete the following sentences, choosing the correct form of the present tense of one of the indicated verbs.

    1. Paul _____ avec Hélène.   *sortir/quitter*
    2. Il _____ ce soir.   *s'en aller/laisser*
    3. Elle _____ ses livres dans le tiroir.   *sortir/laisser*
    4. Je _____. Je suis fatigué.   *s'en aller/quitter*
    5. Il _____ son appartement à sept heures.   *quitter/laisser*
    6. Il _____ de la salle.   *s'en aller/sortir*
    7. Je _____ pour New York.   *partir/quitter*

Passer, se passer, se passer de

Passer means *to pass time, to spend.*

Il **a passé** deux semaines à Paris.
He spent two weeks in Paris.

Se passer means *to take place, to happen.*

L'action **s'est passée** dans une rue déserte.
The action took place in a deserted street.
Qu'est-ce qui **se passe**?
What is happening?

Se passer de means *to do without.*

Il **s'est passé de** viande.
He did without meat.

15. Complete the following sentences with the correct form of the *passé composé* of **passer**, **se passer**, or **se passer de**.

1. Il _____ trois semaines dans le Midi.
2. Qu'est-ce qui _____ ?
3. Nous _____ dessert.
4. D'étranges choses _____ ici.
5. Elle _____ la nuit chez Hélène.
6. L'accident _____ au coin de la rue.
7. Il _____ beurre.

Plaire

When **plaire** is used in place of **aimer** an indirect object is used. Note the following.

Paris me plaît.
I like Paris. (Paris is pleasing to me.)
Les disques me plaisent.
I like the records. (The records are pleasing to me.)

16. Rewrite the following sentences according to the model.

> Elle aime le concert.
> Le concert lui plaît.

1. J'aime le film.
2. Elle aime les peintures modernes.
3. Il aime le cinéma.
4. Elles aiment la pièce.
5. Tu aimes le livre.

Se rappeler, se souvenir de

Both **se rappeler** and **se souvenir de** mean *to remember.*

Il **se rappelle** la leçon.	*He remembers the lesson.*
Il se la **rappelle**.	*He remembers it.*
Il **se souvient de** la leçon.	*He remembers the lesson.*
Il s'en **souvient**.	*He remembers it.*

Note that when the direct object is replaced by a pronoun, the direct object pronouns are used with **se rappeler** while **en** is used with **se souvenir de.**

17. Rewrite the following sentences, substituting **se souvenir de** for **se rappeler**.

1. Je me rappelle cette occasion.
2. Je me rappelle cette fille.
3. Ils se rappellent cette soirée.
4. Vous vous rappelez la guerre.
5. Nous nous le rappelons.

Servir, se servir de

Servir means *to serve, to serve as, to be of use as:*

Elle **sert** le déjeuner.	*She serves lunch.*
Elle nous **sert** de guide.	*She serves as a guide for us.*

Se servir de means *to use*.

Je **me sers d'**un stylo pour écrire.
I use a pen to write with.

18. Complete the following sentences with the appropriate form of the present tense of **servir** or **se servir de**.

   1. Ce papier _____ à écrire.
   2. Le petit _____ une petite cuiller.
   3. Il _____ le dîner.
   4. Elle ne lui _____ à rien.
   5. Elle _____ ce livre.

Savoir Versus *Connaître*

Savoir and **connaître** both mean *to know*.

Savoir means *to know a fact, a reason, or a learning discipline*. Used with an infinitive, it means *to know how to*.

Il **sait** les résultats.   *He knows the results.*
Il **sait** jouer du piano.   *He knows how to play the piano.*

Connaître is used with persons, places, works of art, literature, countries, etc. It has the meaning of *to be acquainted with*.

Je **connais** Marie.   *I know Mary.*
Nous **connaissons** ce poème.   *We know this poem.*

19. Complete the following sentences with the correct form of the present tense of the verb **savoir** or **connaître**.

   1. Nous _____ jouer du piano.
   2. Elle _____ Robert.
   3. Je _____ que vous avez raison.
   4. _____ -vous l'heure?
   5. Ils _____ cette partie de la ville.
   6. Elle _____ son adresse.
   7. Vous _____ la littérature canadienne.
   8. _____ -tu cette maison? Oui, je _____ qu'elle est en bon état.

Venir de

The present tense of **venir de** followed by an infinitive means *to have just (done something)*. The imperfect tense of **venir de** followed by an infinitive means *had just (done something)*.

Il **vient d'**arriver.
He has just arrived.
Il **venait d'**arriver quand nous sommes sortis.
He had just arrived when we left.

20. Complete the following sentences with the correct form of **venir de** in the present tense.

  1. Je _____ chanter cette chanson.
  2. Elles _____ sortir.
  3. Vous _____ arriver.
  4. Nous _____ rentrer d'Espagne.
  5. Tu _____ manger.
  6. Il _____ entrer.

21. Rewrite the sentences of the above exercise in the imperfect tense.

Answers

1. 1. Le, la, le
    2. Le, le, la
    3. Le, l', l', la, la
    4. L', la
    5. La, le, la
    6. L', le
    7. L', la
    8. La, la, le
    9. L', le, le
    10. La, la, le

2. 1. La, l' (f.), l' (f.)
    2. le, le, le, la
    3. la, la
    4. l' (m.), la
    5. la, la
    6. Le, le
    7. La, la
    8. Le, le

3. 1. Le, la
    2. le, la
    3. le, la
    4. Le, La
    5. Le, la
    6. la
    7. La
    8. le, la
    9. La, Le
    10. le

4. 1. tables
    2. vers
    3. noyaux
    4. sous
    5. poux
    6. festivals
    7. Mesdames, mesdemoiselles
    8. genoux
    9. feux
    10. amis
    11. nez
    12. vœux
    13. animaux
    14. vitraux
    15. choux
    16. éventails

5. 1. Les sociétés sont primitives.
    2. Les voix sont jolies.
    3. Regardez les feux!
    4. Les trous sont grands.
    5. Les repas sont bons.
    6. Les journaux expliquent les travaux.
    7. Les écoles sont modernes.
    8. Les châteaux sont jolis.
    9. Les détails des dessins sur les chandails sont magnifiques.
    10. Les prix sont élevés.
    11. Les jeux sont amusants.
    12. Voilà les clous.
    13. Les bijoux sont jolis.
    14. Les cailloux sont petits.
    15. Les bateaux sont grands.
    16. Les musées sont grands.
    17. Les yeux sont grands.
    18. Les chevaux sont les animaux que vous aimez.
    19. Les messieurs sont grands.
    20. Les bals ont lieu samedi.
    21. Les gentilshommes sont grands.
    22. Voici des bonshommes de neige.

6. 1. Le roi habite dans le château.
    2. Le nez est grand.
    3. Le joujou est intéressant.
    4. Le carnaval est amusant.
    5. Le ciel est bleu.
    6. L'ami est aimable.
    7. La peau de vison est chère.
    8. Le journal est intéressant.
    9. L'aïeul est célèbre.
    10. L'œil est brun.
    11. Le bras est fort.
    12. Le clou est long.
    13. Le vitrail est joli.
    14. Le vœu est compréhensible.
    15. Le chandail est chaud.
    16. Le hibou est noir.
    17. La voix du chanteur est jolie.
    18. Le jeu de cartes est intéressant.

7. 1. Les après-midi les grands-pères dorment.
    2. Les réveille-matin sonnent à huit heures du matin.
    3. Les grands-mères mettent les choux-fleurs dans les paniers pour les pique-niques.
    4. Il lit les chefs-d'œuvre de Racine.
    5. Il y a des gratte-ciel à New York.
    6. Les timbres-poste sont dans les coffres-forts.
    7. Mets tes plumes dans les porte-plume.
    8. Pour ouvrir les bouteilles de vin, prenez des tire-bouchons.
    9. Les beaux-frères mangent les hors-d'œuvre.
    10. Les belles-sœurs aiment les arcs-en-ciel.

8.
1. Les
2. La
3. La
4. Les
5. Les
6. Les
7. L'
8. Le
9. les
10. les
11. La
12. Les

9.
1. Le
2. Le
3. —
4. —
5. —
6. —
7. —
8. le
9. Le
10. La

10.
1. —
2. le
3. la
4. Le
5. —
6. —
7. —

11.
1. —
2. le
3. L'
4. le (—)
5. —
6. —
7. le
8. —
9. —
10. Le
11. le
12. le, l'

12.
1. La
2. L'
3. Les
4. Le
5. —
6. La
7. le
8. L'

13.
1. Les, la
2. le
3. Les, la
4. Le, le

14.
1. les
2. la
3. la
4. la
5. les

15.
1. à la
2. de la
3. aux
4. à l'
5. du
6. de l'
7. au
8. de l'
9. des

16.
1. Elle veut lire un roman.
2. Un ami reçoit une lettre.
3. Une élève est intelligente.
4. Il lutte contre un établissement.
5. Un artiste travaille dans une rue.
6. Un homme envoie un cadeau.
7. Un auteur écrit une pièce.
8. Nous allons passer des après-midi ici.
9. Une fille a des valises.
10. Une auto est en panne.
11. Il lit un livre.
12. Une enfant est bonne.

17.
1. un
2. —
3. un
4. —

5. un
6. —
7. un
8. —
9. un
10. un

18.
1. —
2. —
3. un
4. —
5. —
6. des
7. —
8. —, —

19.
1. de la
2. des
3. de l'
4. du
5. des
6. de la
7. du
8. de l'
9. du, de l'
10. des, des

20.
1. Oui, j'aime le lait et je vais boire du lait.
2. Oui, j'aime la soupe et je vais manger de la soupe.
3. Oui, j'aime l'eau minérale et je vais boire de l'eau minérale.
4. Oui, j'aime les haricots verts et je vais manger des haricots verts.
5. Oui, j'aime les cerises et je vais acheter des cerises.

21.
1. Il n'a pas de courage.
2. Il n'y a pas de soupe.
3. Je n'ai pas de bonbons.
4. Je ne bois pas d'eau.
5. Elle ne fume pas de cigarettes.

22.
1. Il y a de belles peintures ici.
2. Nous lisons des livres intéressants.
3. Ce sont de grandes villes.
4. Elle mange des petits pains et des petits pois.
5. Ce sont des jeunes filles.
6. J'ai de grandes armoires.

23.
1. d'
2. d'
3. de
4. —
5. de
6. —
7. des
8. de
9. de
10. d'
11. de

24.
1. en
2. en, à la
3. en, dans l'
4. à
5. au, dans l'
6. en, en
7. en, dans le (dans l'état de), au
8. aux
9. au, à
10. à, en

25.
1. Le, au
2. l'
3. La, la
4. Les, la

5. La
6. La
7. La, à la
8. L', le

9. le, du
10. Les, à l'
11. les, aux
12. Le, de l', les

11. Il achète du sucre, des gâteaux et de la glace.
12. Il va à Montréal au Québec.

26.
1. Les repas sont bons.
2. Les chevaux sont des animaux.
3. J'aime les carnavals.
4. Ouvrez les yeux.
5. Les bateaux sont petits.
6. Les prix des clous ne sont pas chers.
7. Les choux sont dans les trous.
8. Les eaux entourent les châteaux.
9. Les jeux sont intéressants.
10. Les après-midi, il prépare les hors-d'œuvre et les choux-fleurs pour les pique-niques.
11. Messieurs, ne prenez pas ces bijoux.
12. Les grands-pères vont acheter des abat-jour.

27.
1. La, une
2. Le, un
3. —
4. —
5. —
6. Les, des
7. Le, —
8. —, le

9. le, le
10. l'
11. le
12. les
13. —
14. les (des)
15. —

28.
1. le, du
2. de l', des, de la, des, du
3. d'
4. de
5. —
6. des
7. de
8. de, les
9. de, de
10. du
11. du, de, le

29.
1. à la, à
2. à, en, aux
3. dans l'

4. au, en
5. dans le

30.
1. Il va en France.
2. Il attend l'arrivée du professeur.
3. Il entend les cris de l'enfant.
4. Il parle à l'ami de Jean.
5. Elle aime la voix du chanteur.
6. Il cherche les jouets de l'enfant.
7. Il va au supermarché du village.
8. Il aime le vitrail de l'église.
9. Il regarde les peintures du musée.
10. Elle veut aller à la bibliothèque de la ville.

Chapter 2

1.
1. L'idée est mauvaise.
2. La cathédrale est grande.
3. La tour est haute.
4. La cuisine est parfaite.
5. La sorcière est laide.
6. La peinture est jolie.
7. La femme est honnête.
8. La chemise est rouge.
9. La pierre est dure.
10. La réponse est claire.

2.
1. mauvais
2. française
3. grand
4. poli
5. noir

6. faible
7. noire
8. fantastique
9. formidable
10. compliquée

3.
1. cruelle
2. parisienne
3. bonne
4. muette
5. épaisse

6. discrète
7. prête
8. sotte
9. chère
10. fière

4.
1. Le film est sensationnel.
2. La peinture est ancienne.
3. Ce paquet est gros.
4. Cette étudiante est lasse.
5. Cette histoire est secrète.
6. L'homme est inquiet.
7. Madame Leclerc est étrangère.
8. Pierre est premier en math.
9. Cette phrase est pareille.

5.
1. heureuse
2. sérieuse
3. furieux
4. doux
5. douce
6. rousse

7. fausse
8. menteuse
9. protectrice
10. meilleure
11. créatrice
12. majeure

6.
1. actif
2. attentive
3. neuf
4. neuve
5. brève

6. blanche
7. franc
8. sèche
9. grecque
10. publique

7.
1. aiguë
2. longue
3. favorite

4. maligne
5. malin
6. fraîche

8.
1. nouveau
2. belle
3. vieil
4. nouvelle
5. nouvel
6. vieux
7. belle
8. vieille
9. bel
10. beau
11. beau
12. vieux
13. nouveau

9.
1. Les films sont incroyables.
2. Les films sont merveilleux.
3. Les robes sont bleues.
4. Les notes sont mauvaises.
5. Les lois sont légales.
6. Les châteaux sont beaux.
7. Les chandails sont bleus.
8. Les hommes sont gros.
9. Les coups sont fatals.
10. Les maisons sont nouvelles.
11. Les tomates sont parfaites.
12. Les mots sont finals.

10.
1. intéressants
2. merveilleuses
3. médiévaux
4. nouveaux
5. finals
6. grands
7. bleus
8. frais
9. fatals
10. épais
11. royaux
12. belles
13. légales
14. intelligentes
15. bleues
16. heureux
17. beaux

11.
1. nu
2. vieilles
3. demie
4. demi
5. nue
6. mi
7. ci-jointes
8. demi
9. Haut
10. âgés
11. marron
12. brun foncé

12.
1. tragi-comique
2. sourde-muette
3. nouveau-nés
4. sud-américains
5. sous-développés
6. grandes ouvertes

13.
1. Oui, j'ai un livre intéressant.
2. Oui, c'est une fille heureuse.
3. Oui, c'est une maison rouge.
4. Oui, il y a un restaurant français ici.
5. Oui, j'ai une auto noire.
6. Oui, c'est un bel artiste.
7. Oui, je raconte une bonne histoire.
8. Oui, j'ai une petite auto.
9. Oui, c'est un vieux paysan.
10. Oui, j'ai un joli tableau.
11. Oui, j'aime la jeune fille.
12. Oui, je regarde un (grand) homme.

14.
1. Ce sont des livres intéressants.
2. Ce sont des films formidables.
3. Ce sont des conférences importantes.
4. Ce sont de bons amis.
5. Ce sont d'autres histoires.
6. Ce sont de bonnes écoles.
7. Ce sont de vieux amis.
8. Ce sont de beaux écrivains.
9. Ce sont de vieilles amies.
10. Ce sont de grandes maisons.
11. Ce sont de nouveaux hôtels.
12. Ce sont des jeunes filles.
13. Ce sont des petits pois.

15.
1. C'est une vieille peinture parisienne.
2. C'est une longue robe bleue.
3. C'est une petite chatte noire.
4. C'est un bel artiste impressionnant.
5. C'est un méchant chat blanc.
6. C'est une petite auto rouge.
7. C'est un beau tableau blanc.
8. C'est un bel homme habile.
9. C'est une petite fille intelligente.
10. C'est un grand et vieux monument.
11. Ce sont des petites filles brunes.
12. Ce sont de belles peintures impressionnantes.
13. Ce sont de jolis enfants amusants.

16.
1. C'est un monument ancien.
Monsieur Dupont est (C'est) mon ancien professeur.
2. C'est un homme brave.
C'est un brave homme.
3. C'est un chandail cher.
C'est un cher ami.
4. La semaine dernière il est allé au cinéma.
C'est la dernière semaine du trimestre.
5. Différentes personnes sont venues.
Des personnes différentes sont venues.
6. C'est un grand écrivain.
C'est un écrivain grand.
7. C'est un pauvre garçon.
C'est un garçon pauvre.
8. C'est une chambre propre.
C'est ma propre chambre.

17.
1. Cette femme qui assiste à l'accouchement est une sage femme.
Une femme qui sait tout est une femme sage.
2. Tu vas sûrement tout perdre. C'est un risque certain.
Si tu joues à la Bourse, tu vas courir un certain risque.
3. Elle est arrivée le jour même comme prévu.

Même le professeur va être d'accord avec vous.

Marcher et *aller à pied* sont presque la même chose.

4. Je viens d'acheter cette robe; c'est une nouvelle robe.

Au printemps, les maisons de haute couture vont présenter une collection de robes nouvelles.

5. Une personne seule ne peut pas tout faire.

Mon seul souci c'est ma famille.

6. Ce garçon est désagréable. C'est un vilain garçon.

Ce garçon n'est pas beau. C'est un garçon vilain.

7. Le piano ne marche pas bien. J'entends une fausse note.

Il faut chanter la note *b*, pas la note *c*.

C'est une note fausse.

8. C'est un manteau sale.

Cet homme n'est pas gentil. C'est un sale homme.

9. Cette histoire ne vaut rien. C'est une triste histoire.

Cette histoire me fait pleurer. C'est une histoire triste.

10. Un homme qui extorque de l'argent aux autres est un malhonnête homme.

Un homme qui dit des grossièretés est un homme malhonnête.

11. Je vous verrai la semaine prochaine.

La prochaine fois, dites la vérité.

12. Diverses personnes discutent des circonstances diverses.

18.
1. Elle chante doucement.
2. Il a prononcé parfaitement.
3. Elle étudie sérieusement.
4. Elle danse naturellement.
5. Il a compris finalement.
6. Il est parti soudainement.
7. Il agit dangereusement.
8. Il parle rapidement.
9. Elle répond franchement.
10. Il écoute attentivement.

19.
1. Il agit hardiment.
2. Elle agit résolument.
3. Elles chantent gaîment (gaiement).
4. Il parle continûment.
5. Il parle crûment.

20.
1. confusément
2. profondément
3. exquisément
4. aveuglément
5. précisément
6. opportunément

21.
1. couramment
2. fréquemment
3. patiemment
4. brillamment
5. décemment
6. Evidemment
7. prudemment
8. patiemment
9. constamment
10. lentement
11. véhémentement
12. abondamment

22.
1. brièvement		7.	bas
2. gentiment		8.	cher
3. bien		9.	dur
4. mal		10.	bien
5. peu		11.	court
6. clair		12.	fort

23.
1. Il court rapidement.
2. La situation est absolument impossible.
3. Elle a beaucoup voyagé.
4. Il a bien étudié.
5. Nous avons déjà mangé.
6. Nous y sommes souvent allés.
7. Elle est arrivée hier.
8. Elle a travaillé patiemment.
9. Elle va trop travailler. (Elle va travailler trop.)
10. J'ai assez mangé.

24.
1. Naturellement, je suis content.
2. Certainement, il va être à l'heure.
3. Evidemment, il est triste.
4. Finalement, elle est arrivée.
5. Heureusement, elle est arrivée à l'heure.

25.
1. Anne est plus intelligente que sa sœur.
2. Cet enfant est aussi poli que sa sœur.
3. Elle est moins patiente que sa sœur.
4. Annette est plus sérieuse que sa sœur.
5. Il est aussi gentil que sa sœur.
6. Hélène parle plus intelligemment que sa sœur.
7. Cet homme conduit aussi dangereusement que sa sœur.
8. Vous chantez moins doucement que votre sœur.
9. Judith attend plus patiemment que sa sœur.
10. Vous agissez aussi poliment que votre sœur.
11. Il a mangé plus de tartes que sa sœur.
12. Elle a pris moins de livres que sa sœur.

26.
1. Georges est plus grand que lui.
2. Pierre est plus intelligent que moi.
3. Les autres travaillent plus patiemment que nous.
4. Hélène danse aussi gaiement (gaîment) qu'elle.
5. Pierre écoute aussi attentivement qu'eux.
6. Marc est moins intelligent qu'elles.

27.
1. Il ne parle pas plus vite que moi.
2. Il ne répond pas si (aussi) intelligemment que Georges.
3. Il ne chante pas moins doucement que Pierre.
4. Elle n'est pas plus belle que Babeth.
5. Elle n'est pas si (aussi) gentille que sa sœur.

28.
1. Il est moins bête que vous ne le croyez.
2. Elle est plus intelligente que vous ne le trouvez.
3. Il est moins drôle que vous ne le pensez.
4. Il est plus méchant qu'il n'en a l'air.
5. Cette chanson est moins compliquée qu'elle n'en a l'air.

29.
1. Anne a autant d'argent que moi.
2. Elle a moins de robes que moi.
3. Il a plus d'autos que moi.
4. Elle a autant de gâteaux que moi.
5. Vous avez plus de peintures que moi.
6. Vous avez autant de disques que moi.

30.
1. Oui, c'est la fille la plus intéressante du village.
2. Oui, c'est la plus petite rue du village.
3. Oui, ce sont les enfants les plus amusants du village.
4. Oui, c'est le plus joli jardin du village.
5. Oui, c'est le garçon le plus honnête du village.
6. Oui, c'est le professeur le plus exigeant du village.
7. Oui, c'est la plus vieille église du village.
8. Oui, ce sont les filles les plus intelligentes du village.
9. Oui, c'est le plus grand musée du village.
10. Oui, c'est la plus belle peinture du village.

31.
1. Oui, il chante le plus fort de tous.
2. Oui, elle travaille le plus sérieusement de toutes.
3. Oui, elle danse le plus exquisément de toutes.
4. Oui, il parle le plus profondément de tous.
5. Oui, elle chante le plus brillamment de toutes.

32.
1. meilleur
2. mieux
3. meilleure
4. mieux
5. pire (plus mauvais)
6. plus mal (pis)
7. plus
8. moins
9. les meilleures
10. le plus mal
11. la plus petite
12. la moindre

33.
1. Ce gâteau-ci est aussi bon que ce gâteau-là.
   Ce gâteau-ci est moins bon que ce gâteau-là.
   Ce gâteau-ci est meilleur que ce gâteau-là.
   Ce gâteau-ci est le meilleur de tous.
2. Ces fromages-ci sont aussi bons que ces fromages-là.
   Ces fromages-ci sont moins bons que ces fromages-là.
   Ces fromages-ci sont meilleurs que ces fromages-là.
   Ces fromages-ci sont les meilleurs de tous.
3. Cette orange-ci est aussi bonne que cette orange-là.
   Cette orange-ci est moins bonne que cette orange-là.
   Cette orange-ci est meilleure que cette orange-là.
   Cette orange-ci est la meilleure de toutes.
4. Ces tomates-ci sont aussi bonnes que ces tomates-là.
   Ces tomates-ci sont moins bonnes que ces tomates-là.
   Ces tomates-ci sont meilleures que ces tomates-là.
   Ces tomates-ci sont les meilleures de toutes.
5. Ce beurre-ci est aussi mauvais que ce beurre-là.
   Ce beurre-ci est moins mauvais que ce beurre-là.
   Ce beurre-ci est plus mauvais (pire) que ce beurre-là.
   Ce beurre-ci est le plus mauvais (le pire) de tous.
6. Cette tarte-ci est aussi mauvaise que cette tarte-là.
   Cette tarte-ci est moins mauvaise que cette tarte-là.
   Cette tarte-ci est plus mauvaise que cette tarte-là.
   Cette tarte-ci est la plus mauvaise (la pire) de toutes.

7. Elle chante aussi bien que vous.
   Elle chante moins bien que vous.
   Elle chante mieux que vous.
   Elle chante le mieux de toutes.
8. Il écrit aussi bien que vous.
   Il écrit moins bien que vous.
   Il écrit mieux que vous.
   Il écrit le mieux de tous.
9. Il travaille aussi mal que vous.
   Il travaille moins mal que vous.
   Il travaille plus mal (pis) que vous.
   Il travaille le plus mal de tous.

34.
1. L'enfant parle de plus en plus chaque jour.
2. Plus il travaille, plus il comprend.
3. Tant mieux!
4. L'économie va de mal en pis.
5. Il est d'autant plus heureux qu'il habite à la campagne.
6. Le malade mange de mieux en mieux.
7. Marie est ma sœur aînée.

35.
1. ma, mes, mon
2. ton, ta, tes
3. sa, son, son, ses
4. notre, nos
5. vos, votre
6. leurs, leur

36.
1. C'est son cahier.
2. C'est son livre.
3. C'est sa photo.
4. Ce sont ses amies.
5. C'est son amie.
6. Ce sont ses lettres.
7. C'est leur école.
8. C'est son adresse.
9. Ce sont ses livres.
10. C'est leur auto.
11. Ce sont leurs amis.
12. Ce sont leurs livres.

37.
1. Ils regardent leurs livres aussi.
2. J'ai parlé à mes cousines aussi.
3. Nous aimons (J'aime) nos (mes) amis aussi.
4. Il parle à son oncle aussi.
5. Tu laves tes (Vous lavez vos) vêtements tous les samedis aussi.
6. Nous attendons notre père à la gare aussi.
7. J'aime ma tante aussi.
8. Vous travaillez dans votre bureau aussi.
9. Il choisit ses cadeaux aussi.
10. Elle va réparer sa bicyclette aussi.

38.
1. Mon
2. Ton
3. ma
4. sa
5. son
6. leur
7. son
8. leurs
9. son
10. sa
11. son
12. nos
13. vos
14. ta
15. Votre
16. Mes
17. ses
18. ses
19. notre
20. les
21. la
22. ses
23. tes
24. la
25. vos
26. son

39.
1. C'est son père à elle.
2. C'est sa sœur à lui.
3. C'est mon livre à moi.
4. C'est leur propriété à eux.
5. Ce sont ses stylos à elle.
6. C'est ton chien à toi.
7. Ce sont nos enfants à nous.
8. C'est votre bicyclette à vous.

40.
1. ce
2. cette
3. Cet
4. ces
5. Ces
6. cet
7. Cette
8. Ces
9. ce
10. Cette

41.
1. J'aime cette peinture-ci, pas cette peinture-là.
2. Je vais acheter ces oranges-ci, pas ces oranges-là.
3. Je veux voir ce film-ci, pas ce film-là.
4. J'aime cet artiste-ci, pas cet artiste-là.
5. Je vais lire ces poèmes-ci, pas ces poèmes-là.

42.
1. quelque
2. quelques (plusieurs)
3. plusieurs (quelques)
4. certaines
5. diverses
6. Chaque (Tout)
7. Chaque
8. Tous
9. autre
10. aucune
11. Même
12. même
13. même
14. une telle
15. Telle, telle
16. Tel
17. Quelle que
18. quelconque
19. autres, autres

20. toute, tout
21. Quelques
22. quelconque
23. si
24. quelque
25. même
26. d'autres
27. Nul

43.
1. C'est une vieille ville française.
2. C'est une jolie chaise noire.
3. C'est un jeune homme formidable.
4. C'est un gros cochon fatigué.
5. C'est une grande église ancienne.
6. Ce sont des idées mauvaises et secrètes.
7. C'est une nouvelle idée curieuse.
8. C'est une petite enfant destructive.
9. C'est une belle dame franche.
10. C'est ma grande peinture favorite.
11. C'est un vieil homme malin.
12. Ce sont de bonnes pommes fraîches.
13. Ce sont de vieux tableaux intéressants.
14. Ce sont de grandes questions légales.
15. Ce sont de bons avocats loyaux.
16. Ce sont de petits enfants canadiens.
17. C'est une autre mère fière.
18. Ce sont de longues chansons douces.
19. Ce sont des compositions brèves et intéressantes.
20. C'est un bel homme heureux.

44.
1. Elle est sortie nu-pieds.
2. Vous trouverez les documents ci-joints.
3. La classe commence à huit heures et demie.
4. Achetez un demi-kilo de beurre.
5. Elle est sortie en hiver la tête nue.
6. Il a des joues ivoire.
7. Il achète des chaussures bleu clair.
8. Elle a des robes marron.
9. Il a des cheveux châtains.
10. Ce sont des chemises brun foncé.
11. Ce sont des fleurs fraîches cueillies.
12. Ce sont des villes sud-africaines.

45.
1. C'est une chaise chère.
2. C'est un homme brave.
3. C'est une fille pauvre.
4. C'est une robe propre.
5. Il est parti le jour même.
6. Ce sont de nouvelles bottes.

46.
1. Elle agit naturellement.
2. Il parle résolument.
3. Il répond précisément.
4. Il vient fréquemment.
5. Il parle couramment.
6. Il travaille lentement.

7. Elle travaille continûment.
8. Il a bien dormi.
9. Il est parti tard.
10. Finalement, il a fini. (Il a fini finalement.)
11. Heureusement, il a bien mangé. (Il a bien mangé heureusement.)
12. Il parle gentiment.
13. Elle a fini hier.
14. Elle chante bien.
15. Il parle haut.
16. Il voit clair.

47.
1. Cet homme est aussi intelligent que le premier.
Il est moins intelligent que le deuxième.
Il n'est pas si intelligent que le deuxième.
Il est plus intelligent que le troisième.
Le deuxième est le plus intelligent de tous.
2. Pierre parle aussi vite que le premier.
Il parle moins vite que le deuxième.
Il ne parle pas si vite que le deuxième.
Il parle plus vite que le troisième.
Le deuxième parle le plus vite de tous.
3. Cette peinture est aussi bonne que la première.
Elle est moins bonne que la deuxième.
Elle n'est pas si bonne que la deuxième.
Elle est meilleure que la troisième.
La deuxième est la meilleure de toutes.
4. Ce livre est aussi bon que le premier.
Il est moins bon que le deuxième.
Il n'est pas si bon que le deuxième.
Il est meilleur que le troisième.
Le deuxième est le meilleur de tous.
5. André chante aussi bien que le premier.
Il chante moins bien que le deuxième.
Il ne chante pas si bien que le deuxième.
Il chante mieux que le troisième.
Le deuxième chante le mieux de tous.
6. Cette pomme est aussi mauvaise que la première.
Elle est moins mauvaise que la deuxième.
Elle n'est pas si mauvaise que la deuxième.
Elle est plus mauvaise (pire) que la troisième.
La deuxième est la plus mauvaise (la pire) de toutes.
7. Il a plus de livres que Pierre.
Il a moins de livres que Georges.
Il a autant de livres que Jean.
8. Elle a plus de disques que Pierre.
Elle a moins de disques que Georges.
Elle a autant de disques que Jean.

48.
1. Marie est la fille la plus intelligente de la classe.
2. Hélène est la plus jolie fille de la classe.

3. Pierre est le plus bel homme de la classe.
4. Henri est le garçon le plus intéressant de la classe.

49.
1. ses, nos
2. sa, votre
3. mon, leur
4. tes, mes
5. ton, notre
6. ma, ta
7. votre, sa
8. son, leurs
9. vos, nos
10. son, son

50.
1. les
2. vos
3. sa
4. la

51.
1. Je veux cette carte-ci, pas cette carte-là.
2. Je veux ce panier-ci, pas ce panier-là.
3. Je veux ces pommes-ci, pas ces pommes-là.
4. Je veux ces haricots verts-ci, pas ces haricots verts-là.

52.
1. Marie a quelques journaux.
2. Hélène a plusieurs amis.
3. Il a quelque temps.
4. Certains problèmes sont difficiles à résoudre.
5. Nous avons parlé à diverses personnes.
6. Chaque homme veut réussir.
7. Avez-vous d'autres disques?
8. J'ai vu toutes les maisons.
9. Il n'y a aucun livre ici.
10. J'ai mangé tous les gâteaux.
11. Même son ennemi le croit.
12. Je n'ai jamais vu une telle pièce.
13. Tel est mon choix.
14. Tout homme veut être heureux.
15. D'autres livres sont intéressants.
16. Il a couru quelque cent mètres.
17. Elle est toute grande.
18. Prenez un livre quelconque.

Chapter 3

1.
1. dix
2. dix-neuf
3. vingt
4. vingt et un
5. vingt-sept
6. trente et un
7. soixante et un
8. soixante-dix
9. soixante-douze
10. quatre-vingts
11. quatre-vingt-quatre
12. quatre-vingt-dix
13. quatre-vingt-dix-neuf
14. cent
15. deux cents
16. cinq cent soixante-cinq
17. sept cent quatre-vingt-dix-huit
18. mille cent vingt-quatre (onze cent vingt-quatre)
19. un million cent quarante-cinq mille sept cent quatre-vingt-douze
20. deux mille neuf cent cinquante-quatre
21. deux à deux
22. tous les quinze jours
23. une personne sur dix
24. tous les deux ans

2.
1. premier
2. neuvième
3. cinquième
4. première
5. deuxième
6. cent et unième
7. deuxième (seconde)
8. tierce

3.
1. Napoléon premier
2. Louis quinze
3. les deux premières années
4. les deux derniers jours

4.
1. Je voudrais une dizaine de pêches.
2. Je voudrais une vingtaine de poires.
3. Je voudrais une trentaine de pommes.
4. Il y a un million de gens dans cette salle.
5. Elle gagne dans les trente mille dollars par an.

5.
1. un demi (la moitié)
2. une demi-bouteille
3. vingt et un et demi
4. un tiers
5. trois quarts
6. sept seizièmes
7. dix et un quart

6.
1. Dix plus cinq font quinze.
2. Dix-huit moins six font douze.
3. Huit fois douze font quatre-vingt-seize.
4. Cinquante divisé par cinq fait dix.
5. Cette boîte a quinze centimètres (15 cm) de long (de longueur) sur dix centimètres (10 cm) de large (de largeur) sur huit centimètres (8 cm) de haut (de hauteur).

7.
1. le lundi vingt-cinq juin (lundi, le vingt-cinq juin)
2. le mardi quatre décembre (mardi, le quatre décembre)
3. au mois de janvier
4. en juin
5. le premier avril

6. Quel jour est-ce aujourd'hui? (Quel jour
   sommes-nous aujourd'hui?)
7. C'est aujourd'hui le vendredi dix août,
   mil neuf cent (dix-neuf cent) quatre-
   vingt-un. [C'est aujourd'hui vendredi, le
   dix août, mil neuf cent (dix-neuf cent)
   quatre-vingt-un.]
8. au printemps
9. en été
10. en hiver

8. 1. Il est une heure.
   2. Il est quatre heures moins le quart. (Il
      est quatre heures moins un quart.)
   3. Il est huit heures et demie. (Il est huit
      heures trente.)
   4. Il est midi.
   5. Il est minuit.
   6. Il est neuf heures et quart. (Il est neuf
      heures quinze.)
   7. Il est midi et demi.
   8. Il est minuit et demi.
   9. Il est dix heures vingt-cinq.
   10. Il est dix heures moins vingt.

9. 1. Il est une heure.
   2. Il est quinze heures quarante-cinq.
   3. Il est huit heures trente.
   4. Il est douze heures. (Il est midi.)
   5. Il est zéro heure. (Il est minuit.)
   6. Il est vingt et une heure quinze.
   7. Il est douze heures trente. (Il est
      midi et demi.)
   8. Il est zéro heure trente. (Il est minuit
      et demi.)
   9. Il est vingt-deux heures vingt-cinq.
   10. Il est neuf heures quarante.

Chapter 4

1. 1. e   8. ent
   2. e   9. ent
   3. e   10. ons
   4. e   11. ons
   5. e   12. ez
   6. es   13. ez
   7. es   14. ez

2. 1. loue   9. rencontrent
   2. parlons   10. posons
   3. regardent   11. cherchez
   4. restez   12. dessine
   5. travaille   13. chantes
   6. tombent   14. commandons
   7. traverses   15. dînent
   8. raconte

3. 1. Elle danse bien.
   2. Je loue un appartement.
   3. Il joue dans le parc.
   4. Tu goûtes le vin.
   5. Je raconte une histoire.
   6. Tu fermes la fenêtre.

4. 1. Nous cachons le cadeau.
   2. Vous déjeunez à midi.
   3. Les garçons fouillent dans le tiroir.
   4. Elles gardent le souvenir.
   5. Nous fermons la porte.
   6. Vous fréquentez ce quartier.

5. 1. J'allume la lampe.
   2. J'oublie son nom.
   3. J'attire une foule.
   4. J'arrive en retard.
   5. J'apporte le déjeuner.

6. 1. J'aime la peinture moderne.
   2. Nous arrivons à l'heure.
   3. Tu oublies le livre.
   4. J'aide mes amis.
   5. Vous enseignez le français.
   6. Ils étudient l'histoire.
   7. Elles habitent à Paris.
   8. J'écoute des disques.
   9. Le garçon apporte le bifteck.
   10. Nous avouons nos défauts.

7. 1. commençons   4. mangeons
   2. recommençons   5. changeons
   3. avançons   6. nageons

8. 1. commence, commençons
   2. changes, changeons
   3. mangent, mangeons
   4. commence, commencez
   5. nage, nagez
   6. lance, lancent

9. 1. Tu cèdes ta place.
   2. Je considère ce poste.
   3. Je célèbre la fête.
   4. Tu répètes les exercices.
   5. Tu préfères partir de bonne heure.

10. 1. Nous espérons le voir.
    2. Nous cédons à ses demandes.
    3. Vous préférez venir à huit heures.
    4. Vous interprétez le poème.

11. 1. interprétez   4. préfère
    2. complètent   5. considèrent
    3. protégeons   6. cèdes

12. 1. Je lève le rideau.
     2. Tu pèses cinquante kilos.
     3. Je gèle en hiver.
     4. Tu mènes une vie tranquille.
     5. J'appelle un taxi.
     6. Tu jettes la balle.

13. 1. Nous achetons des disques.
     2. Vous levez le rideau.
     3. Nous enlevons les ordures.
     4. Vous emmenez le chien dans de
        longues promenades.
     5. Nous appelons Pierre.
     6. Vous jetez le livre.

14. 1. mène   6. pèsent
     2. jettent   7. appelles
     3. jetez   8. menez
     4. appellent   9. achète
     5. enlevons   10. appelons

15. 1. nettoie   5. ennuient
     2. envoies   6. employons
     3. paie   7. payez
     4. essuient

16. 1. Je paie ces dettes.
     2. Tu emploies une femme de ménage.
     3. Tu essaies de réussir.
     4. J'envoie le cadeau.
     5. Il nettoie les meubles.
     6. Elle essaie de le faire.

17. 1. it   7. issent
     2. it   8. issent
     3. is   9. issons
     4. is   10. issons
     5. is   11. issez
     6. is   12. issez

18. 1. remplis   6. agrandissez
     2. réunissons   7. envahissent
     3. obéissent   8. punit
     4. choisit   9. finissons
     5. réfléchis   10. réussissez

19. 1. Nous réussissons à l'examen.
     2. Vous saisissez l'occasion.
     3. Ils remplissent le verre.
     4. Elles applaudissent à la fin du concert.

20. 1. Je réfléchis aux problèmes.
     2. Tu finis le travail.
     3. Il réussit à trouver le livre.
     4. Elle choisit de nouvelles robes.

21. 1. défend   7. fendent
     2. fond   8. répandent
     3. réponds   9. vendons
     4. descends   10. rendons
     5. pends   11. perdez
     6. entends   12. tendez

22. 1. Vous tendez un piège.
     2. J'entends la chanson.
     3. Elles descendent la rue.
     4. Nous perdons l'espoir.
     5. Il rend les devoirs.
     6. J'attends un copain.
     7. Tu vends la maison.
     8. Ils répondent au professeur.

23. 1. Elles vendent l'auto.
     2. Vous descendez sur la place.
     3. Nous entendons le professeur.
     4. Ils fendent du bois.

24. 1. Il entend du bruit.
     2. Tu attends le train.
     3. Elle perd le match.
     4. Je défends cet homme.

25. 1. cueillent   6. ouvrons
     2. ouvre   7. découvre
     3. accueille   8. recouvre
     4. offrez   9. recouvrons
     5. souffres   10. souffrent

26. 1. Il rit aux éclats.
     2. Elle court vite.
     3. Il conclut l'accord.
     4. Elle sourit beaucoup.
     5. Il rompt les liens.
     6. Elle interrompt le professeur.

27. 1. court   9. rit
     2. rient   10. sourions
     3. corrompt   11. interrompons
     4. secourez   12. cours
     5. conclus   13. concluent
     6. romps   14. interrompent
     7. ris   15. riez
     8. parcourons

28. 1. Je mets les vêtements dans l'armoire.
     2. Tu bats le tapis.
     3. Il remet le travail à demain.
     4. Elle promet d'aller avec moi.

29. 1. Ils admettent le crime.
     2. Les armées soumettent les rebelles.
     3. Vous mettez la nappe sur la table.
     4. Nous battons le linge pour le nettoyer.

30.
1. battent
2. soumets
3. promet
4. remettons
5. combattez
6. bats
7. mets
8. soumettent
9. admettez
10. permet
11. transmettons
12. promets

31.
1. ment
2. sort
3. sers
4. pars
5. dors
6. sens
7. partent
8. sortent
9. servons
10. mentons
11. sortez
12. dormez

32.
1. Je pars à huit heures.
2. Tu dors bien.
3. Tu sers des apéritifs.
4. Elle sert un bon repas.
5. Il sent l'odeur fraîche.
6. Elle dort huit heures.

33.
1. Nous sortons de la classe.
2. Ils mentent au professeur.
3. Elles dorment sur le divan.
4. Vous partez de bonne heure.

34.
1. Nous vainquons le rival.
2. Vous vainquez la difficulté.
3. Ils convainquent le sceptique.
4. Elles convainquent l'homme de sa culpabilité.

35.
Je vaincs l'ennemi.
Vous vainquez l'ennemi.
Elles vainquent l'ennemi.
Nous vainquons l'ennemi.
Tu vaincs l'ennemi.

36.
1. connaissent
2. reconnaissent
3. apparaît
4. naît
5. disparaît
6. hait
7. paraît
8. reconnaissons
9. connaissons
10. haïssez
11. reconnaissez
12. connais
13. disparais
14. hais
15. connais

37.
1. L'invité paraît à la porte.
2. Je connais les Leclerc.
3. Tu reconnais le criminel.
4. Il hait la bureaucratie.
5. Il disparaît souvent.

38.
1. Nous reconnaissons cet enfant.
2. Vous connaissez le poète.
3. Elles haïssent l'injustice.
4. Ces hommes paraissent malades.
5. Les chiens disparaissent derrière l'arbre.

39.
1. Il plaît à tout le monde.
2. Elle se tait pendant le concert.
3. Je plais à Marie.
4. Tu te tais pendant la conférence.

40.
1. Ils plaisent à cette femme.
2. Elles se taisent pendant le spectacle.
3. Vous plaisez à tout le monde.
4. Nous nous taisons maintenant.
5. Ces livres déplaisent à Pierre.

41.
1. La troupe détruit la ville.
2. Il élit un président.
3. Tu dis la vérité.
4. Tu traduis la phrase.
5. Je lis un roman.
6. Je conduis une Citroën.

42.
1. Elles lisent *le Monde* tous les jours.
2. Ils conduisent une Renault.
3. Nous disons la vérité.
4. Nous détruisons le livre.
5. Vous produisez un nouveau jouet.
6. Vous dites bonjour.

43.
1. lit
2. dites
3. suffit
4. conduis
5. reconstruisent
6. détruit
7. traduisons
8. interdit
9. reconstruis
10. construit

44.
1. suivent
2. écrivent
3. décrivons
4. suivons
5. écrivez
6. vivez
7. suit
8. écrit
9. décris
10. poursuis
11. suis
12. vis

45.
1. Nous vivons bien ici.
2. Vous suivez ce cours.
3. Elles écrivent un poème.
4. Ils décrivent le match.

46.
1. Elle survit à l'accident.
2. Il écrit les devoirs.
3. Je vis bien.
4. Tu suis un cours de français.

47.
1. croyons
2. voyons
3. nous enfuyons
4. croyez
5. croyez
6. voyez

48.
Vous mourez de faim.
Il meurt de faim.
Je meurs de faim.
Tu meurs de faim.
Elles meurent de faim.

49.
1. Elle le voit.
2. Je crois en Dieu.
3. Tu fuis sa présence.
4. Il croit cette histoire.
5. Il meurt de fatigue.
6. Je meurs de peur.

50.
1. Nous voyons qu'il a tort.
2. Elles croient que vous êtes fatigué.
3. Ils s'enfuient de la salle précipitamment.
4. Vous mourez de faim.
5. Vous croyez l'histoire.

51.
1. craignent
2. joignent
3. éteignons
4. atteignons
5. plaignez
6. peignez
7. craint
8. peint
9. plains
10. rejoins
11. crains
12. peins

52.
1. Nous craignons cet homme.
2. Vous rejoignez Pierre à l'heure.
3. Ils peignent un paysage.
4. Elles se plaignent de tout.
5. Elles joignent les deux bouts.

53.
1. Elle craint de répondre.
2. Je peins le mur.
3. Tu éteins la lumière.
4. Il vous plaint.
5. Je joins les deux bouts.

54.
1. rejoignez
2. craignons
3. peignent
4. éteins
5. plains
6. atteint

55.
1. Nous prenons le déjeuner à midi.
2. Nous apprenons les verbes.
3. Vous reprenez le disque.
4. Vous surprenez l'enfant.
5. Ils comprennent le français.
6. Ces nouvelles nous surprennent.

56.
1. comprends
2. surprend
3. prenons
4. comprennent
5. apprends
6. prenez
7. reprend

57.
1. viennent
2. retiennent
3. convient
4. appartient
5. reviens
6. deviens
7. obtiens
8. parviens
9. revenons
10. tenons
11. maintenez
12. obtenez

58.
1. Il vient tout de suite.
2. Tu deviens riche.

3. Je maintiens ma position.
4. La boîte contient des papiers.
5. Je parviens à un âge avancé.

59.
1. Ils tiennent à vous voir.
2. Elles viennent tout de suite.
3. Ces livres vous appartiennent.
4. Vous obtenez le prix.
5. Nous venons maintenant.

60.
1. J'acquiers de l'expérience.
2. Je conquiers son affection.
3. Tu acquiers une maison.
4. Tu conquiers l'ennemi.

61.
1. acquiers
2. conquièrent
3. acquiers
4. acquérez
5. conquiert
6. conquérons

62.
1. peuvent
2. veux
3. peux
4. veut
5. voulons
6. pouvez

63.
1. Je peux partir maintenant.
2. Je veux revenir demain.
3. Tu peux sortir maintenant.
4. Tu veux rester ici.
5. Il peut venir ce soir.
6. Elle veut savoir la réponse.

64.
1. Nous pouvons attendre une minute.
2. Nous voulons sortir maintenant.
3. Ils veulent jouer au football samedi.
4. Elles peuvent rester ici si elles le veulent.

65.
1. boivent
2. reçoivent
3. doivent
4. reçoit
5. doit
6. déçoit
7. bois
8. reçois
9. aperçois
10. reçois
11. buvons
12. recevons
13. décevez
14. buvez

66.
1. bois, buvez
2. reçois, recevons
3. dois, devez
4. buvez, boivent
5. devons, doivent

67.
1. Nous devons de l'argent.
2. Nous recevons une carte postale.
3. Vous buvez du vin.
4. Vous recevez la lettre.
5. Ils déçoivent le professeur.
6. Elles reçoivent de l'argent.

68.
1. a
2. a
3. as
4. as

5. ai
6. ai
7. avons
8. avons
9. avez
10. avez
11. ont
12. ont

69. 1. Les amis ont soif aussi.
2. J'ai faim aussi.
3. Vous avez raison aussi. (Nous avons raison aussi.)
4. Nous avons tort aussi.
5. Les autres ont les billets aussi.
6. Pierre a un disque aussi.

70. 1. J'ai un billet.
2. Vous avez une peinture.
3. Nous avons raison.
4. Pierre a du raisin.
5. Les enfants ont honte.
6. Tu as mal.
7. Maman a le panier.

71. 1. est
2. est
3. es
4. es
5. suis
6. suis
7. sont
8. sont
9. sommes
10. sommes
11. êtes
12. êtes

72. 1. Nous sommes françaises.
2. Ils sont heureux.
3. Elles sont malades.
4. Vous êtes loyaux.
5. Nous sommes forts.
6. Vous êtes grands.

73. 1. Tu es petite.
2. Il est africain.
3. Je suis heureux.
4. Tu es gentil.
5. Elle est canadienne.
6. Je suis malheureuse.

74. 1. Elle est journaliste.
2. Il est avocat.
3. Elles sont dentistes.
4. Nous sommes ingénieurs.
5. Tu es chirurgien.
6. Je suis professeur.

75. 1. va
2. va
3. vas
4. vas
5. vais
6. vais
7. vont
8. vont
9. allons
10. allons
11. allez
12. allez

76. 1. Je vais (Nous allons) à la bibliothèque.
2. Il va au cinéma.
3. Elles vont au musée.
4. Vous allez (Nous allons) au concert.
5. Tu vas (Vous allez) au supermarché.
6. Je vais à Londres.

77. 1. Je vais très bien.
2. Tu vas mal.
3. Il va à New York.
4. Tu vas à Paris.

78. 1. fait
2. fait
3. fais
4. fais
5. fais
6. fais
7. font
8. font
9. faisons
10. faisons
11. faites
12. faites

79. Tu fais fortune.
Nous faisons fortune.
Ils font fortune.
Elle fait fortune.
Vous faites fortune.

80. 1. Les autres font leur valise aussi.
2. Elle fait un voyage aussi.
3. Vous faites (Nous faisons) un gâteau aussi.
4. Je fais de mon mieux aussi.
5. Ils font du sport aussi.
6. Nous faisons du français aussi.

81. 1. sait
2. sait
3. sais
4. sais
5. sais
6. sais
7. savent
8. savent
9. savons
10. savons
11. savez
12. savez

82. 1. Nous savons qu'elle est malade.
2. Vous savez où elle habite.
3. Ils savent faire du ski.
4. Elles savent faire la cuisine.

83. 1. Je sais la réponse.
2. Tu sais son numéro de téléphone.
3. Il sait parler espagnol.
4. Elle sait votre adresse.

84. 1. vaut
2. faut
3. valent
4. valez

85. Il faut arriver de bonne heure.
Il vaut mieux arriver de bonne heure.
Il vaut mieux venir de bonne heure.

86.
1. connaissons
2. est
3. demeure
4. apprenons
5. écrivez

87.
1. Il y a une heure que je lis ce poème.
   Ça fait une heure que je lis ce poème.
   Voilà une heure que je lis ce poème.
2. Il y a cinq minutes que j'attends l'autobus.
   Ça fait cinq minutes que j'attends l'autobus.
   Voilà cinq minutes que j'attends l'autobus.
3. Il y a deux semaines qu'elle cherche ce livre.
   Ça fait deux semaines qu'elle cherche ce livre.
   Voilà deux semaines qu'elle cherche ce livre.
4. Il y a cinq heures qu'ils dorment.
   Ça fait cinq heures qu'ils dorment.
   Voilà cinq heures qu'ils dorment.

88.
1. Je travaille (Nous travaillons) depuis une heure.
2. Il y a deux ans qu'il habite ici.
3. Ça fait 15 minutes que j'attends le train.
4. Je conduis (Nous conduisons) une auto depuis l'âge de 18 ans.
5. Voilà dix minutes que j'attends (nous attendons) un taxi.
6. Il y a longtemps qu'il étudie le français.
7. Ils lisent depuis une heure.
8. Il y a un mois que je joue (nous jouons) de la guitare.
9. Elle vient d'arriver il y a deux minutes.
10. Je viens (Nous venons) de finir le travail il y a une heure.

89.
1. préfère
2. envoies
3. commençons
4. appelle
5. choisissez
6. offres
7. rit
8. vainquent
9. croyons
10. meurt
11. connaît
12. plaît
13. mets
14. faites
15. dort
16. traduisons
17. suit
18. craignez
19. peint
20. comprenons
21. reviennent
22. peuvent
23. voulez
24. reçoit
25. devez
26. buvons
27. sait, vient
28. avons
29. êtes
30. vais
31. faut

90.
1. Nous mangeons (Je mange) souvent au restaurant aussi.
2. Ils nagent dans le lac aussi.
3. Vous appelez la police aussi.
4. Je réussis aux examens aussi.
5. Nous vendons notre maison aussi.
6. Vous ouvrez les lettres aussi.
7. Ils rompent les liens aussi.
8. Ils mettent du sel dans le ragoût aussi.
9. J'attends deux minutes aussi.
10. Ils dorment bien aussi.
11. Il convainc cet homme de partir aussi.
12. Nous connaissons (Je connais) cette chanson aussi.
13. Vous lisez beaucoup de journaux aussi.
14. Elle apprend la leçon aussi.
15. Ils viennent ici souvent aussi.
16. Elle mène une vie tranquille aussi.
17. Ils voient bien aussi.
18. Je peux le faire aussi.
19. Il reçoit beaucoup de lettres aussi.
20. Nous venons (Je viens) à l'heure aussi.

91.
1. s'
2. me
3. se
4. t'
5. nous
6. vous
7. m'
8. te
9. se
10. nous

92.
1. se réveille
2. me dépêche
3. te laves
4. nous retrouvons
5. vous débrouillez
6. se rasent
7. s'habillent
8. m'appelle
9. t'amuses
10. se marie
11. nous promenons
12. vous moquez

93.
1. Je m'appelle Marie.
2. L'action se passe dans une rue déserte.
3. La pharmacie se trouve à côté du bureau de poste.
4. Nous nous demandons si nous recevrons une bonne note.
5. Je m'ennuie (Nous nous ennuyons) parce que le film n'est pas intéressant.
6. Il s'en va parce qu'il est fatigué.
7. Elles se couchent à dix heures.
8. Oui, ils se fâchent souvent.
9. Je me porte (Nous nous portons) bien.
10. Je me souviens de mes vacances.
11. Il se tait parce que la conférence commence.
12. L'enfant s'endort sur le divan.

94.
1. s'assied
2. s'assied
3. m'assieds
4. m'assieds
5. t'assieds
6. t'assieds
7. s'asseyent
8. s'asseyent
9. nous asseyons
10. nous asseyons
11. vous asseyez
12. vous asseyez

95.
1. Ils s'asseyent devant vous.
2. Nous nous asseyons devant le feu.
3. Vous vous asseyez dans le fauteuil.
4. Elles s'asseyent au premier rang.

96.
1. Je m'assieds.
2. Tu t'assieds à table.
3. Il s'assied devant le bureau.
4. Elle s'assied sur le balcon.

97.
1. la   3. les
2. les   4. la

98.
1. me   5. nous
2. —   6. —
3. —   7. —
4. se   8. t'

99.
1. Nous nous écrivons.
2. Ils s'aiment.
3. Ils se regardent.
4. Nous nous cherchons.

100.
1. m'asseoir   4. se réveiller
2. te raser   5. s'habiller
3. nous peigner   6. vous endormir

101.
1. Parle français! Parlons français! Parlez français!
2. Ecoute le professeur! Ecoutons le professeur! Ecoutez le professeur!
3. Choisis un livre! Choisissons un livre! Choisissez un livre!
4. Réfléchis à ces idées! Réfléchissons à ces idées! Réfléchissez à ces idées!
5. Attends le train! Attendons le train! Attendez le train!
6. Vends l'auto! Vendons l'auto! Vendez l'auto!
7. Prends le déjeuner! Prenons le déjeuner! Prenez le déjeuner!
8. Ouvre la porte! Ouvrons la porte! Ouvrez la porte!
9. Bois du lait! Buvons du lait! Buvez du lait!
10. Ecris la lettre! Ecrivons la lettre! Ecrivez la lettre!
11. Pars maintenant! Partons maintenant! Partez maintenant!
12. Viens tout de suite! Venons tout de suite! Venez tout de suite!

102.
1. Sois en retard!
2. Soyons en avance!
3. Soyez heureux!
4. Aie de la patience!
5. Ayons du courage!

6. Ayez de la pitié!
7. Sache la vérité!
8. Sachons la réponse!
9. Sachez le poème par cœur!

103.
1. Lève-toi!
2. Amusez-vous!
3. Habille-toi vite!
4. Dépêchons-nous!

104.
1. Ne parlez pas!
2. Ne travaille pas!
3. Ne soyez pas en retard!
4. Ne restons pas ici!
5. N'aie pas de courage!
6. N'écoutez pas la conversation!
7. N'arrivons pas à l'heure!

105.
1. Ne te couche pas!
2. Ne t'habille pas!
3. Ne vous dépêchez pas!
4. Ne vous amusez pas bien!
5. Ne nous réveillons pas!

106.
1. Il réussit en travaillant.
2. Vous lisez en regardant la télévision.
3. Elle apprend en étudiant.
4. Les spectateurs se lèvent en criant bravo.
5. Elle tombe en descendant la rue.
6. Vous vous fatiguez en travaillant.

107.
1. En courant, elle tombe.
2. En étudiant, il réussit.
3. En mangeant, je regarde la télévision.
4. En travaillant, vous apprenez.

108.
1. Il écoute la radio en lisant le journal.
2. Elle pleure en nageant.
3. Je m'amuse (Nous nous amusons) en dansant.
4. Elles entrent en courant.
5. Il parle en dormant.
6. Elle finit par dormir.

109.
1. Etant chirurgien, il veut travailler à l'hôpital.
2. Ayant de l'argent, elle peut voyager partout.
3. Voulant réussir, nous travaillons.
4. Disant au revoir, il part.
5. Sachant la leçon, (maintenant) je peux jouer avec mes amis (maintenant).

110.
1. Nous travaillions beaucoup.
2. Nous prenions le déjeuner à huit heures.
3. Nous pouvions le faire.
4. Nous attendions longtemps.

5. Nous écrivions beaucoup de lettres.
6. Nous lisions des romans policiers.
7. Nous voyions clair.
8. Nous riions souvent.
9. Nous craignions de partir.
10. Nous venions souvent.
11. Nous nous débrouillions.
12. Nous nous couchions de bonne heure.

111.
1. changeais	7. prenaient
2. vendais	8. voulaient
3. parlais	9. disions
4. préférais	10. buvions
5. employait	11. faisiez
6. suivait	12. lisiez

112.
1. J'étais content.
2. Tu étais heureux.
3. Elle était fatiguée.
4. Nous étions malades.
5. Vous étiez triste.
6. Ils étaient enfants.

113.
1. Ils pouvaient chanter.
2. Nous apprenions le français.
3. Je sortais souvent.
4. Tu avais beaucoup de temps.
5. Elle venait nous voir.
6. Vous buviez du lait.
7. Il mentait souvent.
8. Elle croyait ses amis.
9. Nous étions heureuses.
10. Elle se dépêchait.
11. Vous vous habilliez bien.
12. Ils se promenaient dans le parc.

114.
1. Chaque année, elle allait en vacances.
2. Nous lisions souvent.
3. Nous rentrions toujours à la même heure.
4. Elle faisait des courses tous les jours.
5. Chaque matin, elles achetaient des baguettes.
6. D'habitude, je mangeais des croissants au petit déjeuner.
7. Bien des fois, vous saviez comment vous débrouiller.
8. Tu voyageais fréquemment.
9. Elle allait en Europe chaque été.
10. Il craignait le tonnerre.
11. Il faisait cela quelquefois.
12. De temps en temps, vous disiez cela.

115.
1. Maintenant non, mais en ce temps-là, je lisais souvent.
2. Maintenant non, mais quand j'étais jeune, je riais.

3. Maintenant non, mais autrefois je chantais bien.
4. Maintenant non, mais quand j'étais jeune, je me couchais de bonne heure.

116.
1. Je ne voulais pas partir.
2. Vous regrettiez les jours passés.
3. Nous pouvions venir tous les samedis.
4. Il ne savait pas les réponses.
5. Elles croyaient que vous aviez raison.
6. Nous espérions recevoir de bonnes notes.
7. A quoi pensais-tu?
8. Nous étions désolés de ne pas pouvoir venir.
9. Elle préférait voyager en auto.
10. Je le désirais beaucoup.

117.
1. Il faisait froid.
2. Marie était blonde, mais son frère était brun.
3. L'enfant avait beaucoup de jouets.
4. Monsieur Leclerc avait soixante ans.
5. Il était neuf heures.
6. Les rues étaient étroites et sombres.
7. Il faisait du vent.
8. Les étoiles brillaient dans le ciel.
9. J'étais malade.
10. Les maisons étaient grandes.

118.
1. Si on jouait aux cartes?
   Si nous jouions aux cartes?
2. Si on parlait français?
   Si nous parlions français?
3. Si on allait au cinéma?
   Si nous allions au cinéma?
4. Si on dînait au restaurant ce soir?
   Si nous dînions au restaurant ce soir?
5. Si on se dépêchait?
   Si nous nous dépêchions?

119.
1. travailliez	6. construisaient
2. écrivait	7. savions
3. voulait	8. habitiez
4. connaissait	9. veniez de
5. étudiais	10. venait de

120.
1. a cessé	4. avons dîné
2. as cherché	5. avez fermé
3. ai chassé	6. ont loué

121.
1. J'ai oublié ma valise.
2. Elle a préparé un bon repas.
3. Nous avons ramassé les papiers.
4. Vous avez sauté de joie.
5. Elles ont goûté le vin.
6. Tu as porté une nouvelle robe.
7. Le petit a frappé à la porte.

8. Ils ont appelé leurs amis.
9. J'ai payé l'addition.
10. J'ai vite mangé.
11. Elle a toujours gardé le secret.
12. Elle a déjà acheté des cadeaux pour Noël.
13. J'ai vite travaillé.
14. Le conférencier a quitté la salle.
15. Il a jeté les ordures.

122.
1. Ils ont applaudi le concert.
2. J'ai choisi un beau tapis.
3. Elle a rempli la tasse de café.
4. Nous avons réfléchi aux problèmes.
5. La police a saisi le criminel.
6. Vous avez bien dormi.
7. Tu as obéi aux lois.
8. Vous avez déjà accompli la tâche.
9. Les écoliers ont fini leurs devoirs.
10. Les ouvriers ont bâti une maison.

123.
1. Le bûcheron a fendu du bois.
2. Nous avons entendu du bruit.
3. Ils ont rompu les liens.
4. Vous avez vaincu le problème.
5. Il a battu le tapis.
6. Elle a vite répondu.
7. La marchande a vendu des légumes.
8. La glace a fondu.
9. Tu as attendu tes amis.
10. L'avocat a défendu son client.

124.
1. été		10. surpris
2. fait		11. conduit
3. souri		12. construit
4. suffi		13. cuit
5. suivi		14. détruit
6. acquis		15. traduit
7. mis		16. dit
8. pris		17. écrit
9. compris		18. décrit

125.
1. Elle a suivi un cours d'histoire.
2. L'élève a appris l'alphabet.
3. Vous avez écrit vos devoirs.
4. Nous avons fait des progrès.
5. J'ai dit la vérité.
6. Ils ont surpris leurs amis.
7. Tu as ri aux éclats.
8. Elle a suivi ce boulevard.
9. Ils ont construit un pont.
10. Elle a mis le couvert.

126.
1. apparu		6. dû
2. reconnu		7. reçu
3. retenu		8. bu
4. couru		9. eu
5. déplu		10. cru

11. su		15. valu
12. pu		16. lu
13. vu		17. vécu
14. voulu		

127.
1. J'ai connu les LeBlanc.
2. Cette décision a déplu à ces gens.
3. Elle a cru le professeur.
4. Il a survécu à ses parents.
5. Tu as vu tes amis.
6. Elles ont reçu le prix.
7. Elle a retenu une chambre à l'hôtel.
8. Nous avons vite couru.
9. Ils ont maintenu un air calme.
10. Vous avez aperçu quelque chose d'étrange.
11. Tu as dû répondre.
12. Cet homme a paru étrange.
13. Elle a lu les romans de Proust.
14. Cette conférence a plu à tout le monde.
15. Il a eu de l'argent.
16. Vous avez tenu votre promesse.
17. Ils ont élu un président.
18. Nous avons reconnu cette peinture.
19. Nous avons bu du lait.
20. Il a voulu faire ce devoir.

128.
1. Il a ouvert la fenêtre.
2. Le biologiste a découvert un microbe.
3. Vous avez souffert d'un rhume.
4. Nous avons ouvert les cadeaux.
5. La mère a couvert l'enfant.
6. Il a offert un cadeau à son ami.
7. Tu as couvert le mur de peintures.
8. J'ai souffert de maux de tête.

129.
1. Il a atteint son but.
2. Elle a craint cet homme.
3. Nous avons rejoint nos amis.
4. Vous avez éteint la lumière.
5. L'artiste a peint un portrait.
6. Nous avons plaint cet homme.
7. Vous avez craint les rues désertes.
8. Nous avons joint nos amis par télégramme.

130.
1. prise		6. craints
2. pris		7. endurées
3. peinte		8. endurés
4. peint		9. vue
5. craintes		10. vu

131.
1. Quelle leçon avez-vous apprise?
2. Quel livre avez-vous compris?
3. Quels disques avez-vous mis?
4. Quels murs avez-vous couverts?
5. Quelle phrase avez-vous dite?
6. Quelle auto avez-vous conduite?

7. Quelles blouses avez-vous prises?
8. Quelles fenêtres avez-vous ouvertes?
9. Quel poème avez-vous lu?
10. Quel criminel avez-vous craint?
11. Quelles pièces avez-vous vues?
12. Quelle histoire avez-vous crue?

132.
1. es
2. —
3. —
4. —
5. —
6. es

133.
1. est allée
2. est entré
3. sont arrivées
4. sont montés
5. est née
6. est retourné
7. sont tombées
8. sont restés
9. est rentrée
10. est sorti
11. sont parties
12. sont venus
13. est descendue
14. est revenu
15. sont devenues
16. sont morts

134.
1. Elle est montée dans le wagon.
2. Nous sommes arrivées de bonne heure.
3. Monsieur, vous êtes rentré tard.
4. Pierre et Georges, vous êtes devenus ennuyeux.
5. Marie et Lucille, vous êtes revenues trop tard.
6. Nous sommes restés chez nous.
7. Vous êtes morte de faim.
8. Nous sommes parties de bonne heure.
9. Je suis rentrée chez moi.
10. Tu es descendu dans la rue.
11. Vous êtes entrées dans l'atelier.
12. Les bonnes sont venues à l'heure.
13. Les enfants sont tombés dans l'escalier.
14. Je suis allé au bureau.
15. Tu es allée au restaurant.
16. Il est parti à l'heure.

135.
1. Elle est vite montée.
2. Elle a monté l'escalier.
3. Nous sommes descendues du train.
4. Nous avons descendu la valise.
5. Elles sont sorties samedi.
6. Elles ont sorti l'argenterie du tiroir.
7. Il est monté dans sa chambre.
8. Ils ont descendu les valises.
9. Nous avons sorti de l'argent.
10. Elles sont descendues de l'autobus.

136.
1. s'est dépêchée
2. s'est rasé
3. se sont ennuyées
4. se sont souvenus
5. me suis assis
6. me suis trompée
7. t'es réveillé

8. t'es lavé
9. vous êtes amusés
10. vous êtes habillées
11. nous sommes reposés
12. nous sommes endormies

137.
1. Il s'est bien débrouillé.
2. Elle s'est levée de bonne heure.
3. Nous nous sommes bien amusées.
4. Hélène et Marie, vous vous êtes trompées.
5. Elles se sont retrouvées devant le musée.
6. Elle s'est lavé les mains.
7. Ils se sont brossé les dents.
8. Je me suis assise devant le feu.
9. Elles se sont couchées dans le lit.
10. Tu t'es réveillé à huit heures.
11. Vous vous êtes peignée.
12. Je me suis trompé.
13. Nous nous sommes dépêchés.
14. Pierre et Jean, vous vous êtes rasés.

138.
1. sommes allé(e)s
2. a bâti
3. a vu
4. sont venus
5. avez voyagé
6. s'est couchée
7. avons loué
8. a découvert
9. a dit
10. s'est rasé

139.
1. Elle venait me voir bien des fois.
2. Tu le voyais bien des fois.
3. Pierre disait cela bien des fois.
4. Nous recevions des lettres bien des fois.
5. Vous l'appeliez bien des fois.

140.
1. Elle est venue me voir l'année passée.
2. Je suis allé(e) à Paris l'année passée.
3. J'ai vu Marie l'année passée.
4. Nous avons voyagé en Europe l'année passée.
5. Elle a joué ce rôle l'année passée.

141.
1. Ils regardaient la télévision chaque soir.
2. L'autre jour il a joué au tennis.
3. Elle a répété cette phrase une fois.
4. Pierre venait ici tous les dimanches.
5. Nous sommes allé(e)s à ce restaurant samedi dernier.
6. Souvent nous discutions politique.
7. Ta mère a été malade pendant deux ans.
8. Pendant tous ses voyages, elle payait avec des chèques de voyage.
9. Nous y allions de temps en temps.
10. Ce matin, il a dormi jusqu'à sept heures.

142. 1. Oui, j'ai reçu la carte hier.
2. Oui, j'ai habité à New York l'année dernière.
3. Oui, j'allais au concert tous les dimanches.
4. Oui, en ce temps-là, je travaillais beaucoup.
5. Oui, j'ai beaucoup dormi hier soir.
6. Oui, je conduisais toujours cette auto.
7. Oui, j'ai beaucoup nagé l'été dernier.
8. Oui, je suis allé(e) à la plage la semaine dernière.

143. 1. lisais, a frappé
2. préparait (a préparé), mettais (ai mis)
3. mangeaient, as téléphoné
4. avons fait, étions
5. parlait, suis entré(e)
6. ai vu(e)(s)(es), sortiez
7. faisait, sont descendues
8. dormais, a sonné
9. discutaient, a annoncé
10. a dit, ai pardonné

144. 1. a mangé, a bu
2. est entrée, est parti
3. a fait, a pris
4. a pleuré, a aboyé
5. a écrit, a lu

145. 1. Un homme mangeait et un autre buvait du vin.
2. La police entrait et le voleur partait.
3. Pierre faisait les valises et Marie prenait les billets.
4. Le bébé pleurait et le chien aboyait.
5. Pierre écrivait le poème et André lisait le poème.

146. 1. Tu as beaucoup parlé.
2. Elles ont bien dormi.
3. Ils ont répondu à la question.
4. Elles ont suivi les instructions.
5. Elle a descendu l'escalier.
6. Nous nous sommes levées de bonne heure.
7. Nous sommes allés au musée.
8. Elle est montée dans le wagon.
9. Nous avons pris les billets.
10. Il a fait la leçon.
11. Elles ont monté les bagages.
12. J'ai reconnu cet homme.
13. Il est revenu tout de suite.
14. Elles ont écrit les devoirs.
15. Elles se sont promenées dans le parc.
16. Cette peinture m'a plu.
17. Vous avez reçu la lettre.
18. Tu as lu le roman.
19. Ils ont bien vécu ici.

20. Vous avez peint ce paysage.
21. Elle a ouvert la fenêtre.
22. Voilà les photos que je vous ai offertes.
23. Voilà les pièces que j'ai lues.
24. Elles se sont bien débrouillées.

147. 1. Non, mais j'ai appris cette leçon hier.
2. Non, mais il a voulu aller au cinéma hier.
3. Non, mais je l'ai comprise (nous l'avons comprise) hier.
4. Non, mais je me suis souvenu(e) [nous nous sommes souvenu(e)s] de la réponse hier.
5. Non, mais il a valu le prix hier.
6. Non, mais elle a ri hier.
7. Non, mais j'ai souffert (nous avons souffert) d'un rhume hier.
8. Non, mais vous avez dit la vérité hier.
9. Non, mais elle est revenue à huit heures hier.
10. Non, mais j'ai mis (nous avons mis) un imperméable hier.
11. Non, mais il est resté jusqu'à dix heures hier.
12. Non, mais j'ai vu Pierre hier.

148. 1. allait, assistait, voyait
2. nous sommes levé(e)s, avons travaillé, avons passé
3. allait, travaillait, rentrait
4. ont joué, ont regardé, ont écouté, se sont couchés
5. prenions, nous amusions
6. avons fait, avons vu, nous sommes amusé(e)s

149. 1. On publia le livre en 1973.
2. On brûla Jeanne d'Arc en 1431 à Rouen.
3. Tu achetas ce disque.
4. Tu appelas ton père.
5. J'emmenai mes amis avec moi.
6. J'envoyai le télégramme.
7. Nous allâmes à Paris.
8. Nous trouvâmes ce livre.
9. Vous célébrâtes la fête.
10. Vous arrivâtes à l'heure.
11. Les Américains débarquèrent en Normandie en 1944.
12. Ils commencèrent la construction de la cathédrale en 1150.

150. 1. Il a cherché son père.
2. Nous avons donné de l'argent à nos amis.
3. Elles ont médité sur l'avenir.
4. J'ai frappé à la porte.
5. Vous avez deviné les résultats.
6. Tu es vite monté(e).

7. Nous avons compté notre argent.
8. Ils ont marché dans les rues désertes.
9. Je suis retourné(e) chez moi.
10. Elle est allée à l'église.

151.
1. découvrit	7. perdîmes
2. attendit	8. finîmes
3. embellis	9. réussîtes
4. défendis	10. vendîtes
5. applaudis	11. choisirent
6. partis	12. répondirent

152.
1. Ils ont découvert la vérité.
2. Nous avons réfléchi aux problèmes.
3. Il a agrandi le palais.
4. Vous avez répandu la nouvelle.
5. J'ai vendu des timbres.
6. Tu as rendu tes devoirs.
7. Elles ont fini leurs devoirs.
8. Vous avez descendu le boulevard.

153.
1. Elle suivit la route.
2. Tu partis.
3. Je sortis.
4. Nous mentîmes.
5. Vous dormîtes huit heures.
6. Ils rirent aux éclats.
7. Elle acquit les peintures.
8. Je mis le couvert.
9. Tu dis la vérité.
10. Nous prîmes le déjeuner.
11. Vous apprîtes la vérité.
12. Ils comprirent la situation.

154.
1. Nous sommes sorti(e)s ce soir-là.
2. Elle a suivi la route pour Dijon.
3. Elles ont pris les livres.
4. Vous avez mis votre manteau.
5. Tu as servi un bon repas.
6. J'ai souri en entrant.

155.
1. Elle but trop de vin.
2. Il courut vite.
3. Tu voulus venir.
4. Tu pus le faire.
5. Je crus l'histoire.
6. Je reconnus cet homme.
7. Nous lûmes *les Misérables*.
8. Nous reçûmes la lettre.
9. Vous dûtes travailler.
10. Vous eûtes des difficultés.
11. Les étoiles apparurent à l'horizon.
12. Ils vécurent à Londres.

156.
1. bûmes	5. lûtes
2. reconnurent	6. purent
3. reçus	7. plut
4. vécus	8. crûmes

157.
1. rompit	11. craignîtes
2. battîmes	12. rejoignîmes
3. offrîtes	13. fit
4. conduisit	14. fîmes
5. traduisirent	15. fus
6. convainquis	16. furent
7. écrivîmes	17. mourut
8. naquit	18. vint
9. vîtes	19. retînmes
10. peignit	20. revinrent

158.
1. Il a traduit le livre.
2. Ils ont écrit des romans.
3. Il a été roi de France.
4. Je suis venu(e) te voir.
5. Elles ont rejoint leurs amis.
6. Ils sont venus de Paris.
7. Nous avons ouvert la porte.
8. Vous avez beaucoup souffert.
9. Elle est née à Paris.
10. Nous avons vu le film.

159.
1. Elles arrivèrent à l'heure.
2. Vous souffrîtes beaucoup.
3. Elle réussit à le faire.
4. Nous traversâmes la route.
5. Je dis la vérité.
6. Vous partîtes vite.
7. Je fus malade.
8. Nous vendîmes la maison.
9. Elles prirent la route vers Nice.
10. Elles vinrent nous voir.
11. Tu lus le roman.
12. Il vainquit l'ennemi.
13. Nous crûmes l'histoire.
14. Je vins à l'heure.
15. Elle craignit cet homme.

160.
1. vais	4. allez
2. allons	5. vont
3. va	6. vas

161.
1. Nous allons faire les valises.
2. Je vais regarder la télévision.
3. Elle va parler au professeur.
4. Vous allez sortir de bonne heure.
5. Ils vont habiter à New York.
6. Tu vas venir tout de suite.
7. Nous allons boire du café.
8. Vous allez lire le journal.
9. Il va savoir les résultats.
10. Vous allez finir le travail.

162.
1. discutera	5. mangerai
2. finira	6. remplirai
3. vendras	7. obéirez
4. parleras	8. répondrez

9. voyagerons   11. se réveilleront
10. suivrons   12. rendront

163.
1. Nous regarderons la télévision.
2. Vous étudierez davantage.
3. J'écrirai des cartes postales.
4. Il plaira à cette fille.
5. Elles dormiront huit heures.
6. L'artiste peindra un portrait.
7. Tu conduiras prudemment.
8. Elle dira la vérité.
9. Elles rejoindront leurs amis.
10. Vous suivrez les instructions.
11. Je prendrai le déjeuner à midi.
12. Elle se couchera à dix heures.

164.
1. Elle nettoiera sa chambre.
2. Il paiera ses dettes.
3. Elle essaiera de partir.
4. Il ennuiera ses amis.
5. On achètera des bonbons.
6. Elle mènera une vie tranquille.
7. Elle lèvera le rideau.
8. Il appellera ses amis.
9. Elle jettera la lettre dans la corbeille.

165.
1. nettoierons   5. enlèveras
2. appellerez   6. jettera
3. emmèneront   7. achètera
4. pèserai   8. essaierons

166.
1. cueilleront   13. devras
2. s'assiéront   14. pleuvra
3. irons   15. recevra
4. aura   16. courras
5. serez   17. secourront
6. ferons   18. mourra
7. saurez   19. pourra
8. faudra   20. verront
9. vaudra   21. enverras
10. voudrons   22. viendront
11. apercevrons   23. retiendra
12. décevra   24. reviendrons

167.
1. Non, mais la prochaine fois ils pourront finir à l'heure.
2. Non, mais la prochaine fois je ferai (nous ferons) le voyage en avion.
3. Non, mais la prochaine fois ils sauront la vérité.
4. Non, mais la prochaine fois j'irai voir ce film.
5. Non, mais la prochaine fois il aura confiance en son ami.
6. Non, mais la prochaine fois j'enverrai la lettre par avion.
7. Non, mais la prochaine fois elle verra Pierre.
8. Non, mais la prochaine fois je retiendrai (nous retiendrons) une chambre.
9. Non, mais la prochaine fois elle viendra avec André.
10. Non, mais la prochaine fois il recevra une bonne note.
11. Non, mais la prochaine fois je secourrai (nous secourrons) les pauvres.
12. Non, mais la prochaine fois il vaudra la peine d'y aller.
13. Non, mais la prochaine fois je ferai de mon mieux (nous ferons de notre mieux).
14. Non, mais la prochaine fois je cueillerai des fleurs.
15. Non, mais la prochaine fois ils seront à l'heure.
16. Non, mais la prochaine fois je voudrai sortir.
17. Non, mais la prochaine fois il faudra le faire.
18. Non, mais la prochaine fois je devrai le faire.
19. Non, mais la prochaine fois j'apercevrai (nous apercevrons) l'incendie.
20. Non, mais la prochaine fois je m'assiérai (nous nous assiérons) au premier rang.
21. Non, mais la prochaine fois il pleuvra.
22. Non, mais la prochaine fois il mourra.
23. Non, mais la prochaine fois nous courrons (je courrai).

168.
1. arrivera, mangerons
2. verrai, donnerai
3. finira, paierai
4. terminerons, sortirons
5. dormira, lirai
6. feront, mettront
7. pourrez
8. voudrez
9. voyagerez
10. partirons, arriveront

169.
1. Je pense qu'elle étudiera.
2. Je sais qu'il viendra.
3. J'espère que nous arriverons à l'heure.
4. Je crois qu'ils viendront.
5. Je ne sais s'il voudra y aller.
6. Je ne sais si elle pourra venir.

170.
1. Il dit qu'il sortira.
2. Elle dit qu'elle pourra le faire.
3. Elles disent qu'elles travailleront.
4. Ils disent qu'ils sauront le poème par cœur.

171.
1. sera   3. aura
2. sera   4. auront

172.
1. Elle n'est pas dans sa chambre. Elle sera avec Pierre.
2. Regardez ce qu'ils achètent. Ils auront de l'argent à jeter.
3. Comme elle court! Elle aura peur.
4. Elles viennent me voir. Elles auront besoin de moi.
5. Elle ne mange pas. Elle sera malade.

173.
1. Il aura peur.
2. Il sera chez lui.
3. Il sera malade.
4. Elle aura froid.

174.
1. attendront
2. sera
3. viendra, ferons
4. viendront, irons
5. nettoiera, paierai
6. mènerez
7. réfléchiras
8. saura
9. verront
10. pourrons
11. aura
12. faudra
13. nous assiérons
14. mourront
15. voudrez

175.
1. Je dînerais en ville.
2. Tu resterais à la maison.
3. Elle prendrait l'avion.
4. Nous paierions nos dettes.
5. Vous viendriez à trois heures.
6. Il serait de retour à huit heures.
7. Elle aurait faim.
8. Nous le ferions.
9. Elle enverrait la lettre par avion.
10. Il mourrait de remords.
11. Elles verraient leurs amis.
12. Vous pourriez voir ce film.
13. Ils secourraient les pauvres.
14. Nous nous assiérions devant le feu.

176.
1. nageraient
2. écrirais
3. paierait
4. iriez
5. viendraient
6. serions
7. ferait
8. enverrait
9. saurions
10. vous coucheriez
11. m'assiérais
12. recevrais
13. pourriez
14. devrions
15. achèteraient
16. emploierais
17. verrait
18. voudrais
19. aurions
20. mourrait

177.
1. A votre place, j'étudierais.
2. A votre place, je viendrais.
3. Dans ce cas-là, j'irais à Paris.
4. Dans ce cas-là, j'écrirais.

178.
1. finirait, reviendrait
2. lirait, aurait
3. comprendrait, expliqueriez
4. pourrait, donneriez
5. rentrerait
6. reviendraient

179.
1. Pourriez-vous venir tout de suite?
2. Pourriez-vous me conduire à l'aéroport.
3. Pourriez-vous me donner ce livre?
4. Pourriez-vous m'aider?
5. Voudriez-vous dîner en ville?
6. Voudriez-vous assister à la conférence?
7. Voudriez-vous aller voir ce film?
8. Voudriez-vous prendre le train?
9. Je voudrais du vin rouge.
10. Je voudrais deux billets aller et retour.
11. Je voudrais ce livre.
12. Je voudrais un paquet de cigarettes.

180.
1. Il serait huit heures. Ils sont arrivés.
2. Elle aurait bien 50 ans!
3. Comme il court! Il saurait les résultats.
4. Il ferait sa médecine à Paris maintenant.

181.
1. Il habiterait à Paris.
2. Elle aurait une peinture de Picasso.
3. Le président serait à New York.
4. Il serait deux heures.

182.
1. Il m'a dit qu'il sortirait ce soir.
2. Elle m'a assuré qu'elle serait heureuse.
3. Il m'a demandé si je mènerais une vie tranquille.
4. Elle a dit qu'elle m'écrirait.

183.
1. écrira
2. viendrais
3. fera
4. auraient
5. mettrions
6. pourra
7. serait
8. serai

184.
1. étions arrivées
2. avait lu
3. avais fait
4. avait cassé
5. étions descendus
6. avaient mangé
7. étais partie
8. étiez revenus
9. s'était couchée
10. nous étions levées

185.　1. J'étais déjà revenu quand elle est entrée.
　　　2. Elles avaient déjà déjeuné quand je suis arrivé.
　　　3. J'avais déjà fini mes devoirs quand le téléphone a sonné.
　　　4. Elle avait déjà écrit la lettre quand son ami a frappé à la porte.
　　　5. Les voleurs étaient déjà partis quand la femme a crié.
　　　6. Nous nous étions déjà couchés quand il est revenu.

186.　1. Non, j'avais déjà regardé la télévision quand on a annoncé le dîner.
　　　2. Non, ils avaient déjà fait leurs devoirs quand le professeur est entré.
　　　3. Non, nous étions déjà sorti(e)s [j'étais déjà sorti(e)] quand elles sont arrivées.
　　　4. Non, elles étaient déjà rentrées quand il a commencé à pleuvoir.
　　　5. Non, elle avait déjà lu le journal quand il est arrivé.
　　　6. Non, il s'était déjà rasé quand je suis parti.
　　　7. Non, vous vous étiez déjà moqué(e)(s)(es) du politicien quand il est arrivé sur la scène.

187.　1. aurons parlé
　　　2. serez rentré(e)(s)(es)
　　　3. auront fait
　　　4. auras appris
　　　5. aura acheté
　　　6. sera rentrée
　　　7. serai parti(e)
　　　8. aurons vu
　　　9. aurez écrit
　　　10. vous serez couché(e)(s)(es)
　　　11. aurez lu
　　　12. aurai acheté

188.　1. Les élèves partiront quand ils auront entendu la cloche.
　　　2. Vous vous coucherez quand elle sera revenue.
　　　3. Tu seras content quand tu auras compris ce livre.
　　　4. Nous comprendrons l'exercice quand nous aurons parlé au professeur.
　　　5. Les légendes renaîtront quand les gens en auront parlé.
　　　6. Ils iront mieux quand ils auront pris le médicament.

189.　1. auraient fini
　　　2. aurions mangé
　　　3. serions rentré(e)s

　　　4. aurait accompagné
　　　5. aurais vu
　　　6. auriez bu
　　　7. aurait pris
　　　8. aurait pu
　　　9. me serais couché(e)
　　　10. te serais habillé(e)

190.　1. Il se serait rasé, mais il n'avait pas de rasoir.
　　　2. Elles auraient mangé au restaurant, mais elles n'avaient pas d'argent.
　　　3. Vous auriez fait un voyage, mais vous n'aviez pas le temps.
　　　4. Nous aurions écrit la lettre, mais nous n'avions pas de papier.
　　　5. Je serais parti(e), mais je n'avais pas de parapluie.
　　　6. Tu aurais ouvert le paquet, mais tu n'avais pas de couteau.

191.　1. Quand il a eu mangé, il est parti.
　　　2. Lorsqu'elles ont été réunies, elles ont élu un président.
　　　3. Lorsque le professeur a eu fini le discours, il est descendu de l'estrade.
　　　4. A peine a-t-il eu fini que nous sommes arrivé(e)s.
　　　5. Après qu'ils ont été guéris, ils sont retournés au travail.
　　　6. Quand il a été arrivé, la conférence a commencé.

192.　1. Dès qu'elle eut appris la nouvelle, elle décida de partir.
　　　2. A peine eut-elle reçu l'invitation qu'elle y répondit.
　　　3. A peine fut-elle entrée qu'elle comprit la situation.
　　　4. Aussitôt qu'ils furent partis, ils soupirèrent.

193.　1. ont
　　　2. êtes
　　　3. partirai
　　　4. ferons
　　　5. avaient
　　　6. avait
　　　7. ferais
　　　8. resterions
　　　9. avait pris
　　　10. étiez venu(e)(s)(es)
　　　11. aurait mis
　　　12. seriez arrivé

194.　1. Si j'ai sommeil, je dormirai.
　　　2. Si j'avais sommeil, je dormirais.

3. Si j'avais eu sommeil, j'aurais dormi.
4. Si elle vient, je partirai.
5. Si elle venait, je partirais.
6. Si elle était venue, je serais parti(e).
7. Si je suis en retard, je me dépêcherai.
8. Si j'étais en retard, je me dépêcherais.
9. Si j'avais été en retard, je me serais dépêché(e).
10. Si vous allez au Québec, vous verrez le Château Frontenac.
11. Si vous alliez au Québec, vous verriez le Château Frontenac.
12. Si vous étiez allé(e)s au Québec, vous auriez vu le Château Frontenac.
13. Si elles passent deux semaines à la plage, elles se baigneront.
14. Si elles passaient deux semaines à la plage, elles se baigneraient.
15. Si elles avaient passé deux semaines à la plage, elles se seraient baignées.

195.
1. parlent, entrent, finissent, réussissent, attendent, répondent
2. parte, sorte, mente, se repente, dorme
3. rompe les liens, vainque mes passions, craigne cet homme, peigne ce portrait
4. écrives la lettre, suives la route, vives ici, décrives la vue, serves le déjeuner
5. parlions, lisions, dormions, disparaissions, nous asseyions
6. souriiez, étudiiez, riiez, oubliiez ceci

196.
1. envoient
2. nettoyions
3. croient
4. voyiez
5. considèrent
6. cédions
7. achètent
8. levions
9. appellent
10. jetiez

197.
1. prennent
2. preniez
3. vienne
4. reteniez
5. meure
6. mouriez
7. reçoivent
8. recevions
9. boives
10. buvions

198.
1. vous soyez, ils soient, elle soit, tu sois, je sois
2. j'aie, il ait, elles aient, nous ayons, vous ayez
3. nous puissions, vous puissiez, ils puissent, tu puisses, elle puisse
4. je fasse, il fasse, elles fassent, nous fassions, vous fassiez
5. vous sachiez, nous sachions, ils sachent, elle sache, je sache
6. nous voulions, vous vouliez, tu veuilles, elles veuillent, je veuille

7. tu ailles, ils aillent, elle aille, nous allions, vous alliez
8. elle vaille, nous valions, vous valiez, tu vailles, ils vaillent

199.
1. parlent, mangent, écrivent, dorment, viennent, sortent, conduisent
2. payions, cédions, appelions le garçon, venions, buvions, allions, soyons ici
3. travaille, lise, vienne, finisse, sorte
4. veniez, compreniez, mangiez, attendiez

200. A.1. Je veux que tu dises la vérité.
2. Je veux que tu attendes une heure.
3. Je veux qu'elle peigne ce portrait.
4. Je veux qu'ils partent à l'heure.
5. Je veux que vous étudiiez la leçon.
6. Je veux que nous le complétions.

B.1. Elle doute que j'envoie la lettre.
2. Elle doute que tu croies l'histoire.
3. Elle doute qu'elle cède sa place.
4. Elle doute qu'ils achètent cette maison.
5. Elle doute que nous considérions ce projet.
6. Elle doute que vous preniez votre temps.

C.1. Il est heureux que nous venions ici.
2. Il est heureux qu'elle prenne l'avion.
3. Il est heureux qu'elles reçoivent le paquet.
4. Il est heureux qu'il ne meure pas de faim.
5. Il est heureux que nous buvions du lait.
6. Il est heureux que vous receviez le prix.

D.1. J'exige qu'elle soit à l'heure.
2. J'exige qu'il ait de la patience.
3. J'exige que tu le fasses.
4. J'exige qu'elles sachent les réponses.
5. J'exige que vous ayez le temps.
6. J'exige que vous soyez ici tous les jours.

E.1. Je regrette que vous ne vouliez pas venir.
2. Je regrette que tu ne veuilles pas le faire.
3. Je regrette qu'elle ne puisse pas venir.
4. Je regrette qu'il pleuve.
5. Je regrette qu'ils ne sachent pas nager.

201.
1. conduises
2. arriviez
3. fume
4. connaisse
5. soyez
6. fasse
7. allions
8. sachiez
9. veuillent
10. traduisions
11. rentre
12. vienne
13. comprenne
14. aille
15. sortiez

202. 1. prépare, lise, reçoive, fasse, sache, perde
2. finissions, mangions, comprenions, suivions, fassions, répétions, retenions
3. compreniez, veniez, finissiez, sortiez, sachiez la réponse
4. réussisse, comprenne, arrive, finisse, réponde

203. 1. Il est essentiel que nous recevions ces lettres.
2. Il suffit que je te le dise.
3. Il vaut mieux que tu sois ici.
4. Il est bon que vous vouliez venir.
5. Il est important qu'elle écrive ses devoirs.
6. Il faut qu'ils aillent au marché.
7. Il est temps que vous veniez.
8. C'est dommage que vous soyez malade.
9. Il vaut mieux qu'elles partent tout de suite.
10. Il est heureux que tu réussisses à l'examen.
11. Il est douteux que Paul puisse venir.
12. Il est honteux que tu mentes.
13. Il est bon qu'ils sachent la vérité.
14. Il est possible qu'on le craigne.
15. Il convient qu'ils viennent demain.

204.
1. sera		9. finissions	
2. fasse		10. a	
3. viennent		11. sache	
4. viendront		12. croie	
5. sachions		13. veut (voudra)	
6. alliez		14. veuillent	
7. fait (fera)		15. puissions	
8. obtienne			

205. 1. Non, je ne crois pas que Jean le sache.
2. Non, je ne suis pas certain que Pierre le sache.
3. Non, il n'est pas probable qu'il conduise une auto.
4. Non, il n'est pas sûr qu'ils viennent.
5. Non, je ne crois pas (nous ne croyons pas) qu'elles arrivent demain.
6. Non, il n'est pas sûr qu'elle parte tout de suite.
7. Non, il n'est pas probable qu'il vienne.
8. Non, je ne suis pas certain que Jean vienne.

206. 1. saches la leçon, fasses tes devoirs, lises le roman, écrives la composition
2. neige, fasse froid, pleuve
3. sera fatigué, arrivera, rentrera, reviendra

207.
1. parte	4. reçoive
2. sorte	5. reviennent
3. vienne	6. dise

7. compreniez	13. étudient
8. puisse	14. neige
9. soyons	15. arriviez
10. pleuve	16. fasse
11. arrivent	17. saches
12. soit	

208.
1. arrivera	4. compreniez
2. attende	5. jouais
3. viendra	6. parte

209. 1. Qu'elle vienne tout de suite!
2. Qu'il conduise sagement!
3. Qu'il réponde au professeur!
4. Qu'ils obéissent à leurs parents!
5. Qu'elle apprenne la leçon!
6. Qu'elles disent la vérité!
7. Qu'il sache la réponse!
8. Qu'elles finissent leurs devoirs!

210. 1. parle français, écrit bien, sait taper à la machine
2. parle français, écrive bien, sache taper à la machine

211. 1. Je cherche un homme qui connaisse la route.
2. J'ai trouvé un homme qui connaît cette chanson.
3. Je veux acheter une blouse qui m'aille bien.
4. J'ai une blouse qui me va bien.
5. Je cherche un poste qui soit intéressant.
6. J'ai un poste qui est intéressant.

212.
1. sache	4. lit
2. veuille	5. puisse
3. puisse	

213.
1. aie	4. existe
2. veuille	5. comprenne
3. connaisse	

214.
1. ayez	6. dise
2. soyez	7. sois
3. fasse	8. agisse
4. allions	9. parle
5. soient	10. vienne, vienne

215. 1. Il se dépêche afin d'arriver à l'heure.
2. Il est content d'être ici. (Il est content de sa venue.)
3. Il ordonne à son fils de partir.
4. Il permet à l'avocat de parler.
5. J'attends son arrivée.
6. Nous ferons cela avant notre départ.

216.
1. alliez	3. vient (viendra)
2. plaise	4. revenions

5. peut 11. fassions
6. boive 12. dit, dira
7. puisse 13. pleuve
8. parte 14. soyons
9. sait 15. ayez
10. connaisse 16. arriver

7. eussent su
8. eusse eu
9. fussent revenus
10. eût fini
11. eussions fait
12. nous fussions débrouillé(e)s

217.
1. sois arrivé(e)
2. ayons dit
3. aient reconnu(e)(s)(es)
4. soit venue
5. soyez resté(e)(s)(es)
6. ait souffert
7. aient fait
8. ait étudié
9. se soit amusée
10. se soient couchés

218.
1. Elle doute que nous ayons compris.
2. Je regrette que tu sois arrivé(e).
3. Il est possible que vous ayez fini à l'heure.
4. Je ne crois pas qu'elles soient venues.
5. Je doute qu'elle ait fait le travail.
6. Pensez-vous qu'il se soit rasé?

219.
1. Il doute que nous ayons reconnu cet homme.
2. Je ne crois pas qu'ils soient partis.
3. Il est important que vous ayez fait vos devoirs.
4. Il se peut qu'elle soit revenue de bonne heure.
5. Je doute qu'il ait su la réponse.

220.
1. vînt 7. fissions
2. pût 8. écrivît
3. fût 9. vinssiez
4. finissent 10. rentrassent
5. fussions 11. devinsses
6. sussiez 12. se couchassent

221.
1. Il voulait que nous venions.
2. J'étais heureux qu'elles soient à l'heure.
3. Il fallait qu'elle le fasse.
4. Elle était trop fatiguée pour que la soirée soit agréable.
5. Je cherchais quelqu'un qui puisse le faire.
6. Je craignais que l'équipe ne gagne pas le prix.

222.
1. eût été
2. fussent venues
3. eussiez su
4. fût parti
5. eût écrit
6. eusses réussi

223.
1. Je regrettais qu'elle ne soit pas venue à l'heure.
2. Bien qu'elles aient déjà compris, ils continuaient à leur expliquer.
3. J'étais contente qu'il ait connu mon ami.
4. Il fallait que vous ayez dit cela.
5. Il semblait que nous ayons fait des efforts.
6. Il avait peur que le pain ne soit devenu trop dur.

224.
1. S'il eût eu assez d'argent, il fût allé au cinéma.
2. Si vous fussiez venu, vous eussiez vu Paul.
3. S'il eût été prêt, il fût parti.
4. Si vous fussiez venu, vous eussiez appris la nouvelle.
5. S'il eût fait beau, nous fussions partis.
6. Si elle fût revenue, elle fût venue nous revoir.

225.
1. Le nez de Cléopâtre s'il avait été plus court, toute la face de la terre aurait changé.
2. Si elle avait eu assez d'argent, elle serait venue nous voir.
3. Si nous avions su cela, nous l'aurions dit.
4. S'il avait fait beau, elle serait partie.
5. S'il avait plu, elles ne seraient pas venues.
6. Si j'avais su cela, je ne vous aurais pas répondu.

226.
1. Je lui parlerai avant de manger.
Je lui parlerai avant de chanter.
Je lui parlerai avant de danser.
Je lui parlerai avant de décider.
Je lui parlerai avant de revenir.
Je lui parlerai avant de finir.
Je lui parlerai avant de commencer.
2. Que faut-il faire afin de venir?
Que faut-il faire afin de réussir?
Que faut-il faire afin de finir à l'heure?
Que faut-il faire afin de savoir la leçon?
3. Il part sans manger.
Il part sans attendre.
Il part sans faire ses devoirs.
Il part sans parler.
4. Après avoir parlé, il est parti.
Après avoir fini, il est parti.

Après avoir mangé, il est parti.

Après avoir dit au revoir, il est parti.

5. Après être rentré, il est venu me voir.

Après être entré, il est venu me voir.

Après être retourné, il est venu me voir.

Après être descendu, il est venu me voir.

227. 1. avant d'arriver
      2. après être arrivé(e)(s)(es)
      3. en arrivant
      4. en mangeant
      5. après avoir mangé
      6. avant de manger
      7. Ne pas traduire.
      8. Battre trois œufs.
      9. Que faire?
     10. Oh! être riche!

228. 1. Après avoir mangé, il est parti.
      2. Après avoir déjeuné, nous sommes allés au musée.
      3. Après être arrivées, nous avons décidé de partir.
      4. Après être rentrée, elle s'est couchée.

229. 1. On fait étudier la leçon aux étudiants.
      2. On fait peindre le tableau à l'artiste.
      3. On fait écrire le poème au poète.
      4. On fait construire le pont aux ouvriers.
      5. On fait lire le roman aux élèves.

230. 1. Le professeur a fait écrire le devoir par la classe.
      2. Elle fait chanter la chanson par les garçons.
      3. Nous faisons écrire une lettre par notre ami.
      4. Je fais jouer du piano par l'enfant.

231. 1. Le professeur les fera réciter.
      2. La fille l'a fait faire.
      3. Nous les ferons faire.
      4. Il la fera construire.
      5. Vous l'avez fait venir.
      6. Elle se les ai fait laver.

232. 1. Il la lui fera écrire.
      2. Elle se l'est fait faire.
      3. Il le leur fait écrire.
      4. Il la lui fera faire.
      5. Il les lui fait apprendre.
      6. On le leur a fait jouer.

233. 1. J'ai vu Marie marcher sur le boulevard.
      2. Je la vois arriver.
      3. Je laisse (J'ai laissé) partir Pierre.
      4. Je le laisse jouer. (Je l'ai laissé jouer.)

5. J'ai entendu pleurer le bébé.
6. Je les ai entendues chanter.
7. Je les écoute chanter.
8. Il regarde les peintres peindre.

234. 1. à   15. —
      2. de   16. de
      3. de   17. à
      4. de   18. —
      5. —   19. —
      6. à   20. de
      7. —   21. à
      8. de   22. de
      9. de   23. d'
     10. —   24. —
     11. de   25. —
     12. —   26. de
     13. à   27. à
     14. —   28. d'

235. 1. Balzac a écrit le roman.
      2. Les Romains ont construit ce monument.
      3. Un incendie a détruit le bâtiment.
      4. La bonne a préparé le repas.
      5. Un grand architecte construira cette maison.
      6. On m'a aimé.
      7. On a fini le travail.
      8. On a détruit cette ville pendant la guerre.

236. 1. Le français se parle au Québec.
      2. Ce mot ne s'écrit pas sans s.
      3. Le plus beau monument se verra au centre de la ville.
      4. Autrefois, cela se faisait à la main.
      5. La ville s'est modernisée.
      6. Les portes s'ouvriront à huit heures.
      7. Ces autos se fabriquaient dans cette usine.
      8. Cela ne se dit pas.

Chapter 5

1. 1. Marie travaille bien, n'est-ce pas?
       Est-ce que Marie travaille bien?
    2. Il écrit une lettre, n'est-ce pas?
       Est-ce qu'il écrit une lettre?
    3. Pierre se couche, n'est-ce pas?
       Est-ce que Pierre se couche?
    4. Elle s'habillait bien, n'est-ce pas?
       Est-ce qu'elle s'habillait bien?
    5. Ils viendront à l'heure, n'est-ce pas?
       Est-ce qu'ils viendront à l'heure?
    6. Ils sont allés au cinéma hier soir, n'est-ce pas?
       Est-ce qu'ils sont allés au cinéma hier soir?

7. Ces étudiants ont lu ce livre, n'est-ce pas?
   Est-ce que ces étudiants ont lu ce livre?
8. Pierre s'est reposé, n'est-ce pas?
   Est-ce que Pierre s'est reposé?

2. 1. Regardes-tu la peinture?
   2. Allez-vous à Paris?
   3. Savons-nous la réponse?
   4. Ecoutent-ils la radio?
   5. Court-elle?
   6. Te dépêches-tu?
   7. Nous lèverons-nous de bonne heure?
   8. Se couchent-elles à dix heures?
   9. Suis-je amusant? (Est-ce que je suis amusant?)
   10. Puis-je le faire?

3. 1. Pleure-t-elle beaucoup?
   2. Ouvre-t-il la porte?
   3. Rencontre-t-elle une amie au café?
   4. Se dépêche-t-il?
   5. Se lave-t-elle la figure?
   6. S'amuse-t-elle bien?

4. 1. Les enfants prennent-ils des bonbons?
   2. Marie aime-t-elle la peinture moderne?
   3. Hélène lit-elle un roman?
   4. Les invités viendront-ils à l'heure?
   5. Pierre se rase-t-il?
   6. Hélène se reposera-t-elle dimanche?
   7. Ces hommes se débrouillent-ils bien?
   8. Marc et Pierre se retrouvent-ils à l'école tous les jours?

5. 1. Avons-nous fait nos devoirs?
   2. A-t-elle dit la vérité?
   3. Louise est-elle vite montée?
   4. Sommes-nous arrivés à l'heure?
   5. Se sont-ils couchés?
   6. Se sont-elles moquées de vous?
   7. Nous sommes-nous dépêchées?
   8. Hélène s'est-elle lavée?

6. 1. Quand
   2. Combien
   3. Où
   4. Comment
   5. A quelle heure (Quand)
   6. Pourquoi
   7. Quand
   8. Où
   9. Combien
   10. Comment

7. 1. Qui
      Qui est-ce qui
   2. Qu'est-ce qui

3. Qui est-ce que
   Qui
4. Qui est-ce qu'
   Qui
5. Qu'est-ce qu'
   Que
6. Qu'est-ce qu'
   Qu'
7. qui
8. quoi

8. 1. Qui parle? (Qui est-ce qui parle?)
   2. De qui est-elle la sœur?
   3. Qu'est-ce qu'il a vu? (Qu'a-t-il vu?)
   4. Sur quoi est-ce qu'il écrit (écrit-il) sa composition?
   5. Qu'est-ce qui a fermé la porte?
   6. A qui est-ce qu'il parle (parle-t-il)?
   7. Qu'est-ce qui se passe?
   8. De quoi est-ce qu'elle parle? (De quoi parle-t-elle?)
   9. Qui est-ce qu'il regarde? (Qui regarde-t-il?)
   10. Qu'est-ce qu'il fait? (Que fait-il?)
   11. A qui sont ces livres?
   12. De qui est-elle la fille?
   13. Qui va à la bibliothèque? (Qui est-ce qui va à la bibliothèque?)
   14. Qu'est-ce qui fait ce bruit?

9. 1. A qui sont ces disques?
   2. De qui est-il le fils?
   3. A qui sont ces livres?
   4. De qui est-elle la mère?
   5. Quoi de neuf (nouveau)?

10. 1. Qu'est-ce que c'est que le Louvre?
    2. Qu'est-ce que c'est que le Tour de France?
    3. Qu'est-ce que c'est qu'un symbole?
    4. Qu'est-ce que c'est que la Sorbonne?

11. 1. Quelles robes sont dans l'armoire?
    2. Quelles peintures aimez-vous (aimes-tu)?
    3. Quel tableau est grand?
    4. Quels restaurants sont bons?
    5. Quelle est votre (ton) adresse?

12. 1. Quelle   4. Quels
    2. Quels (Qui)   5. Quelle
    3. Qui   6. Quelles

13. 1. Quel paysage!
    2. Quelle peinture!
    3. Quels livres!
    4. Quels animaux!
    5. Quel arbre!

14. 1. Lequel   3. Lesquels
     2. Laquelle   4. Lesquelles

15. 1. A laquelle   3. Auxquelles
     2. Auquel   4. Auxquels

16. 1. Duquel   3. Desquelles
     2. De laquelle   4. Desquels

Chapter 6

1. 1. Il ne va pas au théâtre.
    2. Vous ne lirez pas le roman.
    3. Je ne crains pas cet homme.
    4. Je n'écoute pas le professeur.
    5. Tu n'habitais pas à Paris en ce temps-là.
    6. Vous n'arriveriez pas en retard.
    7. Je ne me reposerai pas dimanche.
    8. Elles ne se couchaient pas à onze heures tous les soirs.
    9. Vous ne vous retrouverez pas à la gare.
    10. Ils ne se moquent pas de lui.
    11. Nous ne nous débrouillons pas bien.
    12. Il ne s'habille pas bien.

2. 1. Nous ne voulons pas partir.
    2. Elle n'aime pas chanter.
    3. Elle ne veut pas se lever.
    4. Tu ne vas pas t'habiller.

3. 1. Je n'ai pas acheté la robe.
    2. Vous n'aviez pas compris la situation.
    3. Ils n'ont pas écrit leurs devoirs.
    4. Nous ne sommes pas restés ici.
    5. Elle n'est pas tombée du cheval.
    6. Ils ne seront pas venus à l'heure.
    7. Elle ne s'est pas bien reposée.
    8. Nous ne nous serons pas dépêchées.
    9. Elles ne se sont pas plaintes de tout.
    10. Vous ne vous êtes pas levés de bonne heure.

4. 1. Non, je n'ai pas (nous n'avons pas) reçu la lettre.
    2. Non, il n'a pas lu l'histoire.
    3. Non, je ne suis pas allée au cinéma hier.
    4. Non, elles ne sont pas parties de bonne heure.
    5. Non, je ne me suis pas levé de bonne heure.
    6. Non, elle ne s'est pas endormie.

5. 1. Est-ce que Georges ne vous parlera pas?
    2. Ne lit-il pas le livre?
    3. N'ouvre-t-elle pas la fenêtre?
    4. Ne se dépêche-t-il pas?
    5. Ne vous réveillez-vous pas?
    6. N'avez-vous pas fini?
    7. N'ont-elles pas craint cet homme?
    8. Ne sont-elles pas rentrées de bonne heure?
    9. Ne se sont-ils pas couchés?
    10. Ne t'es-tu pas blessé?

6. 1. Ne vis-tu pas bien ici?
    2. Ne saura-t-il pas la vérité?
    3. Ne nous dépêchons-nous pas?
    4. Ne vous levez-vous pas de bonne heure?
    5. N'a-t-elle pas cru l'histoire?
    6. Ne sont-elles pas revenues de bonne heure?
    7. Ne s'est-il pas rasé?
    8. Ne vous êtes-vous pas bien débrouillé?

7. 1. Oui, je parle (nous parlons) français.
    2. Si, je parle (nous parlons) français.
    3. Oui, ils viendront à l'heure.
    4. Si, ils viendront à l'heure.
    5. Oui, il a fini.
    6. Si, il a fini.
    7. Oui, elle se réveille.
    8. Si, elle se réveille.

8. 1. Oui, il vit bien ici.
    2. Si, ils sont venus.
    3. Si, elle prendra le déjeuner ici.
    4. Oui, il a lu ce roman.
    5. Si, ils ont craint le criminel.

9. 1. Il ne sait ce qu'il veut.
    2. Il ne cesse de pleuvoir.
    3. Elle n'ose le dire.
    4. Elle ne peut le faire.

10. 1. Il vous dit de ne pas avoir peur.
     2. Elle vous demande de ne pas venir.
     3. Elle vous dit de ne pas être heureux.
     4. Je vous demande de ne pas leur parler.
     5. Elle vous dit de ne pas le faire.
     6. Elle affirme ne pas avoir vu ce film. (Elle affirme n'avoir pas vu ce film.)

11. 1. Elle ne dit jamais la même chose.
     2. Jamais, elle ne le fait.
     3. Elle n'a jamais chanté.
     4. Je n'ai aucun espoir.
     5. Marie ne trouve rien.
     6. Marie n'a rien perdu.
     7. Rien n'est dans la cuisine.
     8. Rien ne s'est passé.
     9. Il n'y a personne dans la boutique.
     10. Il n'a vu personne.
     11. Personne ne frappe à la porte.
     12. Personne n'est arrivé.

13. Je n'ai ni crayon ni stylo.
14. Il ne parle ni à son père ni à sa mère.
15. Elle ne veut ni pain ni beurre.
16. Ni l'un ni l'autre n'est parti.
17. Pierre ne parle jamais de rien à personne.

12.
1. Je n'ai jamais vu ce film.
2. Nous n'avons pas du tout dansé.
3. Il n'oubliera jamais cette leçon.
4. Il ne prend guère de vin.
5. Est-ce qu'il va jamais étudier?
6. Il n'a plus aucun disque.
7. Elle n'a ni amis ni ennemis.
8. Il n'a écrit que des poèmes.
9. Il n'a guère de temps.
10. Elle n'a que deux frères.
11. Elle ne chante plus de chansons.

13.
1. Non, il n'y a rien d'intéressant à faire.
2. Non, elle ne va jamais travailler.
3. Non, il n'y a personne ici.
4. Personne n'est venu.
5. Non, il n'a aucun livre.
6. Non, il n'a ni livres ni journaux.
7. Non, je n'ai guère le temps de le faire.
8. Non, elle n'est pas du tout riche.

14.
1. Il n'est pas riche non plus.
2. Ni elles non plus, elles n'ont pas beaucoup d'argent.
3. Marie ne le sait pas non plus.
4. Ni moi non plus, je ne viens pas.
5. Ni lui non plus, il ne la verra pas.
6. Elles ne mangent pas ici non plus.
7. Il ne l'a pas fait non plus.

Chapter 7

1.
1. Elle parle français.
2. Il chante bien.
3. Ils jouent de la guitare.
4. Elles étudient à la Faculté de Médecine.
5. Ils vont en vacances.

2.
1. Etes-vous content, Monsieur?
2. Es-tu malheureuse, Marie?
3. Etes-vous paresseux, Jean et Georges?
4. Es-tu fatigué, Jean?
5. Etes-vous contents, Monsieur et Madame Leblanc?

3.
1. On est paresseux.
2. On est innocent.
3. On y va tout de suite.
4. On est intelligent.

4.
1. la		6. l'	
2. les		7. la	
3. l'		8. l'	
4. le		9. le	
5. les		10. les	

5.
1. Il la comprend.
2. Il l'aime.
3. Tu le cherches.
4. Tu l'as.
5. Ils les aiment.
6. Ils les font.
7. Je l'écris.
8. Nous la lisons.
9. Il le remplit.
10. Ils les dessinent.

6.
1. Oui, je le pense.
2. Non, je ne le crois pas.
3. Oui, je le pense.
4. Non, je ne le crois pas.
5. Oui, je le sais.

7.
1. l'	3. l'
2. le	4. le

8.
1. Oui, Paul me parle.
2. Oui, Jean m'écoute.
3. Oui, il vous (te) dit bonjour.
4. Oui, il t'invite (vous invite).
5. Oui, elle vous (nous) voit.
6. Oui, elle vous (nous) appelle.
7. Oui, elle me répond.
8. Oui, il m'écoute.
9. Oui, ils nous regardent.
10. Oui, ils nous écrivent.

9.
1. Il nous répond.
2. Il vous dit la vérité.
3. Elle nous voit.
4. Ils vous écrivent.
5. Elle vous cherche.
6. Elle nous envoie le paquet.

10.
1. Il lui dit la vérité.
2. Le facteur lui donne les lettres.
3. Il leur parle.
4. Je lui envoie un cadeau.
5. Il lui écrit.
6. Il leur répond.
7. Le professeur leur explique la leçon.
8. Il leur parle.

11.
1. la	5. leur
2. lui	6. lui
3. le	7. la, lui
4. les	

12. 1. Il y va.
    2. Le livre y est.
    3. Elle y sera.
    4. Il y montera.
    5. Il y répond.
    6. Il y obéit.

13. 1. y   4. lui
    2. leur   5. y
    3. y

14. 1. Nous en sortons.
    2. Elle en vient.
    3. Ils en sortiront.
    4. Il en a.
    5. Elle en choisit.
    6. Elle en achète.
    7. Il en parle.
    8. Il en est fier.
    9. Elles en ont beaucoup.
    10. Il en a un peu.
    11. Elle en achète une **douzaine.**
    12. Il en prend quatre.
    13. Il en a plusieurs.
    14. Elle en a quelques-uns.
    15. Il en a quelques-unes.

15. 1. Nous y allons.
    2. Il leur répond.
    3. Nous en avons **besoin.**
    4. Les valises y sont.
    5. Elle y répond.
    6. J'en ai plusieurs.
    7. Il lui parle.
    8. Elle en a quelques-unes.
    9. Il y en a beaucoup ici.

16. 1. Elle me les montre.
    2. Il nous le sert.
    3. Elle te l'envoie.
    4. Il nous la dit.
    5. Il vous l'apporte.
    6. Il le lui envoie.
    7. Elle les leur donne.
    8. Elle t'en donne.
    9. Il vous en pose.
    10. Il lui en donne plusieurs.
    11. Il m'en apporte.
    12. Elle m'y attend.
    13. Il nous y rencontre.
    14. Il y en a quatre.

17. 1. Elle se la rappelle.
    2. Il se les brosse.
    3. Vous vous la lavez.
    4. Elles se les lavent.
    5. Elle s'en souvient.
    6. Il se la fait faire.

18. 1. Nous le leur envoyons.
    2. Le professeur la leur explique.
    3. Il la lui demande.
    4. Ils lui en donnent.
    5. Il les y attend.
    6. Elle lui en parle.
    7. Nous les leur donnons.
    8. Pierre les lui donne.
    9. Il l'y cherche.
    10. Il lui en demande.
    11. Elle lui en demande.
    12. Le touriste le lui donne.
    13. Elle l'y rencontre.
    14. Nous leur en apportons.

19. 1. Il ne le fait pas.
    2. Les y cherchez-vous?
    3. Ne l'entend-il pas?
    4. Ne l'y mange pas!
    5. Les voilà.
    6. Elle me l'expliquera.
    7. Il ne nous la répète pas.
    8. Je lui en avais donné.
    9. Ne l'y a-t-elle pas attendu?
    10. Elle leur en écrivait.
    11. Il ne l'aurait pas lu.
    12. Il l'a crue.
    13. Les as-tu écrits?
    14. Elles les y ont prises.
    15. Elle la lui aura dite.
    16. Il l'a écouté chanter.
    17. Je l'ai fait venir.

20. 1. Je voudrais l'acheter.
    2. Je voudrais le lui donner.
    3. Je vais leur parler.
    4. Je vais les y mettre.
    5. Elle va en avoir honte.
    6. Il me dit de ne pas l'acheter.
    7. Il me demande de ne pas lui en **parler.**

21. 1. Parlez-moi!
    2. Lisez-la!
    3. Donne-le-lui!
    4. Parle-lui-en!
    5. Allez-y!
    6. Achète-le-toi!

22. 1. Lisez-la!
    2. Parlez-nous-en!
    3. Ecrivez-les-lui!
    4. Réponds-y!
    5. Vas-y!
    6. Parles-en!
    7. Donnez-m'en!

23. 1. Il ne lui obéit pas.
    2. Il en a trop.

3. Elle y est allée.
4. Elle les y a mis.
5. Il ne la leur dit pas.
6. Elle n'y répond pas.
7. Ne l'écoute pas!
8. Il se le rappelle.
9. Il y en a beaucoup.
10. Elle y en a mis douze.
11. Donnez-m'en!
12. Lui en parlez-vous?
13. Je vais les lui donner.
14. Donnez-les-leur.
15. La lui as-tu donnée?
16. Ne lui en parle-t-elle pas?

24. 1. m'   6. vous
     2. nous   7. me
     3. te   8. nous
     4. se   9. s'
     5. se   10. t'

25. 1. Marie l'a acheté pour lui.
     2. Je vais partir sans elle.
     3. Ils parlent de moi.
     4. Le cadeau est pour toi.
     5. Il va avec nous.
     6. Il viendra chez vous.
     7. Elle y va avec eux.
     8. Il ne veut pas partir sans elles.
     9. Il est plus intelligent que moi.
    10. Qui vient? Moi.

26. 1. C'est moi qui suis là.
     2. C'est elle qui est là.
     3. C'est vous qui l'avez fait.
     4. C'est lui qui l'a fait.
     5. C'est eux (Ce sont eux) qui vont
        répondre.
     6. C'est moi qui viendrai.
     7. Ce sont Hélène et toi qui sortirez.
        (Hélène et toi, vous sortirez.)
     8. Ce sont lui et moi qui attendons.
        (Lui et moi, nous attendons.)

27. 1. Je le ferai moi-même.
     2. Il le fera lui-même.
     3. Les garçons le feront eux-mêmes.
     4. Nous le ferons nous-mêmes.
     5. Chacun pour soi.

28. 1. Oui, j'y pense.
     2. Oui, j'ai peur de lui.
     3. Oui, je partirai (nous partirons) sans eux.
     4. Oui, j'en ai honte.
     5. Oui, je pense à elle.
     6. Oui, j'y vais.
     7. Oui, c'est elles (ce sont elles) qui parlent.

8. Oui, ils vont chez elle.
9. Oui, elle va avec lui.
10. Oui, j'en ai (nous en avons)
    besoin.
11. Je me présente à lui.

29. 1. Ce sont les miens. Où sont les tiens?
     2. Je n'aime pas la mienne. Aimez-vous la
        vôtre?
     3. Il a pensé aux siens et elles ont pensé
        aux leurs.
     4. J'ai besoin des miens et vous avez besoin
        des vôtres.
     5. La nôtre est plus petite que la tienne.
     6. Nous avons les nôtres. Avez-vous les
        vôtres?
     7. Il a parlé de la sienne et tu as parlé de
        la tienne.
     8. J'ai besoin de la leur.
     9. Pierre va chercher les siennes et les
        miennes.
    10. Vous mettez le vôtre et je mets le
        mien.
    11. Nous sommes fiers du nôtre et ils sont
        fiers du leur.
    12. Elle préfère les nôtres aux vôtres.
    13. Il a cherché le sien et les filles ont
        cherché le leur.
    14. Le tien est meilleur que le mien.
    15. Il a téléphoné à la sienne et nous avons
        téléphoné à la nôtre.

30. 1. Ce sont les vôtres.
     2. C'est le mien.
     3. C'est la tienne.
     4. C'est la nôtre.
     5. C'est la sienne.
     6. C'est le sien.
     7. Ce sont les miennes.
     8. Ce sont les leurs.

31. 1. Non, c'est celle de ma sœur.
     2. Non, c'est celui de mon ami.
     3. Non, ce sont ceux de mon frère.
     4. Non, ce sont celles de ma mère.
     5. Non, c'est celui de mon amie.
     6. Non, c'est celle de mon oncle.

32. 1. celui-là   5. celles-là
     2. celle-là   6. ceux-là
     3. celles-là   7. celui-là
     4. ceux-là   8. celles-là

33. 1. Il   4. C'
     2. c'   5. C'
     3. Elle   6. Ce

34.
1. Ceci
2. Cela
3. C'
4. ce
5. Cela
6. Cela (Ça)
7. ceci (cela)

35.
1. qui
2. que
3. qu'
4. qui
5. que
6. qui
7. qu'
8. qui

36.
1. Voilà un garçon qui est sportif.
2. La dame qui entre est la femme de mon professeur.
3. L'église qui est au centre de la ville est grande.
4. La jeune fille qui danse est très intelligente.
5. Je connais cette femme qui donne de bons discours.

37.
1. Voilà le restaurant que Pierre préfère.
2. Le journal que je lis est parisien.
3. La robe qu'elle a achetée est très chère.
4. Le film que nous avons vu est américain.
5. C'est un médecin que je connais.

38.
1. ce qu'
2. ce qui
3. ce qui
4. ce que
5. ce qui
6. ce qu'

39.
1. qui
2. qui
3. laquelle
4. lequel
5. lesquelles
6. lesquels
7. lesquels

40.
1. Voilà le garçon avec qui je suis sorti.
2. Voilà la maison dans laquelle j'ai habité.
3. Les hommes à qui j'ai écrit sont mes anciens professeurs.
4. C'est le pinceau avec lequel l'artiste travaille.
5. Voilà un morceau de papier sur lequel il a dessiné.
6. Le restaurant dans lequel Paul entre est très petit.
7. La fille chez qui nous allons est gentille.
8. Voilà les tables sur lesquelles Marie a mis des fleurs.
9. Le musée devant lequel il attend son ami est formidable.
10. Le théâtre auquel nous sommes allés est très vieux.
11. La conférence à laquelle elle a assisté était intéressante.
12. Les lettres auxquelles il a répondu étaient urgentes.
13. Les hommes à qui il a écrit sont avocats.
14. Les musées auxquels je suis allée sont grands.

41.
1. L'appartement où j'habite est très petit.
2. La boulangerie où j'entre est bonne.
3. Le bureau où je vais se trouve au centre de la ville.
4. Les restaurants où nous dînons ne sont pas chers.
5. Les églises où nous allons sont vieilles.

42.
1. Le garçon dont le père est mort est mon ami.
2. Le musée dont le nom m'échappe est célèbre.
3. La dame dont nous cherchons le chien est une amie de ma mère.
4. L'homme dont les usines sont à Lyon habite à Paris.
5. J'aime ce jardin dont les fleurs l'embellissent.
6. Le crayon dont vous vous servez n'est pas bon.
7. Les livres dont vous m'avez parlé sont intéressants.
8. La peinture dont vous avez envie est très chère.

43.
1. Voilà une fille dont le père est médecin.
2. Voilà le mannequin dont les robes sont jolies.
3. Voilà les garçons dont vous connaissez la sœur.
4. Voilà un professeur dont la fille est chimiste.
5. Voilà un garçon dont le père est mort.
6. Voilà une femme dont j'admire la beauté.
7. Voilà un peintre dont le tableau est cher.
8. C'est un beau tableau dont nous avons parlé.
9. C'est un livre dont vous avez envie.
10. As-tu étudié le poème dont il a parlé?
11. C'est un livre dont j'ai besoin.
12. J'ai vu la jeune fille dont ils ont parlé.
13. C'est un beau poème dont nous avons lu quelques passages.

44.
1. C'est la fille avec la mère de laquelle j'ai parlé.
2. C'est un homme avec la fille duquel je suis sorti.
3. Il y a une boutique ici près de laquelle se trouve un bureau de tabac.
4. Il a fait un discours à cause duquel j'ai pleuré.
5. Voilà les jeunes filles avec le frère desquelles je suis sortie.

45.
1. ce dont
2. quoi
3. à quoi
4. quoi
5. ce dont

46.
1. Ce que
2. qui
3. dont
4. où (dans laquelle)
5. que
6. dont
7. ce qui
8. ce qu'
9. duquel
10. dont (de qui)
11. quoi
12. qui

47.
1. N'importe qui
2. Quelqu'un
3. Tout le monde (Chacun)
4. On
5. quelque chose
6. tout
7. Les autres
8. tous
9. quelques-uns
10. l'une et l'autre
11. ni l'un(e) ni l'autre
12. Certaines
13. n'importe quoi
14. autre chose
15. Tout ce que
16. plusieurs
17. quelques-unes
18. Chacune
19. Quelqu'un d'autre
20. Les un(e)s, les autres
21. l'un à l'autre
22. l'une ou l'autre
23. N'importe qui
24. la même
25. Aucune
26. Personne (Nul)
27. Tout
28. Rien
29. M. un tel
30. Quiconque
31. autrui
32. autre chose

Chapter 8

1.
1. Il va en voiture.
2. Il ira loin.
3. Je vais mal.
4. Il va mieux aujourd'hui.
5. Ce chapeau vous va (te va) bien.
6. Comment allez-vous? (Comment vas-tu? Comment ça va? Ça va?)
7. Je vais bien.
8. Il va à la pêche.

2.
1. J'ai soif.
2. J'ai faim.
3. J'ai sommeil.
4. J'ai froid.
5. J'ai chaud.
6. J'ai mal à la tête.
7. J'ai mal aux dents.
8. J'ai tort. (J'ai honte.)

3.
1. J'avais beau venir. Personne n'était là.
2. Elle a peur de cet homme.
3. Il a honte de son travail.
4. Nous avions raison.
5. J'ai mal à la tête.
6. Les filles ont l'air fatiguées.
7. Pierre a de la chance.
8. Le train a une demi-heure de retard.
9. L'avion a dix minutes d'avance.
10. Il a l'occasion d'aller à la Martinique.
11. Qu'avez-vous? (Qu'as-tu?)
12. Quel âge avez-vous? (Quel âge as-tu?)
13. Il a cinquante ans.
14. Elle a besoin du livre.
15. La maison a vingt mètres de hauteur.
16. Nous avons chaud.
17. Les enfants ont sommeil.

4.
1. Elle est en train d'étudier.
2. Les garçons sont de Paris.
3. Cela m'est égal.
4. Nous serons de retour demain.
5. Ces livres sont à elle.
6. Ça y est.

5.
1. Il fait chaud.
2. Il fait frais.
3. Il fait du soleil.
4. Il fait du brouillard.
5. Il fait nuit.
6. Il fait de son mieux.
7. Ce médicament vous (te) fera du bien.
8. Je me suis fait mal au bras.
9. Nous avons fait la queue pendant une heure.
10. Je l'ai fait exprès.
11. Ça ne fait rien.
12. Ils ont fait semblant de ne pas entendre.

6.
1. Je dois cinq dollars à Marie.
2. Il doit venir.
3. Elle devait partir pour New York.
4. Il doit être malade.
5. Vous auriez (Tu aurais) dû venir.
6. Il devrait étudier.
7. Je peux le faire.
8. Nous n'avons pas pu finir.
9. J'aurais pu vous aider (t'aider).

10. Il a pu le faire.
11. Nous avons su la vérité.
12. Elle a voulu ouvrir la porte.
13. Il n'a pas voulu y aller.

7. 1. vit   4. demeurez
    2. demeurons   5. vivent
    3. vit

8. 1. Elle habite Paris.
    2. Ils habitent la Suisse.
    3. Vous habitez New York.
    4. Nous habitons le Mexique.

9. 1. joue   4. jouez de
    2. jouons du   5. jouent
    3. jouent aux   6. jouez au

10. 1. manque   4. manquent
    2. manque à   5. manquent à
    3. manquez de

11. 1. Il a manqué le train.
    2. Elle me manque.
    3. Je lui manque.
    4. Ils manquent de patience.

12. 1. du   4. aux
    2. à   5. à
    3. de

13. 1. Je pense à elle.
    2. Qu'en pense-t-il?
    3. Elle pense à lui.
    4. Que pense-t-elle de lui?
    5. Nous y pensons.
    6. Que pensent-elles d'eux?

14. 1. sort   3. laisse
    2. s'en va   4. m'en vais

5. quitte   7. pars
6. sort

15. 1. a passé
    2. s'est passé
    3. nous sommes passé(e)s de
    4. se sont passées
    5. a passé
    6. s'est passé
    7. s'est passé de

16. 1. Le film me plaît.
    2. Les peintures modernes lui plaisent.
    3. Le cinéma lui plaît.
    4. La pièce leur plaît.
    5. Le livre te plaît.

17. 1. Je me souviens de cette occasion.
    2. Je me souviens de cette fille.
    3. Ils se souviennent de cette soirée.
    4. Vous vous souvenez de la guerre.
    5. Nous nous en souvenons.

18. 1. sert   4. sert
    2. se sert d'   5. se sert de
    3. sert

19. 1. savons   5. connaissent
    2. connaît   6. sait
    3. sais   7. connaissez
    4. Savez   8. Connais, sais

20. 1. viens de   4. venons de
    2. viennent de   5. viens de
    3. venez d'   6. vient d'

21. 1. Je venais de chanter cette chanson.
    2. Elles venaient de sortir.
    3. Vous veniez d'arriver.
    4. Nous venions de rentrer d'Espagne.
    5. Tu venais de manger.
    6. Il venait d'entrer.

VERB CHARTS

REGULAR VERBS

Infinitive	parler	finir	répondre
Present participle	parlant	finissant	répondant
Past participle	parlé	fini	répondu
Present	je parle	je finis	je réponds
	tu parles	tu finis	tu réponds
	il parle	il finit	il répond
	nous parlons	nous finissons	nous répondons
	vous parlez	vous finissez	vous répondez
	ils parlent	ils finissent	ils répondent
Present subjunctive	je parle	je finisse	je réponde
	tu parles	tu finisses	tu répondes
	il parle	il finisse	il réponde
	nous parlions	nous finissions	nous répondions
	vous parliez	vous finissiez	vous répondiez
	ils parlent	ils finissent	ils répondent
Imperfect	je parlais	je finissais	je répondais
	tu parlais	tu finissais	tu répondais
	il parlait	il finissait	il répondait
	nous parlions	nous finissions	nous répondions
	vous parliez	vous finissiez	vous répondiez
	ils parlaient	ils finissaient	ils répondaient
Future	je parlerai	je finirai	je répondrai
	tu parleras	tu finiras	tu répondras
	il parlera	il finira	il répondra
	nous parlerons	nous finirons	nous répondrons
	vous parlerez	vous finirez	vous répondrez
	ils parleront	ils finiront	ils répondront
Conditional	je parlerais	je finirais	je répondrais
	tu parlerais	tu finirais	tu répondrais
	il parlerait	il finirait	il répondrait
	nous parlerions	nous finirions	nous répondrions
	vous parleriez	vous finiriez	vous répondriez
	ils parleraient	ils finiraient	ils répondraient
Imperative	parle	finis	réponds
	parlons	finissons	répondons
	parlez	finissez	répondez
Conversational past (Passé composé)	j'ai parlé	j'ai fini	j'ai répondu
	tu as parlé	tu as fini	tu as répondu
	il a parlé	il a fini	il a répondu
	nous avons parlé	nous avons fini	nous avons répondu
	vous avez parlé	vous avez fini	vous avez répondu
	ils ont parlé	ils ont fini	ils ont répondu

Pluperfect	j'avais parlé	j'avais fini	j'avais répondu
	tu avais parlé	tu avais fini	tu avais répondu
	il avait parlé	il avait fini	il avait répondu
	nous avions parlé	nous avions fini	nous avions répondu
	vous aviez parlé	vous aviez fini	vous aviez répondu
	ils avaient parlé	ils avaient fini	ils avaient répondu
Conditional past	j'aurais parlé	j'aurais fini	j'aurais répondu
	tu aurais parlé	tu aurais fini	tu aurais répondu
	il aurait parlé	il aurait fini	il aurait répondu
	nous aurions parlé	nous aurions fini	nous aurions répondu
	vous auriez parlé	vous auriez fini	vous auriez répondu
	ils auraient parlé	ils auraient fini	ils auraient répondu
Past subjunctive	j'aie parlé	j'aie fini	j'aie répondu
	tu aies parlé	tu aies fini	tu aies répondu
	il ait parlé	il ait fini	il ait répondu
	nous ayons parlé	nous ayons fini	nous ayons répondu
	vous ayez parlé	vous ayez fini	vous ayez répondu
	ils aient parlé	ils aient fini	ils aient répondu
Literary past **(Passé simple)**	je parlai	je finis	je répondis
	tu parlas	tu finis	tu répondis
	il parla	il finit	il répondit
	nous parlâmes	nous finîmes	nous répondîmes
	vous parlâtes	vous finîtes	vous répondîtes
	ils parlèrent	ils finirent	ils répondirent
Imperfect subjunctive	je parlasse	je finisse	je répondisse
	tu parlasses	tu finisses	tu répondisses
	il parlât	il finît	il répondît
	nous parlassions	nous finissions	nous répondissions
	vous parlassiez	vous finissiez	vous répondissiez
	ils parlassent	ils finissent	ils répondissent
Past anterior **(Passé antérieur)**	j'eus parlé	j'eus fini	j'eus répondu
	tu eus parlé	tu eus fini	tu eus répondu
	il eut parlé	il eut fini	il eut répondu
	nous eûmes parlé	nous eûmes fini	nous eûmes répondu
	vous eûtes parlé	vous eûtes fini	vous eûtes répondu
	ils eurent parlé	ils eurent fini	ils eurent répondu
Pluperfect subjunctive	j'eusse parlé	j'eusse fini	j'eusse répondu
	tu eusses parlé	tu eusses fini	tu eusses répondu
	il eût parlé	il eût fini	il eût répondu
	nous eussions parlé	nous eussions fini	nous eussions répondu
	vous eussiez parlé	vous eussiez fini	vous eussiez répondu
	ils eussent parlé	ils eussent fini	ils eussent répondu
Passé surcomposé	j'ai eu parlé	j'ai eu fini	j'ai eu répondu
	tu as eu parlé	tu as eu fini	tu as eu répondu
	il a eu parlé	il a eu fini	il a eu répondu
	nous avons eu parlé	nous avons eu fini	nous avons eu répondu
	vous avez eu parlé	vous avez eu fini	vous avez eu répondu
	ils ont eu parlé	ils ont eu fini	ils ont eu répondu

VERBS WITH SPELLING CHANGES

acheter

Present	j'achète, tu achètes, il achète, nous achetons, vous achetez, ils achètent
Present subjunctive	j'achète, tu achètes, il achète, nous achetions, vous achetiez, ils achètent
Future	il achètera, nous achèterons, ils achèteront

appeler

Present	j'appelle, tu appelles, il appelle, nous appelons, vous appelez, ils appellent
Present subjunctive	j'appelle, tu appelles, il appelle, nous appelions, vous appeliez, ils appellent
Future	il appellera, nous appellerons, ils appelleront

commencer (and all verbs ending in **-cer**)

Present	je commence, tu commences, il commence, nous commençons, vous commencez, ils commencent
Imperfect	il commençait, nous commencions, ils commençaient
Passé simple	il commença, nous commençâmes, ils commencèrent

espérer (**préférer, répéter, protéger,** etc.)

Present	j'espère, tu espères, il espère, nous espérons, vous espérez, ils espèrent
Present subjunctive	j'espère, tu espères, il espère, nous espérions, vous espériez, ils espèrent

essayer (and all verbs ending in **-ayer, oyer, uyer**)
(Note also alternate forms: **j'essaye, j'essayerai,** etc. for verbs ending in **-ayer.**)

Present	j'essaie, tu essaies, il essaie, nous essayons, vous essayez, ils essaient
Present subjunctive	j'essaie, tu essaies, il essaie, nous essayions, vous essayiez, ils essaient
Future	il essaiera, nous essaierons, ils essaieront

jeter

Present	je jette, tu jettes, il jette, nous jetons, vous jetez, ils jettent
Present subjunctive	je jette, tu jettes, il jette, nous jetions, vous jetiez, ils jettent
Future	il jettera, nous jetterons, ils jetteront

lever (**mener, emmener, geler,** etc.)

Present	je lève, tu lèves, il lève, nous levons, vous levez, ils lèvent
Present subjunctive	je lève, tu lèves, il lève, nous levions, vous leviez, ils lèvent
Future	il lèvera, nous lèverons, ils lèveront

manger (and other verbs ending in **-ger**)

Present	je mange, tu manges, il mange, nous mangeons, vous mangez, ils mangent
Present subjunctive	je mange, tu manges, il mange, nous mangions, vous mangiez, ils mangent
Imperfect	il mangeait, nous mangions, ils mangeaient
Passé simple	il mangea, nous mangeâmes, ils mangèrent

In this list, the number at the right of each verb corresponds to the number of the verb, or of a similarly conjugated verb, in the table which follows. An asterisk (*) indicates that **être** is used as the auxiliary verb in the compound tenses. A dash plus an asterisk (—*) indicates that the verb is conjugated with **avoir** or **être** in compound tenses.

acquérir	1	croire	11	offrir	25	revoir	41
accueillir	12	cueillir	12	ouvrir	25	rire	32
admettre	22	découvrir	25	paraître	8	rompre	33
*aller	2	décrire	15	parcourir	9	savoir	34
*s'en aller	2	détruire	7	*partir	26	secourir	9
apercevoir	31	*devenir	39	*parvenir	39	sentir	26
—*apparaître	8	devoir	13	peindre	10	*se sentir	26
appartenir	39	dire	14	permettre	22	servir	26
apprendre	30	—*disparaître	8	plaindre	10	*se servir de	26
*s'asseoir	3	dormir	26	*se plaindre	10	*sortir	26
atteindre	10	écrire	15	plaire	27	souffrir	25
avoir	4	élire	21	pleuvoir	28	soumettre	22
battre	5	*s'endormir	26	poursuivre	36	sourire	32
*se battre	5	envoyer	16	pouvoir	29	*se souvenir de	39
boire	6	être	17	prendre	30	suffire	35
combattre	5	faire	18	prévoir	41	suivre	36
comprendre	30	falloir	19	produire	7	surprendre	30
conduire	7	interdire	14	promettre	22	survivre	40
connaître	8	interrompre	33	recevoir	31	*se taire	27
conquérir	1	haïr	20	reconnaître	8	tenir	39
construire	7	joindre	10	reconstruire	7	traduire	7
contenir	39	lire	21	recouvrir	25	transmettre	22
convaincre	37	maintenir	39	*redevenir	39	vaincre	37
convenir	39	mentir	26	rejoindre	10	valoir	38
corrompre	33	mettre	22	remettre	22	*venir	39
courir	9	*mourir	23	reprendre	30	vivre	40
couvrir	25	*naître	24	retenir	39	voir	41
craindre	10	obtenir	39	*revenir	39	vouloir	42

IRREGULAR VERBS

Note: Only irregular forms are given for the following verbs. The conditional tense is always formed by adding the regular endings to the future stem. An asterisk (*) indicates that the verb is conjugated with **être** in auxiliary tenses.

	[1]**acquérir**
Past participle	acquis
Present	j'acquiers, tu acquiers, il acquiert, nous acquérons, vous acquérez, ils acquièrent
Present subjunctive	j'acquière, tu acquières, il acquière, nous acquérions, vous acquériez, ils acquièrent
Future	il acquerra
Passé simple	il acquit, ils acquirent

[2]*aller

Present	je vais, tu vas, il va, nous allons, vous allez, ils vont
Present subjunctive	j'aille, tu ailles, il aille, nous allions, vous alliez, ils aillent
Future	il ira
Imperative	va, allons, allez

[3]*s'asseoir

(There is another less used conjugation for this verb:
je m'assois, nous nous assoyons, il s'assoira, etc.)

Past participle	assis
Present	je m'assieds, tu t'assieds, il s'assied, nous nous asseyons, vous vous asseyez, ils s'asseyent
Present subjunctive	je m'asseye, tu t'asseyes, il s'asseye, nous nous asseyions, vous vous asseyiez, ils s'asseyent
Future	il s'assiéra
Imperative	assieds-toi, asseyons-nous, asseyez-vous
Passé simple	il s'assit, ils s'assirent

[4]avoir

Present participle	ayant
Past participle	eu
Present	j'ai, tu as, il a, nous avons, vous avez, ils ont
Present subjunctive	j'aie, tu aies, il ait, nous ayons, vous ayez, ils aient
Future	il aura
Imperative	aie, ayons, ayez
Passé simple	il eut, ils eurent

[5]battre

Present	je bats, tu bats, il bat, nous battons, vous battez, ils battent

[6]boire

Past participle	bu
Present	je bois, tu bois, il boit, nous buvons, vous buvez, ils boivent
Present subjunctive	je boive, tu boives, il boive, nous buvions, vous buviez, ils boivent
Passé simple	il but, ils burent

[7]conduire

Past participle	conduit
Present	je conduis, tu conduis, il conduit, nous conduisons, vous conduisez, ils conduisent
Passé simple	il conduisit, ils conduisirent

[8]connaître

Past participle	connu
Present	je connais, tu connais, il connaît, nous connaissons, vous connaissez, ils connaissent
Passé simple	il connut, ils connurent

[9]courir

Past participle	couru
Present	je cours, tu cours, il court, nous courons, vous courez, ils courent
Future	il courra
Passé simple	il courut, ils coururent

[10]craindre (and other verbs ending in -indre)

Past participle	craint
Present	je crains, tu crains, il craint, nous craignons, vous craignez, ils craignent
Passé simple	il craignit, ils craignirent

[11]croire

Past participle	cru
Present	je crois, tu crois, il croit, nous croyons, vous croyez, ils croient
Present subjunctive	je croie, tu croies, il croie, nous croyions, vous croyiez, ils croient
Passé simple	il crut, ils crurent

[12]cueillir

Present	je cueille, tu cueilles, il cueille, nous cueillons, vous cueillez, ils cueillent
Future	il cueillera

[13]devoir

Past participle	dû (*fem.* due)
Present	je dois, tu dois, il doit, nous devons, vous devez, ils doivent
Present subjunctive	je doive, tu doives, il doive, nous devions, vous deviez, ils doivent
Future	il devra
Passé simple	il dut, ils durent

[14]dire

Past participle	dit
Present	je dis, tu dis, il dit, nous disons, vous dites, ils disent
Passé simple	il dit, ils dirent

[15]écrire

Past participle	écrit
Present	j'écris, tu écris, il écrit, nous écrivons, vous écrivez, ils écrivent
Passé simple	il écrivit, ils écrivirent

[16]envoyer

Present	j'envoie, tu envoies, il envoie, nous envoyons, vous envoyez, ils envoient
Present subjunctive	j'envoie, tu envoies, il envoie, nous envoyions, vous envoyiez, ils envoient
Future	il enverra

[17]être

Present participle	étant
Past participle	été
Present	je suis, tu es, il est, nous sommes, vous êtes, ils sont
Present subjunctive	je sois, tu sois, il soit, nous soyons, vous soyez, ils soient
Imperfect	il était
Future	il sera
Imperative	sois, soyons, soyez
Passé simple	il fut, ils furent

[18]faire

Past participle	fait
Present	je fais, tu fais, il fait, nous faisons, vous faites, ils font
Present subjunctive	je fasse, tu fasses, il fasse, nous fassions, vous fassiez, ils fassent
Future	il fera
Passé simple	il fit, ils firent

[19]falloir

Past participle	fallu
Present	il faut
Present subjunctive	il faille
Future	il faudra
Passé simple	il fallut

[20]haïr

Past participle	haï
Present	je hais, tu hais, il hait, nous haïssons, vous haïssez, ils haïssent
Passé simple	il haït, ils haïrent

[21]lire

Past participle	lu
Present	je lis, tu lis, il lit, nous lisons, vous lisez, ils lisent
Passé simple	il lut, ils lurent

[22]mettre

Past participle	mis
Present	je mets, tu mets, il met, nous mettons, vous mettez, ils mettent
Passé simple	il mit, ils mirent

[23]*mourir

Past participle	mort
Present	je meurs, tu meurs, il meurt, nous mourons, vous mourez, ils meurent
Present subjunctive	je meure, tu meures, il meure, nous mourions, vous mouriez, ils meurent
Future	il mourra
Passé simple	il mourut, ils moururent

[24]*naître

Past participle	né
Present	je nais, tu nais, il naît, nous naissons, vous naissez, ils naissent
Passé simple	il naquit, ils naquirent

[25]ouvrir

Past participle	ouvert
Present	j'ouvre, tu ouvres, il ouvre, nous ouvrons, vous ouvrez, ils ouvrer

[26]*partir

Present	je pars, tu pars, il part, nous partons, vous partez, ils partent
Passé simple	il partit, ils partirent

[27]plaire (se taire: present, il se tait)

Past participle	plu
Present	je plais, tu plais, il plaît, nous plaisons, vous plaisez, ils plaisent
Passé simple	il plut, ils plurent

[28]pleuvoir

Present participle	pleuvant
Past participle	plu
Present	il pleut
Present subjunctive	il pleuve
Future	il pleuvra
Passé simple	il plut

[29]pouvoir

Past participle	pu
Present	je peux, tu peux, il peut, nous pouvons, vous pouvez, ils peuvent
Present subjunctive	je puisse, tu puisses, il puisse, nous puissions, vous puissiez, ils puissent
Future	il pourra
Passé simple	il put, ils purent

[30]prendre

Past participle	pris
Present	je prends, tu prends, il prend, nous prenons, vous prenez, ils prennent
Present subjunctive	je prenne, tu prennes, il prenne, nous prenions, vous preniez, ils prennent
Passé simple	il prit, ils prirent

[31]recevoir

Past participle	reçu
Present	je reçois, tu reçois, il reçoit, nous recevons, vous recevez, ils reçoivent
Present subjunctive	je reçoive, tu reçoives, il reçoive, nous recevions, vous receviez, ils reçoivent
Future	il recevra
Passé simple	il reçut, ils reçurent

[32]rire

Past participle	ri
Present	je ris, tu ris, il rit, nous rions, vous riez, ils rient
Passé simple	il rit, ils rirent

[33]rompre

Present	je romps, tu romps, il rompt, nous rompons, vous rompez, ils rompent
Passé simple	il rompit, ils rompirent

[34]savoir

Present participle	sachant
Past participle	su
Present	je sais, tu sais, il sait, nous savons, vous savez, ils savent
Present subjunctive	je sache, tu saches, il sache, nous sachions, vous sachiez, ils sachent
Future	il saura
Imperative	sache, sachons, sachez
Passé simple	il sut, ils surent

[35]suffire

Past participle	suffi
Present	je suffis, tu suffis, il suffit, nous suffisons, vous suffisez, ils suffisent
Passé simple	il suffit, ils suffirent

[36]suivre

Past participle	suivi
Present	je suis, tu suis, il suit, nous suivons, vous suivez, ils suivent
Passé simple	il suivit, ils suivirent

[37]vaincre

Present	je vaincs, tu vaincs, il vainc, nous vainquons, vous vainquez, ils vainquent
Passé simple	il vainquit, ils vainquirent

[38]valoir

Past participle	valu
Present	je vaux, tu vaux, il vaut, nous valons, vous valez, ils valent
Present subjunctive	je vaille, tu vailles, il vaille, nous valions, vous valiez, ils vaillent
Future	il vaudra
Passé simple	il valut, ils valurent

[39]*venir

Past participle	venu
Present	je viens, tu viens, il vient, nous venons, vous venez, ils viennent
Present subjunctive	je vienne, tu viennes, il vienne, nous venions, vous veniez, ils viennent
Future	il viendra
Passé simple	il vint, ils vinrent

[40]vivre

Past participle	vécu
Present	je vis, tu vis, il vit, nous vivons, vous vivez, ils vivent
Passé simple	il vécut, ils vécurent

[41]voir

Past participle	vu
Present	je vois, tu vois, il voit, nous voyons, vous voyez, ils voient
Present subjunctive	je voie, tu voies, il voie, nous voyions, vous voyiez, ils voient
Future	il verra
Passé simple	il vit, ils virent

[42]vouloir

Past participle	voulu
Present	je veux, tu veux, il veut, nous voulons, vous voulez, ils veulent
Present subjunctive	je veuille, tu veuilles, il veuille, nous voulions, vous vouliez, ils veuillent
Future	il voudra
Imperative	veuille, veuillons, veuillez
Passé simple	il voulut, ils voulurent

Index

INDEX

Catalog

If you are interested in a list of SCHAUM'S
OUTLINE SERIES send your name
and address, requesting your free catalog, to:

SCHAUM'S OUTLINE SERIES, Dept. C
McGRAW-HILL BOOK COMPANY
1221 Avenue of Americas
New York, N.Y. 10020